经济管理学术文库·经济类

西部现代服务业发展研究

A Study on the Development of the Modern Service
Industry of the Western Regions in China

匡后权 / 著

经济管理出版社
ECONOMY & MANAGEMENT PUBLISHING HOUSE

图书在版编目（CIP）数据

西部现代服务业发展研究/匡后权著 . —北京：经济管理出版社，2017.2
ISBN 978 - 7 - 5096 - 4545 - 1

Ⅰ.①西…　Ⅱ.①匡…　Ⅲ.①服务业—研究—西北地区 ②服务业—研究—西南地区
Ⅳ.①F726.9

中国版本图书馆 CIP 数据核字（2016）第 188968 号

组稿编辑：王光艳
责任编辑：许　兵
责任印制：黄章平
责任校对：张　青

出版发行：经济管理出版社
　　　　　（北京市海淀区北蜂窝 8 号中雅大厦 A 座 11 层　100038）
网　　址：www. E - mp. com. cn
电　　话：(010) 51915602
印　　刷：北京九州迅驰传媒文化有限公司
经　　销：新华书店
开　　本：720mm × 1000mm/16
印　　张：16. 25
字　　数：269 千字
版　　次：2017 年 2 月第 1 版　　2017 年 2 月第 1 次印刷
书　　号：ISBN 978 - 7 - 5096 - 4545 - 1
定　　价：58. 00 元

序

　　能耗低、污染少、增长快的现代服务业，是西部现代产业体系的重要内容。发达的服务业是西部转变经济发展方式、优化产业结构、缓解就业压力、实现可持续发展的重要途径，也是西部全面建成小康社会的重要保障。国家实施西部大开发以来，一直把推动西部服务业发展作为西部经济和社会发展的重点战略。西部大开发"十五"计划提出，从各地的实际出发，加快发展旅游、商贸流通、交通运输、信息服务、社区服务、房地产、金融保险等服务业，提高社会化服务水平。西部大开发"十一五"规划进一步提出，发挥西部地区资源、产业、劳动力等优势，积极引进国外各类资金、技术和人才，鼓励和支持外商参与基础设施建设和生态环境保护，重点投向金融、旅游、物流、商贸等现代服务业。西部大开发"十二五"规划提出，把推动服务业大发展作为产业结构优化升级的战略重点，加快发展生产性服务业，积极发展生活性服务业，营造有利于服务业发展的政策和体制环境，努力提高服务业的比重和水平。2015年服务业在国内生产总值中的比重上升到50.5%，首次占据"半壁江山"。消费对经济增长的贡献率达到66.4%。

　　西部大开发"十三五"规划将更加注重人口、资源和环境对西部产业选择和经济布局的影响。在现代服务业蓬勃发展的背景下，推动西部现代服务业发展，探索西部现代服务业发展机理、途径、对策研究具有重要的理论意义和现实意义。

　　本书运用"发展的基础—发展的途径—发展的对策措施—发展的结果"的分析框架，对西部现代服务业发展机理、途径、发展对策措施等进行了研究。纵览全书，在以下一些方面具有创新性研究与突破：

一是本书对现代服务业的范畴进行了拓展性研究。针对一般认为现代服务业就是新兴服务业的观点，本书提出现代服务业中"现代"的本质是服务业的现代化，既包括了发展新兴服务业，也包括了传统服务业的现代化，因此，本书对现代服务业的定义：现代服务业是运用现代科技、信息和管理方法的生产性和生活性服务业的总称。

二是本书对现代服务业的发展水平和发展能力进行了区分和测算。遵循系统性、数据可得性和综合性原则，采用主成分分析方法，构建了评价西部现代服务业发展水平指标体系的数学模型，对现代服务业发展水平和发展能力进行了评价。根据测算结果，本书将西部分为四类地区：第一类地区是发展水平和发展能力均较高的地区；第二类地区是发展水平较高但发展能力较低的地区；第三类地区是发展水平较低但发展能力较高的地区；第四类地区是发展水平和发展能力均比较低的地区。本书认为，政府应突破异质行政区同质化管理的模式，因地制宜，制定差异化的现代服务业政策，发展西部现代服务业。

三是本书运用古典区位理论对西部现代服务业的空间结构进行了较深入的分析。其中指出在市场和政府的共同作用下，现代服务业以城市为载体，以交通干线为依托，西部将形成"一片、三核、三带"的空间格局，呈现出"漏斗型"的空间形态。"一片"即云贵川服务经济片区；"三核"即三大服务中心，包括成渝经济区、关中—天水经济区、环北部湾经济区；"三大服务经济带"包括"青海西宁—西藏拉萨"服务经济带、"甘肃兰州—新疆乌鲁木齐"服务经济带和"甘肃兰州—宁夏银川—内蒙古呼和浩特—内蒙古通辽"服务经济带。根据地区行业的专业化指数LQ（区位）指数和RCA（显性比较优势）指数，结合西部现代服务业上市公司的分布格局，采用定量分析和定性分析相结合的分析方法，本书提出了西部各个省（市、区）应发展的重点服务行业，为各级政府决策提供参考。

四是本书指出现代服务业发展客观上存在两种模式：即"完全市场驱动"模式和"市场—政府"双驱模式。"完全市场驱动"模式是在完全市场化的情况下，供求主体双方都分散决策，由于现代服务业本身具有生产、交换、消费的时空同一性及不能储存的特征，很容易造成资源的浪费或供需不平衡，在一定程度上制约了现代服务业的发展。"市场—政府"双驱模式充分发挥市场对现代服务业的驱动作用，同时政府在空间布局和环境营造等方面适度引导，提供信息和实施公共服务，以保障现代服务业健康发展。根据西部特点和区情，本书认为西部现阶段适宜采用"市场—政府"双驱模式推动现代服务业发展。

匡后权是我的学生，她一直致力于现代服务业的研究，本书是她多年研究服务业的心得集成的专著。西部现代服务业发展涉及诸多方面，牵涉政府、企业、家庭等主体的利益，以及地方与中央调控等诸多问题，她能对这些问题进行深入思考并取得丰硕的研究性成果和创新性突破，我深感欣慰。我期望她认真听取经济管理部门的领导，区域经济、产业经济领域的专家对本书的批评指正，继续对西部现代服务业进行更为深入的研究，为西部服务业发展做出更大的贡献，取得更加辉煌的学术成绩。

四川大学教授、博士生导师　邓玲

2016 年 8 月 17 日于成都

目　录

导　论

一、选题背景及意义

（一）选题背景

目前，伴随着信息技术和知识经济的发展，新技术、新业态不断涌现并改造着传统服务业，现代服务业蓬勃发展，世界产业呈现出向现代服务业倾斜的趋势。现代服务业凭借其在经济中的特殊地位和作用，成为全球经济增长最快的产业，其发展水平成为衡量区域经济、社会发达程度的重要标志，对区域经济的贡献将越来越大。

近年来，国家十分重视西部现代服务业的发展，《西部大开发"十一五"规划》将西部现代服务业作为地区经济的重要增长点。规划纲要明确提出：西部要积极引进国外各类资金、技术和人才，重点投向金融、旅游、物流、商贸等现代服务业及其他领域。2014 年 7 月，国务院常委会通过了《关于加快发展生产性服务业促进产业结构调整升级的指导意见》；2015 年 11 月，国务院办公厅通过了《国务院办公厅关于加快发展生活性服务业促进消费结构升级的指导意见》。这些纲领性文件对推进西部现代服务业发展提出了明确要求，为西部现代服务业发展指明了方向。

西部现代服务业发展是西部经济平稳、高效运行的前提，能耗低、污染少、增长快的现代服务业，是西部转变经济发展方式、优化产业结构、缓解就业压力、实现可持续发展的有效途径。目前，西部（包括陕西、甘肃、青海、宁夏、新疆、四川、重庆、云南、贵州、西藏、广西、内蒙古 12 个省市区）辖区面积为 686.7 万平方公里，占全国国土面积的 71.5%；西部总人口为 3.68 亿，占全国人口总数的 26.9%；而西部现代服务业生产总值为 49203.97 亿元，仅占全国现代服务业生产总值的 16.1%。[①] 就目前的状况来看，西部现代服务业发展水平较为滞后。在我国全面落实科学发展观，统筹区域发展的时代背景下，结合西部区情，根据西部现代服务业发展的阶段、水平，探索西部现代服务业发展的机理、途径和对策，具有重要的理论和实践意义。

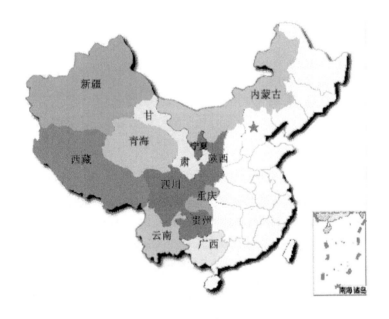

图 0－1　西部地区空间示意图[②]

目前，国内对西部现代服务业发展的研究散见在各类著作和论文中。将"西部"作为一个整体讨论西部现代服务业的研究相对较多，具体到西部各个省市区、各个行业的研究较少；定性分析的研究相对较多，定量分析的研究较少；这为本书的研究留下了较为广阔的空间。

---

① 资料来源：《中国统计年鉴 2015》。
② 资料来源：中国西部开发网，http://www.chinawest.gov.cn/web/Column1.asp? ColumnId＝6。

（二）选题意义

美国著名管理学家彼得·德鲁克曾说过："中国最大的商机，不在制造业而在现代服务业。"① 面对宏观调控造成西部一定程度的优势弱化和区域竞争带来的现实压力，西部必须充分认识现代服务业对推动经济社会发展的重要意义。

1. 发展西部现代服务业能缓解西部就业压力

现代服务业是劳动就业的蓄水池，发挥着越来越重要的作用。随着经济的发展，现代服务业逐渐成为创造就业机会的最佳领域和从业人员最多的产业部门。目前，西部的产业结构总体特征是农业比重过高，工业发展相对滞后，服务业有一定发展但仍显不足。随着工业化进程加快，工业中的下岗工人越来越多，下岗工人的再就业问题变得越来越紧迫；西部农村隐性失业问题较为严重，农村无法再吸纳农业剩余劳动力。在这种背景下，大批的农民工涌入城市，而城市工业中存在高科技、高技术排挤工人现象，城市工业就业岗位逐年下降，引发诸多矛盾。西部现代服务业正发挥着就业蓄水池的作用，在一定程度上缓解了当前西部农民工、大学生等就业的巨大压力。

2. 发展现代服务业有利于西部产业结构优化升级

由于历史的原因，西部地区主要以传统产业为主，新兴产业发展严重滞后，制约了西部社会经济的整体发展。发展现代服务业，直接引导各种资源向会展、金融、保险、信息、咨询、新型物业管理、电子信息等科技含量较高的新兴行业转移，可以弥补原有产业结构中该方面投入的不足；同时，增加科技开发的投入，发展教育培训，为高新科技企业的发展提供必备的条件，实现传统产业与现代化科技成果对接，助推西部产业结构的优化升级。

3. 发展西部现代服务业有利于促进区域协调发展，缩小地区差距

西部地区地处我国内陆，多是偏远地区、国家边界地区和少数民族地区，这些地区长期处于落后状态，对于我国国防巩固、民族团结及其社会的稳定都极为不利。因此，要缩小地区差距，开发西部的自然资源和人力资源，与东部地区、中部地区和东北部地区形成优势互补的战略格局。西部现代物流、商贸等现代服务业的发展，能使西部广大的农村和偏远山区拥有更为丰富的物质产品，使其逐步缩小与城市和发达地区的差距；通过发展现代服务业使农村和偏远地区的居民

---

① 张国云. 服务崛起：中国服务业发展前沿问题 [M]. 北京：中国经济出版社，2007：1.

也能享受通信、网络、广播电视、远程教育等服务，获取更多的信息和知识，缩小与发达地区的"数字鸿沟"。现代服务业整体规模扩大，确保更多经济较落后地区的居民也有机会和有能力消费各种服务，提高西部人民的生活质量，在发展中缩小差距。

4. 发展现代服务业能降低西部交易成本

20世纪70年代以前，人们普遍认为成本只是生产成本，提高效率就是降低生产过程中付出的成本。在20世纪最后30年，随着信息经济学、新制度经济学和交易成本经济学的发展，人们的观念发生了改变，开始认识到总成本是由两个部分组成：一个部分叫生产成本，就是改变它的物理性状和化学性状所花费的成本；另一个部分叫交易成本[①]。要降低生产成本就要深化分工，分工越深化，生产成本越低；交易越频繁，交易要投入的资源就越多。现代服务业促进交易的功能主要是为交易提供平台和载体。在市场经济中，市场交易要顺利进行，需要完善的服务，简单的如交通运输、通信服务，比较复杂的如金融体系、结算体系、投融资体系，此外还有律师、会计师等中介服务。随着分工日渐深化，交易成本在总成本中的比重随之上升。现代服务业越发达，交易成本就会越低。现代服务业能够降低交易成本，在西部现代经济发展过程中意义重大。

5. 发展现代服务业是西部统筹人与自然和谐发展的必然选择

现代服务业能较好地处理经济发展与环境约束的矛盾，避免经济发展中的资源浪费和生态环境破坏。首先，与传统工业化相比，现代服务业本身具有信息化程度高、资源消耗低、环境污染少的优势。现代服务业是绿色产业，它不仅不会破坏生态环境，还有利于环保建设。其次，发展商贸流通、交通运输等现代服务业，可以促进资源整合与合理利用；发展房地产业和规范的物业管理，可以改善城市面貌，推动城市绿化建设；发展教育和培训业，可以提高公民的素质，增强环保的意识，提高文化生活追求等。西部现代服务业是绿色产业，既能增加产值又有利于环保，这对于推进西部经济增长方式的根本性转变，统筹人与自然和谐发展，建设资源节约型社会、生态保护型社会，具有不可替代的作用。

---

① 吴敬琏. 现代经济增长三大源泉［N］. 财经时报，2005（12）.

二、结构与内容

本书运用区域经济学、产业经济学的相关理论，以现代服务业的相关概念、相关理论和文献为出发点，按照西部现代服务业"发展基础—发展途径—发展对策措施—发展结果"的逻辑思路，确定了四个研究重点：第一，对西部现代服务业的产业背景、现状、影响制约因素和面临的新形势进行分析；第二，对现代服务业发展途径的三个方面，包括重点行业、空间布局、发展环境进行分析和选择；第三，针对西部现代服务业发展的状况，提出发展的对策和措施；第四，指出西部现代服务业发展的结果是实现可持续发展。

本书共分为九章，基本结构和内容概要如下：

第一章为"相关范畴界定、文献综述及本书研究框架"。本章界定了现代服务业的基本范畴，对文献进行述评和对相关理论进行梳理。本书以现代服务业发展研究为理论起点，建立了本书的研究框架。

第二章为"西部现代服务业发展的产业背景"。本章对西部现代服务业发展的国际背景和国内背景进行分析，以西方发达国家为研究对象，分析了西方发达国家的规律及趋势，在此基础上，探讨了国内服务业发展的特征及趋势。

第三章为"西部现代服务业发展的现状及存在的问题"。本章对西部现代服务业的空间结构、行业结构和所有制结构进行了分析，对西部现代服务业发展水平和发展能力进行了评价。本书认为，西部现代服务业发展水平较低，但发展能力较强。在分析的基础上，提出了西部现代服务业发展的问题。

第四章为"西部现代服务业发展的影响因素与面临的新形势、新任务"。本章对影响西部现代服务业发展的因素进行分析，对西部现代服务业发展的基础和比较优势进行分析，提出了西部现代服务业发展面临的新形势、新任务。

第五章为"西部现代服务业发展的重点行业选择及分析"。本章选择了服务行业中的投资效率较高、行业带动较强、发展基础较好、发展潜力较大的几个重点行业进行探索，对现代信息业、现代金融业、现代物流业、现代旅游业进行了重点分析，提出各个行业在西部发展的对策建议。

第六章为"西部现代服务业发展的区位选择和空间布局"。本章对西部地区现代服务业各个行业发展水平进行专业化研究，在研究的基础上，本书提出了西部地区现代服务业整体将形成"一片、三核、三带"的"漏斗型"的现代服务业空间格局,同时将各个省(市、区)现代服务业发展的重点行业落实到空间。

第七章为"西部现代服务业发展环境的优化与分析"。本章针对西部现代服务业环境约束依然存在的状况,提出了构建完善的现代服务业的市场机制,包括供需机制、价格机制、风险竞争机制,同时提出了改善西部现代服务业发展环境的途径。

第八章为"提升西部现代服务业发展水平的对策措施"。本书提出了提升西部现代服务业发展的对策:要提高城乡居民收入消费水平;构建西部农村服务体系;加大西部服务领域投资力度;加快西部城市化进程,培养服务型人才;完善危机事件预防监测体系等措施。同时,积极面对出现的新情况、新任务,积极应对全球性金融危机,充分利用灾后重建现代服务业发展的新机遇。

第九章为"实现西部现代服务业可持续发展"。本章运用可持续发展理论,在分析西部现代服务业可持续发展与区域可持续发展的关系基础上,针对西部现代服务业发展,提出了西部地区推动现代服务业可持续发展的保障和途径选择。

三、主要创新点

本书主要创新点如下:

第一,本书对现代服务业的范畴和现代服务产品分类进行了拓展性研究,针对一般认为现代服务业就是新兴服务业的观点,本书提出现代服务业中"现代"的本质是服务业的现代化,既包括了发展新兴服务业,也包括了传统服务业的现代化,因此,本书将现代服务业定义为现代服务业是运用现代科技、信息和管理方法的生产性和生活性服务业的总称。本书并对现代服务业产品提出两种分类标准:其一,基于服务产品供给者和需求者的空间距离,分为供需分离式服务产品、需求者所在地的服务产品、供给者所在地的服务产品;其二,以资源的密集度为标准分为资本密集型服务产品(航空等)、技术与知识密集型服务产品(金融等)和劳动密集型服务产品(旅游等)。

第二,本书对现代服务业发展水平和发展能力进行了区分和测算:遵循系统性、数据可得性和综合性原则,采用主成分分析方法,构建了评价西部现代服务业发展水平指标体系的数学模型,对现代服务业发展水平进行了评价;考虑到西部现代服务业发展的历史、现状和未来，本书从发展的速度、规模和潜力三个方面构建了现代服务业发展能力的指标体系，通过建立模型及计算，对发展能力进行了评价。根据测算结果，本书将西部分为四类地区：第一类地区是发展水平和发展能力均较高的地区；第二类地区是发展水平较高但发展能力较低的地区；第三类地区是发展水平较低但发展能力较高的地区；第四类地区是发展水平和发展能力均比较低的地区。本书指出，政府应该充分考虑到不同地区的发展阶段，不同地区的区情，应因地制宜，制定差异化的现代服务业的目标和政策，实现西部现代服务业协调发展。

第三，本书对西部现代服务业的空间结构进行了较深入的分析，指出在市场和政府的共同推动下，以城市为载体，以交通干线为依托，西部现代服务业将形成"一片、三核、三带"的空间格局，呈现出"漏斗型"的空间形态。"一片"即云贵川服务经济片区；"三核"即三大服务中心，包括成渝经济区、关中—天水经济区、环北部湾经济区；"三大服务经济带"包括"青海西宁—西藏拉萨"服务经济带、"甘肃兰州—新疆乌鲁木齐"服务经济带和"甘肃兰州—宁夏银川—内蒙古呼和浩特—内蒙古通辽"服务经济带。

第四，本书运用曼昆（N. Gregory）的比较优势理论，根据地区行业的专业化指数 LQ（区位）指数和 RCA（显性比较优势）指数，结合西部现代服务业上市公司的分布格局（上市公司的分布状况在一定程度反映出地区行业发展的优势程度），采用定量和定性分析相结合的方法，本书提出了西部各个省（市、区）应发展的重点优势服务行业，为各级政府决策提供参考，以实现西部各个省（市、区）现代服务业错位竞争、优势互补、共同繁荣的新局面。

第五，在文献梳理和现代服务业发展实践分析的基础上，本书指出，现代服务业发展客观上存在两种模式："完全市场驱动模式"和"市场—政府双驱模式"。"完全市场驱动"模式是在完全市场化的情况下，政府几乎不作为，仅靠市场推动现代服务业发展。在这种模式下，供求主体双方都分散决策，由于现代服务业本身具有生产、交换、消费的时空同一性，不能贮存的特征，很容易造成资源的浪费或供需不平衡，在一定程度上制约了现代服务业的发展。"市场—政府"双驱模式依靠市场、政府共同推动现代服务业发展，首先，需要充分发挥市场对现代服务业的驱动作用；同时，政府通过服务规划管理，在空间布局和环境营造等方面适度引导，提供信息和实施公共服务，以保障现代服务业健康发展。

根据西部特点和区情，本书认为，西部现阶段适宜采用"市场—政府"双驱模式推动现代服务业发展。

第六，本书认为，金融危机对西部现代服务业发展既带来机遇也带来挑战，机遇中有危险，危险中有机遇。总体来看，金融危机对西部现代服务业发展是"机"大于"危"。在世界金融危机背景下，西部地区应该抓住千载难逢的发展机遇，实现西部现代服务业跨越发展。其一，支持西部有条件的金融企业开展跨国经营。金融危机导致大量国际金融资产缩水，这给西部金融机构低位进入股份制投资带来千载难逢的机遇，西部有条件的金融企业要充分利用这个机遇开展跨国经营。其二，利用国际服务外包转移的机遇。在国际金融危机的形势下，迫使国内外更多的企业寻求外包来降低成本，一些高技术含量高利润的订单也随之到来。西部现代服务业必须根据自身特点，发挥产业的优势，承接服务外包业。

第一章
相关范畴界定、文献综述及
本书研究框架

现代服务业是西方发达国家进入工业社会以来，逐步兴旺发达起来的产业。本书通过对现代服务业的范畴的界定和相关理论文献的述评，明确研究的逻辑起点，进而探索西部现代服务业的发展规律，分析西部现代服务业的内在联系。

第一节　相关范畴界定

对现代服务业发展的相关范畴界定是本书研究的起点。本书首先对服务、现代服务业、现代服务产品的基本范畴进行界定，其次探讨了现代服务业的分类和特征。

一、服务

自从现代经济学诞生以来，"服务"就一直是一个极具争议的范畴，专家学者的观点各有不同。

马克思认为："服务这个名词，一般来说，不过是指这种劳动所提供的特殊价值，就像其他一切商品也提供自己的特殊使用价值一样；但是这种劳动的特殊使用价值在这里取得了'服务'这个特殊名称，是因为劳动不是作为物，而是作为活动提供服务的……"① 马克思肯定了服务的使用价值，是社会财富，可以进行交换，同时强调了"服务"同其他商品的差异只是形式上的。这种理解，为社会主义国家的经济学家和学者普遍接受。

西方的许多学者对服务的概念也做出了仁者见仁、智者见智的描述。亚当·斯密在《国民财富的性质和原因的研究》中称：服务生产所使用的劳动并不"将它本身固定或实现在任何特定的物体上……这个物体在那种劳动过程过后仍将持续存在，随后还能够购得等量的劳动"②，他把"牧师、律师、医生、文人、演员、歌手、舞蹈家"等服务列入非生产劳动范畴，认为这些服务是没有价值的。富克斯（1968）列举出服务不同于商品的一般特征，其中一项就是缺少实质性。其认为服务"就在生产一刹那间消失"，它是在"消费者在场参与的情形下提供的，它是不能运输、积累或贮存的"。这些研究从服务性质的角度对服务概念进行了较多的探讨。

贝森（1973）认为：服务是一种供出售的能产生有价值的利益或满足的活动，这些活动是消费者本身不能完成或本身不愿意去完成的。科特勒和布诺（1984）认为，服务是一方给另一方提供的一种无形的行为或利益，它不会导致任何所有权的转移，它的生产过程可能会与物质产品相联系，也可能不与它们联系。格农鲁斯（1990）认为：服务是一种或一系列在一般情况下体现为无形本质的行为，这些行为发生在顾客与服务供给者有形资源或商品或服务提供系统之间的相互影响的过程中，它们能为顾客解决某种问题。③

通过性质来定义服务是经济分析中普遍采用的一种方法，即认为服务是具有无形性、不可储存性、生产与消费同时性特点的特殊商品。1977 年希尔提出了服务定义，即服务是"一个人或属于某个经济单位的商品的一种变化，这种变化是在该个人或经济单位同意情况下，由另外其他经济单位的活动所带来的"。希尔（1987）还指出，服务生产的显著特点是生产者不是对其商品或本人增加价值，而是对其他某一经济单位的商品或个人增加价值；就服务而言，实际的生产过程一定要直接触及某一进行消费的经济单位，以便提供一种服务。

---

① 李朝鲜. 理论与量化——现代服务产业发展研究 [M]. 北京：中国经济出版社，2006：3.

② 亚当·斯密. 国民财富的性质和原因的研究：第一卷 [M]. 北京：商务印书馆，1981：303 - 304.

③ 李朝鲜. 理论与量化——现代服务产业发展研究 [M]. 北京：中国经济出版社，2006：5 - 6.

大多数经济学家认同希尔对服务的界定，其界定至今仍被大量引用。但是不可否认的是，随着现代信息技术的飞速发展，一些新型服务的出现正日益打破人们对服务的传统界定，服务和实物的不可分割、服务的存储和异地消费现象已经逐一出现。因此，如何准确界定服务再次成为一个理论上的难题。

而在我国，对服务的理解，也没有形成一个普遍接受的权威观点，《辞海》中是这样解释的："不以实物形式而以提供活动的形式满足他人某种需要的活动。"本书也较为认同这一观点。

二、现代服务业

在经济学中，产业是指国民经济中具有某些相同特征的企业的集合或群体。英国经济学家柯林·克拉克（G. Clark）最早主张以"服务性产业"来代替费希尔提出的"第三产业"。"服务性产业"的提出标志着服务业成为对经济发展产生重要影响的产业部门。

（一）现代服务业的定义

"现代服务业"是具有中国特色的提法，在国外较为少见。"现代服务业"的提法最早出现在1997年9月党的十五大报告中："社会主义初级阶段，是由农业人口占很大比重、主要依靠手工劳动的农业国，逐步转变为非农业人口占多数、包含现代农业和现代服务业的工业化国家的历史阶段。"后来"现代服务业"又出现在2000年10月中共中央十五届五中全会关于"十五"计划建议中，提出"要发展现代服务业，改组和改造传统服务业"。目前我国对于现代服务业、服务业、第三产业的提法，在理论和实践上都存在不同的理解和认识。就目前理论和实践来看，主要有以下观点①：

1. 相同论

持这种观点的人认为，现代服务业等同于第三产业与服务业。对现代服务业解释：现代服务业是指那些不生产商品和货物的产业，所谓现代服务业只是一种宣传的提法而已，主要包括信息、金融、会计、咨询、法律服务等行业，大体相当于第三产业。服务业的内涵包括了商贸业、金融业、运输业、餐旅业等传统和

———————
① 李朝鲜. 理论与量化——现代服务产业发展研究［M］. 北京：中国经济出版社，2006：8－9.

新兴服务行业。现代服务业、服务业与第三产业三者本质是相同的。

2. 知识技术含量论

认为现代服务业是随着科学技术的发展，特别是信息技术的发展而产生的以高新技术为特征的服务行业。现代服务业中的"现代"的含义主要是指知识含量和技术含量比较高，劳动的附加值比较高，而不同于以"低成本的劳务支出"为特征的传统服务业。

3. 新兴论

认为现代服务业主要是指随着经济和社会发展而产生的新兴行业，现代服务业是相对于商贸、餐饮、交通、运输等传统服务业而言的，主要包括金融保险、不动产业、市场研究、咨询、规划设计、中介、科技、法律、税收、管理、广告等新兴的服务业。

对现代服务业进行范畴界定是研究西部现代服务业的起点，综合前人的研究，本书对现代服务业做了如下界定：现代服务业"现代"的本质是服务业的现代化，既包括了新兴服务业，也包括了传统服务业的升级换代，是指运用现代科技、信息和管理方法的生产性和生活性服务业。

（二）现代服务业的分类

本书没有刻意划分服务业、第三产业和现代服务业的界限。本书认为广义的服务业等同于第三产业，所有的服务业通过一定程度创新，都可以成为现代服务业的一部分，即使没有创新，各类服务业也在不同程度上运用到现代的资源和信息，因此，服务业、第三产业与现代服务业三者在本质上是相同的。传统的三次产业的分类法是现代服务业进行划分的基础。下面首先阐述一下三次产业分类方法。

1. 三次产业分类法

三次产业分类方法最早由英国经济学家费希尔提出来，在20世纪40年代，克拉克在继承费希尔研究成果的基础上完善普及。克拉克在1940年发表的经济学著作《经济进步的条件》一书中，运用这一产业分类方法对经济发展同产业结构的规律进行研究，使三次产业分类法随此书的出版而得以传播[①]。故被称为克拉克产业分类法。在20世纪70年代，《美国国民生产总值论》的作者库兹涅

---

① 杜肯堂，戴士根. 区域经济管理学 ［M］. 北京：高等教育出版社，2004：3.

茨进一步发展了这种方法。表1－1对费希尔、克拉克、库兹涅茨等经济学家的产业分类方法进行比较。

表1－1　费希尔、克拉克、库兹涅茨等经济学家的产业分类方法的比较

部门	费希尔	克拉克	库兹涅茨
制造业	第二产业	工业	工业
建筑业	第二产业	服务业	工业
公用设施	第二产业	服务业	工业
交通业	第三产业	服务业	工业
通信	第三产业	服务业	工业
贸易	第三产业	服务业	服务业
服务	第三产业	服务业	服务业
政府部门	第三产业	服务业	服务业

资料来源：肖祥辉，李忠民. 服务经济理论研究述评 [J]. 重庆工商大学学报，2005（8）.

目前，大多数学者认同如下产业分类方法：三次产业分类，就是以经济活动与自然界的关系作为产业分类的标准，将全部经济活动划分为第一产业、第二产业和第三产业。产品直接取于自然的物质生产部门为第一产业；加工取自于自然的产品的物质生产部门为第二产业；而第三产业则为衍生于有形财富生产活动的无形财富生产部门。到目前为止，世界各国对于三次产业的分类还没有一个统一的标准。但一般而言，第一产业指的是广义的农业，第二产业指的是广义的制造业或工业，第三产业指的是广义的服务业。[①] 我国三次产业的具体划分如下：

第一产业：农业（包括林业、牧业、渔业等）。

第二产业：工业（包括采掘业、制造业、自来水、电力、蒸气、热水、煤气）和建筑业。

第三产业：除了上述第一产业、第二产业以外的其他行业，诸如运输、邮电、商业、金融、信息、饮食、公用事业、科学、教育、文化、卫生等各种服务业。

---

① 杜肯堂，戴士根. 区域经济管理学 [M]. 北京：高等教育出版社，2004：61－62.

2. 服务产业的分类

（1）从服务产品用途的角度分类。从服务产品用途的角度来看，服务业可以分为生产性服务业和消费性服务业两个大类。

生产性服务业。1975 年美国经济学家布朗宁和辛格曼最早提出了生产性服务业（Producer Services）的概念。生产性服务业是指被其他生产者用作中间投入的产品行业的统称，它是与制造业直接相关的配套服务业，是从制造业内部生产服务部门独立发展起来的新兴产业，其本身并不向消费者提供直接的、独立的服务①。生产性服务业具有如下三个显著特征：第一，它的无形产出体现为产业结构的软化；第二，它的产出是中间服务而非最终服务，最终体现为被服务企业的生产成本的压缩；第三，它能够把大量的人力资本和知识资本引入到商品和服务的生产过程中，是现代产业竞争力的基本源泉②。目前，生产性服务业在我国经济中发挥越来越重要的作用。我国"十一五"规划纲要提出③，要大力拓展六种生产性服务业：现代物流业、国际贸易业、信息业、金融保险业、现代会展业、中介服务业。

消费性服务业。消费性服务业是直接满足消费者最终需求的服务业（Consumer Services）。消费性服务业的特征可以归纳为以下四个方面④：其一，服务的同时性。是指服务的生产过程和消费过程在时间和空间上几乎是并存的情况下，生产过程略早于消费过程。其二，波动性。是指服务的不稳定性和多变性，对同一服务，因供给者、企业、时间、地点、环境等不同而产生差异。其三，服务价值感知的主观和差异性。不同消费者对同一个消费性服务的理解、认知和满意程度是多样的。其四，消费服务的全程性和难以预测性。服务的满意度主要是取决于消费行为全过程的心理感知，整个过程难以预测。我国"十一五"规划纲要⑤提出，要大力拓展六种消费性服务业，主要包括商贸服务业、房地产业、旅游业、市政公用事业、社区服务业、体育产业。

---

① 顾乃华. 生产性服务业发展趋势及其内在机制——基于典型国家数据的实证分析［J］. 财经论丛，2008（2）：15.

② 刘志彪. 论现代生产者服务业发展的基本规律［J］. 中国经济问题，2006（1）：3－9.

③ 中华人民共和国国民经济和社会发展第十一个五年规划纲要（2006 年 3 月 14 日批准）。

④ 周超，孙华伟. 基于消费性服务业的价值链分析［J］. 江苏商论，2007（9）：70.

⑤ 中华人民共和国国民经济和社会发展第十一个五年规划纲要（2006 年 3 月 14 日第十届全国人民代表大会第四次会议批准）。

（2）从服务业出现时序的角度分类。从服务业出现的时序，可以将服务业分为传统服务业和新兴服务业。传统服务业是在新兴服务业出现之前就已经存在的各种服务行业。传统服务业是一个相对的概念，其相对于新兴服务业而言，包括以批发、零售、餐饮、旅店、交通等为代表的传统服务业。新兴服务业是指伴随着信息技术的发展和知识经济的出现、社会分工的细化和消费结构的升级而新生的，向社会提供高附加值、满足社会高层次和多样化需求的服务业。新兴服务业一般包括金融保险业、房地产业、中介咨询服务业、信息业、会展业等行业。与传统服务业相比，它具有高人力资本含量、高技术含量和高附加价值的特征。信息技术的运用大大地提高了服务业工作效率，降低了运营成本，而且也进一步拓宽了其服务的范围。由于新兴服务业的经济附加值高、对资源的依赖程度较低、环境污染少，因此发展新兴服务业是我国经济可持续发展的必然选择。

（3）从服务的功能分类。经济学家辛格曼按照服务的功能，将服务业分为四类，见表1-2，其分类方法体现了经济发展过程中服务内部结构的变化，由此可以看出服务业内部结构是由服务业的功能所决定的。

表1-2　服务业按照功能分类

流通服务业	交通、仓储业，通信业、批发业、零售业（不含饮食业），广告及其他销售服务
生产者服务业	银行、信托及其他销售服务，保险业、房地产业、工程和建筑服务业，会计和出版业、法律服务，其他营业服务
社会服务业	医疗和保健业、医院，教育，福利和宗教服务，非营利机构，政府、邮政，其他专业化服务和社会服务
个人服务业	家庭服务，旅馆和餐饮业，修理服务、洗衣服务、理发与美容，娱乐和休闲，其他个人服务

资料来源：李朝鲜. 理论与量化——现代服务产业发展研究［M］. 北京：中国经济出版社，2006.

（4）国际服务贸易分类。国际服务贸易分类是由日内瓦世贸组织（WTO）和信息系统局（SISD）提供的，并经WTO服务贸易理事会评审认可。本分类是按照一般国家标准（GNS）服务部门分类法，将全世界的服务部门分为11大类

142 个服务项目①：

■商业服务。指在商业活动中涉及的服务交换。包括以下内容：

●专业服务。其中包括：法律服务，会计、审计和簿记服务，税收服务，建筑服务，工程服务，综合工程服务，城市规划与风景建筑物服务，医疗与牙科服务，兽医服务，助产士、护士、理疗医生、护理人员提供的服务，其他服务。

●计算机及其有关服务。与计算机硬件装配有关的咨询服务，软件执行服务，数据处理服务，数据库服务，其他。

●研究与开发（R&D）服务。自然科学的研究与开发服务，社会科学与人文科学的研究与开发服务，交叉科学的研究与开发服务。

●房地产服务。产权所有或租赁，基于费用或合同的房地产服务。

●无经纪人介入的租赁服务。与船舶有关的服务，与收音机有关的服务，与其他运输工具有关的服务，与其他机械设备有关的服务，其他。

●其他商业服务。广告服务，市场调研与民意测验服务，管理咨询服务，与咨询人员有关的服务，技术测验与分析服务，与农业狩猎、林业有关的服务，人员的安排与补充服务，安全调查，有关的科学技术咨询服务，设备的维修（不包括舰艇、收音机及其他运输工具），建筑物清洗服务，照相服务，包装服务，印刷、出版，会议服务。

■通信服务。邮政服务，快件服务，电信服务，视听服务，其他。

■建筑及有关工程服务。建筑物的一般建筑工作，民用工程的一般建筑工作，安装与装配工作，建筑物的完善与装饰工作，其他。

■销售服务。代理机构的服务，批发贸易服务，零售服务，特约代理服务，其他。

■教育服务。初等教育服务，中等教育服务，高等教育服务，成人教育服务，其他教育服务。

■环境服务。污水处理服务，废物处理服务，卫生及其相关服务，其他。

■金融服务。所有保险及与保险有关的服务，银行及其他金融服务（保险除外），其他。

■健康与社会服务。医院服务，其他人类健康服务，社会服务，其他。

---

① 洪山．国际服务贸易的分类［N］．世贸周刊，国际商报，2002 - 04 - 25（005）．

■与旅游有关的服务。宾馆与饭店（包括供应饭菜），旅行社及旅游经纪人服务社，导游服务，其他。

■娱乐、文化与体育服务。娱乐服务（包括剧场、乐队与杂技表演等），新闻机构服务，图书馆、档案馆、博物馆及其他文化服务，体育及其他娱乐服务。

■运输服务。海运服务，内河航运，空运服务，空间运输服务，铁路运输服务，公路运输服务，管道运输服务，燃料运输服务，其他物资运输服务，所有运输方式的辅助性服务，其他服务。

（5）我国统计局对服务业的层次的分类。按照国家统计局的划分，我国服务业分为四个层次①：第一层次是流通部门。包括交通运输、邮电通信、商业、饮食业、物资供销和仓储业等。第二层次是为生产和生活服务的部门。包括金融、保险、房地产业、公用事业、地质勘探业、咨询服务业和综合技术服务业、居民服务业、农业服务业、水利业、公路及河（湖）航道养护业等。第三层次是为提高科学文化水平和居民素质服务的部门。包括文化、教育、广播电视、科学研究、卫生、体育及社会福利事业等。第四层次是为社会公共需要服务的部门。包括国家机关，政党机关、社会团体及军队、警察等。

（6）我国统计局对服务业的分类②。根据《国民经济行业分类》（GB/T 4754—2002），第三产业（广义服务业）包括：交通运输、仓储和邮政业，信息传输、计算机服务和软件业，批发和零售业，住宿和餐饮业，金融业，房地产业，租赁和商务服务业，科学研究、技术服务和地质勘查业，水利、环境和公共设施管理业，居民服务和其他服务业，教育，卫生、社会保障和社会福利业，文化、体育和娱乐业，公共管理和社会组织，国际组织。

（三）现代服务业的特征

1. 资源的稀缺性

服务产品是社会产品，具有相对稀缺性。社会产品是指社会在一定时期内，企业和个人为社会提供的、供最终消费和使用的实物产品及服务产品的总和。服务是由劳动所提供的，具有满足人的某种需要的功能。人的需求是无限的，相对于人的需求来说，任何资源都是稀缺的。人类不断追求更高的生活质量，而这种

---

① 李江帆. 中国第三产业发展研究［N］. 北京：人民出版社，2005：48.

② 中华人民共和国统计局，http://www.stats.gov.cn/。

追求本身会遇到时间、空间和各种资源的限制，有限的服务生产要素创造有限的服务产品，服务产品是稀缺资源。

2. 生产、交换和消费的时空同一性

实物产品的生产、流通、分配、消费在时间、空间上不一致，四个环节各自独立存在，并相继发生。而服务产品的生产过程、流通过程和消费过程一般在时间上和空间上是不可分的，生产一旦开始，交换和消费也就同时进行。服务产品的生产、交换、分配和消费在时间空间上并存，没有先后之分，其起点、媒介点和终点都发生在同一时刻，同一地点。如信息服务，既是信息供给者的生产过程，又是信息需求者的消费过程，还是信息供给者和信息需求者交换产品的过程。

3. 人为性

服务消费对劳动力本身（人）的依赖性更强。一般消费品的生产，是劳动与生产资料的结合，主要是直接依靠生产资料的作用。而且，生产的机械化程度越高，资本有机构成越高，越有利于消费品的生产。而服务消费品主要依靠劳动者的技能和智力资源。服务产品中人的因素对服务产品营销起着决定性的作用。由于服务业大多是劳动密集型的，因此服务企业的营销具有人为性的特征，主要表现在同类人员之间在服务水平上差距比较大。比如，同一酒店服务员之间，同一医院的医生和护士之间，同一所学校的教师之间，由于个体差异，提供的服务在质量上表现出很大的差异性，即使是同一服务人员在不同的时间、地点提供的服务也不完全一样。服务产品的人为性使服务产品的质量往往表现出不稳定性。即在服务需求者在接受服务之前很难预料服务是否令人满意，即使对服务不满意的顾客，在投诉时也往往难以拿出有形的证据。这种由服务的人为性所导致的服务质量的不稳定性，在一定程度上，会影响消费者对服务产品的购买，从而影响现代服务业的发展。

4. 创新性

随着经济社会发展，现代服务业的发展越来越离不开产业的创新活动，过去人们认为现代服务业本身缺少创新，而仅仅是吸收利用制造业创新的成果，是受服务供给方驱动的创新落后产业，仅有少数的服务性产业是例外。目前，由于信息技术的广泛采用，大多数现代服务业的科技含量有了显著提高，而现代服务业凭借新技术创造的新的服务方式所带来的影响是巨大的。现代服务业在两层意义上是创新的集中点。一方面，服务性企业本身进行创新活动，当然这种创新与制造性企业有所不同；另一方面，服务性企业及其所提供的服务在劳动分工中有重要作用，它们通过多种渠道支持了其他企业的创新活动，产业呈现出明显的创新特征。

5. 知识与技术含量性

在发达国家和新兴工业化国家，产业结构呈现出"由硬变软"的趋势。其实质是传统的物质生产为主的经济发展模式向新兴的信息生产为主的经济发展模式转换，就是从物质经济到知识经济的转换。现代服务业知识技术含量高且能为消费者提供知识的生产、传播和使用服务，使知识在服务过程中实现增值。另外，现代服务业本身就是依托电子信息等高技术或现代经营方式和组织形式而发展起来的现代产业。因此，现代服务业深度植根于信息化，依托当今发达的知识、信息技术和现代管理理念发展起来的，其知识与技术含量高的特性非常明显。

6. 专业分工性

伴随着技术进步、生产专业化程度加深和产业组织复杂化，制造企业内部的设计、研发、测试、会计审计、物流等非制造环节逐渐分离出来，形成独立的专业化服务部门。对上述专业化分工的形象描述是"微笑曲线"。该曲线上下两端分别是研发、设计、营销和售后服务，都属于分化出来的现代服务业行业；中间一段是生产和加工。服务环节分化出来，既提高了制造业的生产效率，也促进了现代服务业的迅速发展。值得注意的是，从时间上计算，一个产品真正处于生产制造环节的时间只占少部分，大部分时间处在研发、采购、储存、运营、销售、售后服务等阶段，产业链条的运转更多依靠现代服务业。

7. 集群性

众多服务业单位在空间上聚集在一起提供服务就形成了服务集群。服务集群是现代服务业发挥自身功能和提升绩效的重要手段。美国硅谷的超高速发展就主要得益于其完善的科技服务集群。硅谷聚集的众多大学和研究机构为其提供人才与智力支持，资金来源则主要依靠聚集在硅谷中的风险投资。此外，众多的行业协会和中介也在硅谷这个高度分散的产业系统中承担重要的联结和"媒人"

角色。①

三、现代服务产品

（一）服务产品的界定

社会产品包括实物产品和服务产品两大类。服务产品，就是社会在一定时期内创造的能满足需要的非实物形态的劳动成果。② 人类劳动成果的形态虽然从理论上说可以比较清晰地划为实物形态与非实物形态两大类，但现实经济活动中，由于实物生产常常需要非实物劳动成果作为中间产品，非实物生产也常常促成实物劳动成果作为中间产品，二者呈现出相互交错的现象。

（二）服务产品的特性

1. 使用价值和价值的双重性

马克思从来没有认为使用价值仅仅包括实物使用价值。他多次批评重商学派"把使用价值归结为一般物质"③ 的片面观点。他还论述："由于这种劳动所固有的物质规定性，由于这种劳动的使用价值，由于这种劳动以自己的物质规定性给自己的卖者和消费者提供服务，对于提供这些服务的生产者来说，服务就是商品，服务有一定的使用价值和一定的交换价值。"④ 从马克思的论述中，可以看出，服务产品具有使用价值：其一，服务是由服务劳动提供的，具有满足人的某种物质需要或精神需要的功能；其二，在市场经济条件下，服务消费品的使用价值是交换价值的物质承担者；其三，服务消费品的使用价值是构成社会财富的重要组成部分。

服务消费品与一般商品一样，也具有价值。应该承认，马克思创立的劳动价值论，着重是从物质生产领域的研究中得出结论。因此，本书不容易从马克思的经济论著中找到关于服务消费品的价值问题的现成答案。但是，以马克思的劳动

---

① 周权雄，周任重. 谈现代服务业发展的新特点和趋势 [J]. 商业经济，2009（1）：20.
② 李江帆. 服务产品的概念 [J]. 新经济，2005（4）：1.
③ 马克思恩格斯全集：第 26 卷（第 1 册）[M]. 北京：人民出版社，1986：4371.
④ 马克思恩格斯全集：第 46 卷（上）[M]. 北京：人民出版社，1979：4641.

价值论为指导并结合服务产品的实际情况，不难找到答案[①]：一是服务产品与物质商品一样，都是人类通过劳动生产来提供的，也就是说，在服务的产品中凝聚了人类的劳动，正是这种劳动形成了商品的价值。二是服务消费品价值与一般商品一样，必须通过市场交换来实现。只有通过交换，私人服务劳动产品才可能转换为社会劳动产品。三是服务商品既然具有价值，就必须受价值规律的制约，其价格以价值为基础，实行等价交换。要交换就必然有交换比例，也就是有交换价值。"交换价值首先表现为一种使用价值同另一种使用价值相交换的量的关系或比例"[②]，服务产品遵循价值规律。这对实物使用价值与非实物使用价值的交换来说也不例外。服务消费品与一般商品可以互相交换，这表明"在它们的生产上都耗费了人类的劳动力，积累了人类劳动"[③]。因此，服务消费品与一般商品一样，作为人类抽象劳动的凝结，都具有价值。

2. 服务产品的不可储存性

企业生产的一般实物产品如果没有销售出去，通常可以暂时储存起来以后再卖，一般商品可以在其使用价值允许的时间内储存。服务则通常是生产、交换和消费同时进行，不可分离，生产一旦结束，产品也就不复存在（已被消费掉），因而不能储存，也无法以存货来调节其供求。而且既定时间内服务产品如果不被消费，则不会给企业带来经济效益，甚至还会造成浪费。服务消费品作为非实物使用价值是不可以储存的这一特点，使服务企业在需求不足时，会造成服务能力的浪费，如服务人员无事可干、车、船、飞机等交通工具的座位空缺，宾馆的房间等服务设施闲置等；而在需求量增加以至于超过服务企业的服务能力时，又会使一部分消费者的需求得不到满足，从而使服务企业失去一些市场机会。

3. 服务产品需求的高收入弹性

国际经验表明，当人均 GDP 达到 3000 美元时，人们将追求越来越多的精神消费品，而人均 GDP 达到 5000 美元则是需求结构和消费偏好发生显著转变的一个重要节点。超过这个节点之后，物质产品的边际效用将逐步递减，而对体验性消费的偏好将逐步增加，由此产生对服务产品直接而巨大的需求。[④] 如果以通信

① 柏建华. 对传统经济学"物质产品"概念的重新诠释——对服务消费属性和特点的界定 [J]. 宁夏党校学报，2008（3）：86 – 89.

②③ 吴树青，卫兴华，洪文达. 政治经济学 [M]. 北京：中国经济出版社，1993：29.

④ 尹宏. 现代城市创意经济发展研究 [D]. 四川大学博士学位论文，2008：122.

和娱乐消费指代创意产品需求，Falney 和 Gemmell（1996）对服务业总体收入弹性的研究结果发现①，通信的收入需求弹性为 1.315，娱乐的收入需求弹性为 1.41，两种产品消费的收入弹性显著大于 1。采用截面数据研究我国居民需求支出的平均收入弹性表明（表 1-3），交通通信和教育娱乐服务的平均需求收入弹性都大于 1，说明在其他条件不变的情况下，居民用于这两类消费品的支出增长速度大于收入增长速度。

表 1-3 2003 年我国居民需求的服务产品的平均收入弹性

项目 弹性系数 居民分组	交通通信	教育文化娱乐服务
城镇居民	1.13	0.91
农村居民	1.5	1.25

资料来源：李江帆．中国第三产业发展研究［M］．北京：人民出版社，2005：574.

4. 服务产品的无形性

一般来说，生产企业所提供的产品在销售过程中是以一定的实物形态出现在消费者面前的，商品的实物形态在其生产、流通和消费中产生、转移和消费，人们通常根据它的实体形态直接判断它的质量和价格。服务产品则不然，它是一种看不见、摸不着、嗅不到、拿不走的抽象活动，没有体积、重量、密度、长度、大小，服务供给者一般无法向消费者提供实物样品，消费者在购买之前不能感知服务，也难以判断它的质量和效果，只有在消费之后才能加以评判。服务的生产具有非直观性，服务的分配、交换也不同于有形产品"一手交钱、一手交货"那样一目了然。而且，服务的消费也是因消费产品的非实物性而不留痕迹。不去消费，人们往往感觉不到它的存在，这就是服务产品的无形性。

（三）现代服务产品的分类

由于服务产品的多样性和复杂性，目前尚未形成一个统一的分类标准。为了分析方便和研究的需要，可以从以下不同角度对服务产品进行划分：

---

① 周振华．现代服务业发展研究［M］．上海：上海社会科学出版社，2005：57.

1. 基于产品用途的分类

根据服务产品使用用途的差异，服务产品可以分为生产性服务产品和消费性服务产品。

（1）生产性服务产品。这类产品是指作为生产过程的中间投入品的服务产品，企业是生产性服务产品的购买者。生产性服务产品是指为保持工业生产过程的连续性、促进工业技术进步、产业升级和提高生产效率提供保障服务的服务产品。它依附于制造业企业而存在，贯穿于企业生产的上游、中游和下游诸环节中，以人力资本和知识资本作为主要投入品，把日益专业化的人力资本和知识资本引进制造业。

（2）消费性服务产品。这类产品是指作为最终消费品的服务产品，家庭或个人是消费性服务产品的购买者。消费性服务产品用于满足消费者在初级农产品、工业加工品之后的消费需求，如心理、情感、休闲、娱乐、社交等精神层面的需求。

2. 基于服务产品供给者和需求者之间的空间距离的分类

这种分类方法以"空间"作为划分服务产品类型的核心，其本质涉及资本和劳动力等生产要素在不同地区间的移动问题，按此标准，本书对服务产品进行了划分。

（1）供需分离式服务产品。它是指服务供给者与需求者不需要移动而实现的服务产品。运输服务是分离式服务的典型例子，如民用航空运输服务，一个地区一家航空公司可以为另一个地区的居民提供服务，但并不需要将这家航空公司搬到另外地方，也不必要求顾客到这家航空公司所在地区去接受服务。与此同类的还有移动通信服务，如咨询服务、信息技术服务、导游服务等服务产品，都属于这一类别。

（2）需要者所在地的服务产品。这类服务产品一般要求服务的供给者与服务使用者在地理上毗邻、接近。如消费性服务业中的家政服务、理发、美容、餐饮、保安等社区所需要的服务产品；生产性服务业中的银行、金融、保险、电力服务是这类的典型代表。

（3）供给者所在地的服务产品。这种服务对地面的附着性较强，在空间上完成转移的难度较大，一旦在空间上确定下来，转移成本就非常高，服务的供给者只能就地为需求者提供的服务。如旅游、医疗产品属于这一类。对服务供给者而言，也不存在生产要素的移动。

3. 以资源的密集度为标准的分类

按照资源的集约度（或叫密集度）对服务产品进行划分，这里的资源主要指的是资本、技术和知识、劳动等生产要素，根据服务产品对资本、技术和知识、劳动等生产要素不同的依赖程度，可以分为三类：

（1）资本密集型服务产品。这类产品的资本有机构成较高，所生产的服务产品中，物化劳动（资本投入量）占较大的比重。这类服务产品包括空运、通信、工程建设服务等。

（2）技术与知识密集型服务产品。这类服务产品中知识、技术含量较高，所生产的产品中，脑力劳动占较大的比重。如银行、金融，法律、会计、审计、信息服务等。

（3）劳动密集型服务产品。在这类产品中，资本的有机构成较低，活劳动尤其是体力劳动占较大的比重。这类服务包括旅游、维修等。在经济发展的过程中，服务产品由劳动密集型产品为主向资本密集型、技术密集型服务产品为主发展。对同一产品，不同的时代，归类方法也有所差异。

（四）现代服务产品的供给与需求分析

1. 服务产品的需求分析

下面从服务产品的需求曲线入手，对服务产品的需求变动、需求弹性、服务产品特征及其影响因素进行分析。服务产品的需求主体主要有两类：一是家庭和个人，二是生产厂商。因此服务产品的需求可以分解为个人（家庭）需求和厂商需求两个部分。前者是消费性服务需求，后者是生产性服务需求。

（1）服务产品的需求曲线、需求函数及变动。

1）服务产品的需求曲线和需求函数。在只改变价格而不改变需求其他决定因素的条件下，一种商品的价格越高，人们愿意购买的数量就越少；而市场价格越低，人们购买的数量就越多。商品的市场价格和物品的需求数量之间存在着一定的关系，这种关系本书可以用需求曲线来表示（如图1-1所示）。

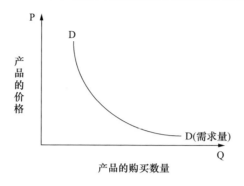

图1-1　服务产品需求曲线图

在图1-1需求曲线中，呈现出向下倾斜的规律。在服务产品价格上升的时候，对这类服务产品需求下降的原因有两个：其一是替代效应，当一种物品的价格上升，便可以用其他的产品来替代它（当洗衣行业服务价格上升的时候，人们可以购买洗衣机来替代）；其二是收入效应，当服务产品的价格上升的时候，而实际收入没有得到同比的变化，人们实际可支配的收入就变得更少，因此要削减开支。

图1-1所显示的是需求曲线，实际上，需求曲线可以是直线的，也可以是曲线的。当需求函数为线性函数时，相应的需求曲线是一条直线，直线上各点的斜率是相等的；当需求函数为非线性函数时，相应的需求曲线是一条曲线，曲线上各点的斜率是不相等的。在经济分析中，为了简化分析过程，在不影响结论的前提下可用线性需求函数来表示，线性需求函数通常表示为①：

$$Q^d = \alpha - \beta \times P$$

式中，α、β为常数，且α、$\beta > 0$。此函数所对应的需求曲线为一条直线。在上式服务产品的需求函数中，需求曲线有一个最为明显的特征，即是需求曲线向右下方倾斜的，即它的斜率为负值，表示服务产品的价格和需求量之间呈反方向变动的关系。

2）需求变动。随着社会经济的变革，需求在不断地变化之中，当影响需求的因素如消费者平均收入水平、人口规模、相关物品的价格等发生变化的时候，

---

① 高鸿业. 西方经济学［M］. 北京：中国人民大学出版社，2001：23.

服务产品的需求就会受到影响。当商品价格之外的因素变化引起购买数量发生变化时候，人们称这种变化为需求变动；当所需要购买的数量随着某一价格水平的增加或减少而变化，人们说需求增加（或需求减少），如图 1 - 2 所示。

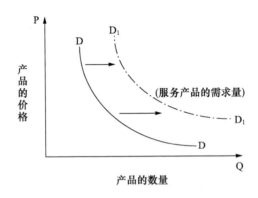

图 1 - 2　服务产品需求变动图

（2）服务产品的需求弹性及其影响。

1）服务产品的需求弹性。服务需求弹性是测定服务需求量对其自变量反映程度的一个尺度，是指一个自变量的值每变动百分之一所引起的服务需求量变动的百分率。主要包括服务需求的价格弹性、收入弹性和交叉弹性。服务需求的价格弹性是用来衡量服务需求量对于该种服务价格变化反映程度的尺度，价格弹性系数可以大于 1、小于 1 或等于 1，分别表示服务需求富有弹性、缺乏弹性或没有弹性。服务需求的不同价格弹性是由服务产品对消费者生活的重要程度、替代品的状况、消费支出的比重、考察时间的长短、可自给程度的大小等因素决定的。若服务需求的收入弹性系数大于 1，它在消费结构和产业结构中的比重将趋于上升。服务需求的交叉（价格）弹性反映一种服务产品的需求量对另一种产品价格变化的反映程度。若交叉弹性系数大于零，二者是替代品；若它小于零，二者为互补品；若它等于零，则二者互不相关。[①]

2）服务需求的影响因素。除了价格以外，还有一系列因素均会影响服务需求量。本书讨论如下因素：该服务产品的价格、消费者平均收入水平、人口规

---

① 李江帆. 第三产业与服务消费品研究 ［M］. 广州：广东人民出版社，1997：247 - 293.

模、相关物品的价格及其可获得性、个人和社会的偏好及其对该产品价格的预期[1]。①服务产品的自身价格。服务产品的自身价格是影响服务需求的重要因素。一般来说，一种服务产品的价格越高，该商品的需求量就越小；相反，该服务产品的价格越低，服务产品的需求量就会越大。②消费者的平均收入。消费者的平均收入是影响服务产品需求的重要因素。当人们的收入上升，即使价格不变，同样会增加对服务产品的需求，个人也会倾向于购买更多数量的服务产品。相反，当消费者的收入水平下降的时候，就会减少对服务产品的需求。③市场规模。在社会发展程度相同时，人口规模决定市场规模，人口规模越大，整个市场的容量就越大；反之，则越小。在社会发展程度相同时，且市场规模的大小与人口规模基本成正比。比如，在发达国家中，美国人口最多，美国的服务市场就很大；在发展中国家中，与中国发展程度类似的国家，其市场规模也是随着人口增加而增加。④相关物品的价格及其可获得性。相关产品的价格及其可获得性影响对该服务产品的需求，尤其是替代品、互补品之间存在着重要的联系。替代品是指具有相同功能的产品，如小型汽车和大型汽车，石油和天然气。如果替代服务产品 A 的价格下降，那么对服务产品 B 的需求将会下降。互补品是指具有互补功能的产品，如眼镜架和眼镜片这两种商品就是互补品，它们间只有相互作用才能实现价值。人们在选择眼镜架时必须选择眼镜片来组成眼镜，如果眼镜架的市场需求增加，眼镜片的市场需求也会增加，两种商品的价格会同时上涨，那么这两种产品的需求变化是一致的。⑤消费者的偏好。消费者偏好由众多的历史和文化因素所共同决定，它们可以反映出众多的心理或者是生理的需要（如对炫耀、爱美、情感的需要）。还有很大一部分传统或者是宗教因素（如节庆、宗教活动等）。⑥消费者对服务产品价格的预期。当消费者预期某种服务产品的价格在未来时间内将上升的时候，就会增加对该服务产品的现期需求量；当消费者预期某服务产品价格在未来一段时期内会下降的时候，就会减少对该服务产品的需求量。[2]

2. 服务产品的供给分析

（1）服务产品的供给曲线。服务产品的供给涉及企业愿意和生产销售某一

① 保罗·萨缪尔森，威廉·诺德豪斯. 宏观经济学［M］. 萧琛等译. 北京：人民邮电出版社，2004：41.

② 高鸿业. 西方经济学［M］. 北京：中国人民大学出版社，2001：56.

服务产品的条件，某一服务产品的供给量表明了某一价位上某产品的生产和销售条件。某一服务产品的供给就是指生产者在一定时期内在各种可能的价格下愿意而且能够提供出售的某种商品的数量。如果生产者对服务产品只有提供出售的愿望，而没有提供出售的能力，则不能够形成有效供给，也不能算作供给。供给规律的含义：当影响服务产品供给的其他因素不变时，服务产品的供给量随着产品价格的上升而增加，随着产品价格的下降而减少。以某一服务产品为例，某一服务产品的供给量和该商品价格之间存在着一一对应的关系，这种关系可以用供给曲线来表示（如图 1 – 3 所示）。

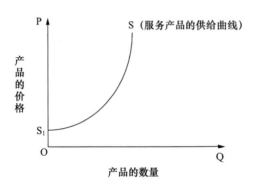

图 1 – 3　服务产品供给曲线图

图 1 – 3 的横轴 OQ 表示服务产品的数量，纵轴 OP 表示服务产品的价格，S_1S 为供给曲线。在其他条件不变的情况下，某服务产品的市场价格与生产者愿意生产和销售的数量之间存在正相关关系。产品的价格越高，服务产品的供给量就会越大；相反，产品的价格越低，服务产品的供给量就会越小。

同需求曲线一样，供给曲线可以是直线性，也可以是曲线性。如果供给函数是线性函数，相应的供给曲线为直线性；如果供给函数是非线性函数，相应的供给曲线就是曲线性的。直线性的供给曲线的斜率相等，在微观分析中，用线性供给函数来表示，其通常形式如下①：

---

① 　高鸿业．西方经济学［M］．北京：中国人民大学出版社，2001：25 – 26.

$$Q^S = -\delta + \gamma \times P$$

式中，δ、γ 为常数，且 δ、$\gamma > 0$，与该函数对应的供给曲线为一条直线。从供给曲线来看，商品的供应量随着商品价格的上升而增加，相应地，在图1-3中的供给曲线表现出向右上方倾斜的特征，即供给曲线的斜率为正值，它们都反映了商品的价格和供给量呈同方向变动的规律。

（2）供给的移动。当物品价格之外的其他因素发生变动而引起供给数量发生变动时，人们称为供给的变动。从供给曲线来看，在市场的每一价格水平，供给的数量增加或减少时，人们就说供给增加或减少，如图1-4所示。

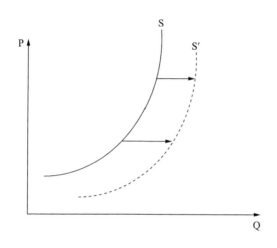

图1-4 服务产品供给变动

（3）服务的供给弹性。服务供给弹性是测定服务供给量对其自变量反映的灵敏程度的一个尺度，主要包括服务供给的价格弹性。服务供给的价格弹性系数可以大于1（弹性大），等于1（单位弹性）或小于1（弹性小）。其大小主要取决于：改变服务供给量的难易程度或所需时间的长短、变动产量后生产成本的变动情况。

（4）供给的影响因素。企业不断改变服务产品的组合，引起供给发生变动。关于供给变动的原因，本书考虑如下因素：服务产品的价格、生产成本、生产的技术水平、相关服务产品的价格、生产者对未来的预期。以上各因素对商品供给的影响如下：①服务产品的价格。服务产品的价格越高，生产者的利润空间越大，生产者提供的产量就越大；相反，服务产品的价格越低，生产者提供的产量就越小。②生产成本。在商品自身价格不变的条件下，生产成本上升会减少利润，从而生产者会减少生产，导致服务产品的供给量减少；相反，生产成本的下降会增加生产者利润，从而促使生产者增加生产，导致服务产品供给的增加。③生产的技术水平。在一般情况下，生产技术和管理水平的提高会提高生产效率，降低生产成本，增加生产者的利润，从而导致商品供给量的增加。④相关商品的价格。一种商品的价格不变，而其他相关的服务产品价格发生了变化，该商品服务产品的供给量会发生变化。因为，其他产品价格的变化会改变服务产品间的相对价格，使生产者改变生产经营决策，导致该服务产品供给发生变化。⑤生产者对未来的预期。如果生产者对未来的预期看好，预期某种商品价格将要上涨，就会扩大生产规模，增加目前的产品供给。如果生产者对未来的预期是悲观的，预期未来的商品价格下降，将囤积居奇，待价而售；或者缩减生产，减少目前的产品供给。①

3. 服务产品需求和供给的均衡

一种服务产品的需求是指消费者在一定时期内在各种可能的价格水平下愿意而且能够购买的该商品的数量。在其他条件不变的情况下，需求数量的多少取决于价格。一种服务产品供给是生产者在一定时期内在各种可能的价格下愿意而且能够提供出售的该种服务产品的数量。在其他条件不变的情况下，供给的数量取决于价格。服务产品的价格到底怎么决定的呢？事实上，供给和需求的力量会相互作用，产生均衡的价格和均衡的数量，即市场均衡。一种服务产品的市场均衡价格是指该种产品的市场需求量和市场供给量相等时的价格。市场均衡点即是供给和需求力量达到平衡的价格和数量的点。在这个点上，服务购买者愿意购买的数量刚好等于服务供给者愿意提供的数量。供给和需求就达到了均衡，如图 1 - 5 所示②。

图 1 - 5 中，SS_1 为供给曲线，DD_1 为需求曲线，供给曲线 SS_1 和需求曲线 DD_1 相交于 O 点，在均衡点 O 点，形成了均衡价格 M 和均衡数量 N。在这样的

---

① 保罗·萨缪尔森，威廉·诺德豪斯. 宏观经济学 [M]. 萧琛等译. 北京：人民邮电出版社，2004：42.

② 保罗·萨缪尔森，威廉·诺德豪斯. 宏观经济学 [M]. 萧琛等译. 北京：人民邮电出版社，2004：44.

一种状态，服务购买者愿意支付的价格与数量同服务供给者愿意提供的价格和数量是相等的，是买卖双方都感到满意并愿意持续下去的状态。但在现实生活中，均衡价格会随着供给和需求的变动发生变化。

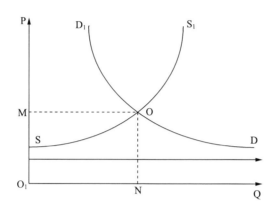

图 1-5　服务产品需求供给均衡

第二节　文献述评

在本书写作的过程中，文献研究方法和过程主要集中在三个方面：一是查阅了四川大学图书馆文理分馆、四川大学经济学院图书馆中关于服务业研究的藏书；二是运用电子查询、远程帮助等手段，检索了中国政府网、英国伦敦、美国纽约、我国香港特别行政区和西部 12 省市区等相关网站以及亚马逊网络书店、当当网等收录关于的现代服务业研究的相关文献；三是分别以"服务"、"服务产业"、"服务业"、"服务经济"作为关键词，按照"题名"进行"精确"检索，查阅、归类、整理中国期刊全文数据库（CNKI）、人大报刊数据库、中国硕博士学位论文全文数据库中的服务业研究文献，把握服务业的研究动态。

截至 2016 年，在 CNKI 博硕士论文库中，以"服务"为题名检索到相关的博硕士论文 31743 篇，以"服务业"题名检索到相关的博硕士论文 2223 篇。主要集中在服务业投资、服务业客户网络构建、服务业跨国公司扩张、服务业与城市化的关系、服务业投资、服务业管理、服务业与就业关系的探索等方面进行研究。以"第三产业"为题名检索到相关的博硕士论文203篇，这些研究主要集中在对就业问题与第三产业关联、第三产业内部结构优化、第三产业内部结构演变趋势进行的研究，多数从省、市的角度对第三产业发展进行研究。从区域经济的视角，对西部现代服务业进行研究还相对较少，这为本书研究提供了广阔的空间。也正是基于这一发现，本书选择从区域经济学的视角对西部现代服务业进行探索。

本书采用层层递进的方法，对现代服务业发展研究、区域现代服务业发展相关研究、现代服务业与区域产业结构优化升级研究和西部现代服务业发展的相关研究的文献进行梳理与述评。

一、现代服务业发展研究

现代服务业的研究始于发达国家，由威廉·配第首先提出了第三产业的思想。1935年，英国经济学家费希尔首次提出了"第三产业"概念，后来由英国经济学家柯林·克拉克（G. Clark）主张以"服务性产业"来代替费希尔提出的"第三产业"（这些理论论文将在服务业的相关理论支撑部分进行阐述，这里就不多做解释）。西方还有诸多学者围绕服务业对经济贡献、就业贡献、政府在服务经济发展中的角色定位等方面进行了相关研究。相比之下，国内对服务业的研究，起步相对较晚。在20世纪80年代，国内部分学者开始掀起了国内服务业研究的热潮。

（一）国外服务业发展文献综述

1. 服务业的生产率

20世纪90年代以后，随着ICT[①]在服务领域的广泛运用，部分经济学家认为服务业劳动效率的问题并不是非常严重。格里利切斯（Griliches，1994）认为服务业的劳动效率并不低；特里普雷特和波斯沃兹（Triplett and Bosworth，2002）认为ICT是根治鲍默尔"成本病"的有效办法；沃菲（2005）通过OECD[②]数据

---

① 信息与通信技术（Information and Communications Technology，ICT）。
② OECD即经济合作暨发展组织。

分析指出服务业生产率在行业分类上存在较大的差距，劳动密集型服务业生产率较低，而批发、零售及其运输仓储行业生产力水平与经济增长的平均水平持平。艾金格（2001）、帕内德（2003）、尼科尔（2004）、沃菲（2005）等认为，高份额服务业与生产率之间存在负相关关系，这可能与特定服务总需求的增加有关，这类需求增加引起资源的重新配置，在这些行业往往生产效率不高。①

2. 服务业的创新

创新是提高劳动生产率的主要途径，是服务业快速发展的源泉与动力。卡扎尼茨克和斯皮尔坎普（Czarnitzki and Spielkamp，2000）认为服务业是创新的桥梁，与制造业相比，服务业中 R&D 密度偏低。这种较低的 R&D 投资反映了服务创新中的一些困难。他们认为，制约服务业创新的因素有如下②：其一，R&D 投资的外部性影响投资收益的完全收回；其二，一般从事服务行业的公司规模较小，缺乏市场开发部门，阻碍服务业创新进程；其三，信息的缺乏和信息不对称；其四，实证研究表明创新和出口之间存在正相关性，缺乏国际竞争也会限制服务业的创新；其五，服务行业作用于经济的创新和知识活动的贡献没有被有效地测量；其六，服务行业的准入门槛较低，不利于服务业成长与创新。目前，研究服务业的生产率与创新的热点集中在服务业与其他行业的衔接方面。福克和科贝尔（Falk and Koebel，2002）分析了外购服务和进口中间要素对于不同技能劳动需求的影响。他们研究发现随着外购服务和中间要素进口的增加，将会全面减少劳动的需求。

3. 服务业中的政府角色

以西方经济学家为代表的一种观点认为，服务业应该完全市场化。经济学鼻祖亚当·斯密在《国富论》提出了经济自由主义的"看不见的手"的理论，他认为，"国家不要干预经济，让经济自由发展，让价格机制自发地起作用，每个人自动按照价格机制根据自己的利益做事，经济自然而然发展了"。③ 布兰特（Brant，2003）也认为不合适的管理和限制不但不利于服务业的发展，反而损害了企业的动力，限制服务部门的发展和增长，政府应在适当的时候退出市场。关于政府规制，另外一种观点认为政府应当提供一个有效、综合的政策保证，从而

①② 何德旭．中国服务业发展报告［R］．北京：社会科学文献出版社，2007（1）：4 - 5.

③ 韩秀云．推开宏观之窗［M］．北京：经济日报出版社，2003：16.

促进服务业发展。"宏观经济之父"凯恩斯认为，供给不会自动创造需求，政府要去刺激需求、拉动经济增长，靠"看得见的手"、靠国家干预来解决社会的经济问题。尼克利特和斯卡尔皮塔（Nicoletti and Scarpetta，2003）也较为认同这一观点，他们通过模拟研究和跨国比较发现，政府规制对于服务业的影响很大。他们认为，政府对服务业发展有较大的积极作用，同时也会对生产力的增长造成负的外部性，因此，各国政府在制定服务部门规章制度的时候，应当基于经济增长的框架来考虑问题，各国政府部门在制定产业政策时应结合本国实际情况相机而择。不同的学者，基于不同的研究视角，对政府在服务业发展中的作用进行了定位。

4. 服务业发展的动因

1978 年，新工业主义的代表人物乔纳森·格沙尼出版的《后工业社会之后——自我服务经济的兴起》和《社会创新与劳动分工》，对其理论进行了阐述。他认为人们为了满足增长的心理需求，既可以通过购买服务获得，也可以通过购买商品获得。例如，洗衣机进入家庭减少了人们对洗衣店服务的需求等。从效用与使用价值的角度来看，服务和商品之间无实质性的差异。同时他还认为，服务的替代效应大于收入效应，由于服务的价格上升速度大于收入的增长，因此可能出现"自我服务社会"，"自我服务"是通过购买商品与使用商品来满足自身的需要，而不是直接购买服务本身来满足自身需要。Fisher（1935）、Clark（1940）等认为，劳动力向第三产业转移的动力来自消费需求，其理论基础是需求层次假说，即随着经济发展和人民生活水平提高，第三产业的需求增长，人们的消费需求偏好将由食物等物质产品逐步转向服务等非物质产品。表面看来，乔纳森·格沙尼的观点对 Fisher 和 Clark 的看法提出质疑，就其实质来讲，两者是一致的。乔纳森·格沙尼与 Fisher 和 Clark 对服务需求动力分析基础不同，得到了不同的结论：乔纳森·格沙尼的服务需求的动力是心理需求，也是阶段性的；Fisher 和 Clark 对服务需求的动力基础是心理需求和消费需求。乔纳森·格沙尼认为一旦受到客观经济条件的限制，可能会出现自我服务社会；Fisher 和 Clark 认为一旦客观经济条件允许，人们的消费需求偏好将由食物等物质产品逐步转向服务等非物质产品。他们从不同的角度进行论述，其结论是一致的。

（二）国内服务业发展问题的主要学术观点及其评述

目前国内系统研究服务业的著作不多，主要有李江帆主编的《中国第三产业经济分析》、《中国第三产业发展研究》，周振华主编的《现代服务业发展研究》，蒋三庚主编的《现代服务业研究》，黄维兵所著的《现代服务经济理论与中国服务业发展》等。对服务业进行系统研究的著作，每个人的侧重也有所不同，李江帆按照投入分析—产出分析—综合分析的研究主线，系统分析了中国第三产业的人、财、物和成本投入，服务产出的产量和质量，以及第三产业与服务市场、城市化、产业关联和波及、对外开放等重要问题。他采用实证性、前瞻性较强的科学研究方法，提出了诸多有关中国第三产业发展的创新性见解和针对性很强的对策建议，对指导我国第三产业的宏观经济管理具有较为重要的实践意义。李江帆在《中国第三产业发展研究》中对中国第三产业增长供给需求因素、内部结构、发展区域、发展时序、发展政策、发展制度进行研究，对我国第三产业发展进行了系统性、综合性的研究，在揭示中外第三产业发展的定量规律、建立第三产业经济运行的数学模型等方面取得了较大突破。周振华[1]从政府宏观调控和管理的角度提出了自己的看法，认为政府对服务业发展的调控既"越位"又"缺位"，导致服务业中存在大量的行业垄断行为。政府管制决定了市场进入的机会，并决定了市场结构以及竞争程度。他认为要推进现代服务业发展，必须在突破体制性障碍上下功夫，以促进服务业的市场化发展。蒋三庚[2]从理论与实践层面进行了分析：在理论层面上，阐述了现代服务业的类型和成长模式，并对现代服务业的集群机理和评价指标体系进行了研究，对现代服务业集群竞争优势、企业生态群和现代服务业集群的关系进行了分析；在实践层面上，着重分析了北京CBD现代服务业集群的现状和特点，同时对美国、英国和中国香港等国家和地区的现代服务业集群进行了介绍与分析。黄维兵[3]所著的《现代服务经济理论与中国服务业发展》，对服务经济的基本理论问题进行了系统研究，对于在理论上确定服务业在我国产业结构中的地位，对于提高人们对服务业重要性的认识特别是对于各级政府及有关部门制定服务业发展战略和方针政策，具有一定的理论和实践

① 周振华. 现代服务业发展研究 ［M］. 上海：上海社会科学院出版社，2005.
② 蒋三庚. 现代服务业研究 ［M］. 北京：中国经济出版社，2007.
③ 黄维兵. 现代服务经济理论与中国服务业发展 ［M］. 成都：西南财经大学出版社，2003.

意义。

1. 全球化背景下服务业发展研究

随着加入 WTO 后，我国经济发展和经济开放水平不断提高，中国服务业的对外与对内开放同步进行。黄繁华①比较深入和系统地研究了当前经济全球化中现代服务业的发展和开放规律，并以南京市为案例，探讨了我国加入 WTO 后现代服务业的发展思路和对策。黄繁华②又以开放的视角，分析了在经济全球化背景下服务业发展和开放的最新的规律，并以江苏省为例，就加入 WTO 后服务业的发展进行系统研究，分析加入 WTO 后江苏服务业发展的条件、现状、潜力、途径等，而且还以专题形式，进一步研究江苏省金融业、商贸业、旅游业、物流业、房地产业、中介服务业等。并对这些行业加入 WTO 后的发展，提出相应的对策和建议。杨春泥③系统地研究了服务业典型特征对直接投资的影响。通过分析服务业和制造业的区别与联系，归纳服务业的典型特征，并从中提取对企业 FDI 决策产生影响的重要解释变量，研究并得出关于服务业 FDI 条件、区位与方式选择的多个结论。程大中④将中国服务业问题纳入现代经济学（如非均衡增长理论、内生经济增长理论等）的分析框架与研究视野，并利用现代计量分析方法与手段进行研究。

2. 关于服务业发展水平及原因分析

中国服务业发展水平与生产率是众多学者争论的焦点，中国服务业发展到底到了什么水平？其原因是什么？国内学者对这些问题进行了探索，主要学术观点有如下：杨伟民（2004）认为我国服务业发展滞后，并对我国服务业滞后的原因进行了深刻剖析，其认为：中国在全球产业分工体系当中，其比较优势是廉价的劳动力，因此致力于加工组装业，没有给中国服务业留出较大发展空间；同时，认为目前国内消费不足的问题是因为消费的群体当中没有增量，只有城里人生的孩子算是消费群体的一个增量，但其他农村人口不可能构成现代城市人的增量。顾乃华（2005）对 1992～2002 年我国服务业增长效率进行实证分析，研究表明，在 1992～2002 年这段时间，我国服务业的发展远未能挖掘出既有资源和技术的

① 黄繁华. 经济全球化与现代服务业 [M]. 南京：南京出版社，2002.
② 黄繁华. 加入 WTO 后服务业的发展 [M]. 北京：人民出版社，2004.
③ 杨春泥. 全球服务业直接投资：理论与实证 [M]. 北京：中国经济出版社，2007.
④ 程大中. 中国服务业的增长、技术进步与国际竞争 [M]. 北京：经济管理出版社，2006.

潜力，同时技术效率低下，服务业增长主要依靠要素投入推动，科技贡献微弱，粗放型特征比较明显。同时，顾乃华（2006）对服务业低效率体制的成因以及后果进行了分析，其分析认为，我国服务业低效率的成因源于新中国成立之后实施的赶超战略。赶超战略最重要的特征就是重工业优先发展战略，支持工业超常规发展，从而导致资本约束问题，导致服务业发展滞后。同时，渐进性改革会产生预算软约束，恶化服务业的技术效率。李勇坚[①]对中国的情况进行了实证分析，他所采用的计量检验方法对服务业发展滞后这一结论的原因做出了令人信服的解释。他认为，中国在目前的经济发展状况下，由于收入分配差距过于显著，导致相当多的一部分人处于最基本生活需求的边缘，这部分人对服务业的需求还没有达到相应的临界点，服务业的需求不足。同时，也存在着一个绝对数字庞大的富裕阶层，这个阶层支撑着一些奢华性的服务业畸形发展，而中低收入阶层所需求的物美价廉的基本需求性服务业无法得到充分发展，从而，服务业的有效供给相对不足。事实上，中国巨大的收入差距影响了服务业的正常发展，导致中国的服务业供给效率不高。周小川（2005）则从中国最终消费服务支出（尤其是文化、体育、娱乐、旅游等）中所占比例明显偏低来分析中国服务业发展滞后。魏作磊和胡霞（2005）则持有相反的意见，其认为，在不同的经济发展阶段，服务比重可能会呈现不同的变动趋势，1990年以来我国服务业比重变化不大以及目前我国服务业比重相对偏低是我国所处经济阶段的正常现象，这并不说明我国服务业发展水平较低。

3. 服务业的质量管理与标准化

服务业逐步走向规范与标准化管理，就目前来说，对服务业的质量管理与标准化研究还处于起步阶段，有关这方面的理论研究相对较少，主要有由英国的罗瑟瑞著，李仁良、咸奎桐和范与华等翻译的《服务业国际标准化手册》首次讲解了ISO9000和ISO14000在服务业中的应用，公布了质量管理文件，并对服务业如何贯彻有关顾客服务的设施和环境以及健康和安全方面的规范提供了详尽的指导，为服务业的标准化研究提供了一个基本的框架。杨永华所著的《服务业质量管理》，全面阐述有关质量管理及其技术和方法，依据作者提出的大质量（Big Quality）概念论述了现代质量管理原则，把全面质量管理理论与GB/T19000 –

① 李勇坚. 经济增长中的服务业：理论综述与实证分析［J］. 财经论丛，2005（9）：6.

2000 标准的贯彻和质量管理体系的建设结合起来。

4. 服务业人才与就业

张淑君（2006）所著的《服务业就业效应研究》，提出了"国际服务贸易驱动经济增长"命题，从服务贸易和投资的作用机理看，服务贸易和投资通过物质资本积累效应、人力资本效应、技术进步效应、制度变迁效应、就业效应以及技术的外部性等路径影响一国的要素供给和技术进步，从而影响其资源禀赋结构的变动和贸易、产业结构的升级。

魏作磊（2006）对服务业是否能承担转移我国农村剩余劳动力的重任进行了探讨。其认为，就目前来看，短期内我国服务业难以承担大规模转移农村剩余劳动力的任务。但目前通过发展劳动密集型制造业转移农村剩余劳动力不仅可行，而且也是必要的。程永宏（2005）对服务业就业比重与失业率的关系进行研究。其认为，就业总量与服务业就业比重存在明显正相关关系；劳动力总供给和女性劳动参与率与服务业就业比重也存在显著正相关。这一发现能有力地解释普遍存在于市场经济国家的一种现象：服务业就业比重的上升尽管创造了新的就业机会，但失业率却没有因此而下降。程大中（2005）通过对中美服务业的对比分析，探讨了服务业就业与服务贸易出口之间的关系。其认为，在开放经济条件下，一个国家服务业就业增加可以带动服务出口收入增长，但随着服务业增长方式逐渐由就业增加驱动向知识、技术投入驱动转变，服务业就业与服务贸易出口收入关系越来越弱。因此，中国须在服务业（对内）和服务贸易（对外）两个方面采取相对应的措施。张淑君（2005）对我国服务业的就业特征进行分析，指出我国服务业的就业特征是，服务业就业人口总量以及服务业就业比重不断提高，但就业比重一直低于产值比重，这表明服务业存在一定的就业空间；从服务业内部的就业结构来看，传统服务业的就业空间会越来越小，而对劳动力素质要求较高的现代服务业则存在较大的发展空间。因此，目前应采取有效措施，优化服务业的就业结构，推动服务业从传统服务业向现代服务业转变，以充分发挥服务业就业主渠道的作用。

5. 服务业与其他产业

国内服务业与其他产业关联的研究相对较少，李冠霖所著的《第三产业投入产出分析——从投入产出的角度看第三产业的产业关联与产业波及特性》，在实证研究的基础上，总结出第三产业的产业关联与产业波及特性，并从产业关联与产业波及的角度探讨了目前中国第三产业发展中存在的问题，提出了中国第三产业发展可供选择的政策措施。

顾乃华（2005）研究了我国服务业对工业发展外溢效应的理论，并进行了实证分析，结果表明：服务业通过为工业品生产提供更加专业化的中间产品，充当工业转移剩余劳动力的主要渠道，同时拓展工业品销售市场，能够为工业发展产生显著的外溢效应，促进经济增长。并指出今后在推动服务业发展、发挥服务业外溢效应的同时，尤其要注意通过体制改革、扩大开放、利用新技术等方式，提高服务业的效率。顾乃华、毕斗斗和任旺兵（2006）介绍了目前理论界流行的四种论述生产性服务业与制造业关系的观点，即"需求遵从论"、"供给主导论"、"互动论"和"融合论"。从分工和竞争力两个视角综述了生产性服务业与制造业互动的机制。从产业层面来看，生产性服务业的发展能促进经济分工，提高经济效率；从企业微观层面来看，制造企业使用生产性服务有利于其提高竞争力。郑吉昌（2004）基于对服务业革命的讨论，分析了服务业和制造业的关系，指出知识密集型的生产性（中间投入）服务业，正在成为企业提高劳动生产率和货物商品竞争能力的关键投入，更是企业构成产品差异和决定产品增值的基本要素，提出服务业的发展将加深我国市场开放的程度，促进工业企业之间的竞争；生产性服务业的发展改善了工业发展环境点；服务业的开放促进工业生产组织结构的变革和分工的深化等观点。

6. 服务业政府体制束缚与创新突破研究

由于服务业自身的特点，规制及规制改革对于服务业的发展尤其重要。诸多国内学者认同政府对服务业发展的积极作用，其认为，只是在现有的体制上实施优化改革。张汉林和施本植（2005）主编的《服务业及中小企业规制改革——政府规制改革丛书》，分析了服务业规制改革与服务业发展，他还着重研究了规制改革与中小企业发展的关系，内容涉及中小企业规制负担、中小企业规制改革的必要性，经济合作与发展组织成员国中小企业规制改革进程、中小企业金融业规制改革等。裴长洪和夏杰长（2005）对中国服务业对外开放的开放度、时序、风险和路径做了深入的研究。他们认为，目前外资进入中国服务业还要受到外资准入资格、进入形式、股权比例和业务范围等较多方面的限制。国内学者李江帆（2005）认为，服务业发展要从服务的结构、组织、布局等方面入手。江小涓（2004）认为，中国服务业发展相对较慢，有体制方面的问题和政策方面的问题，政府要有所作为，需要从改变观念、规范行为、促进竞争、扩大开放和适当扶持等方面努力。

在全面建设小康社会的今天，国家把"自主创新"提到国家战略的层面，创新是发展的灵魂。创新，会使事物产生质与量的变化。从量变到质变，再从质变到量变，临界点上最关键的因素是创新。服务业的跨越式发展，要依靠创新。郑吉昌和夏晴（2005）基于服务质量形成模式的服务创新模型，对"四维度"进行深入剖析并指出，服务企业在进行创新时，要根据自身条件和能力以及周围环境的特点选取适当的创新维度，准确把握不同维度间的关联。常修泽（2005）就中国现代服务业发展中的体制创新进行了研究，指出，一要打破电信、民航、铁路等行业的垄断，推进国有资本的置换和民营资本的进入；二要推进城市公用事业的体制创新；三要按照"营利性"和"非营利性"区别对待的原则，分类推进社会事业领域的体制创新；四要推进银行、证券、保险行业的改革，发展现代金融业等。常修泽（2005）在《体制创新：释放现代服务业发展潜能》中指出："推进现代服务业的发展，必须按照市场化改革的目标，着力推进体制创新，用体制创新特别是产权制度创新的办法，来释放现代服务业发展的潜在能量。"何德旭和王朝阳（2007）从中国金融业的体制改革与产品创新的角度提出金融业创新的若干意见。周振华（2005）主张，要有序地开放电视、报刊发行、艺术表演等领域的投资，提高非公有制经济在教育、卫生、体育、娱乐、旅游、信息、金融等行业的参与力度，加快事业单位体制改革。高度稀缺性服务资源采用公开招标和拍卖方式，采用市场方式合理配置服务业的资源。李江帆（2005）对市场化进程中的第三产业制度安排进行了系统的研究，他认为，要对第三产业进行制度创新，应该从投资主体多元化、经营方式多样化、服务价格多样化、服务贸易开放化、公共服务规范化五个方面来进行。

7. 服务业的预测与前沿问题研究

服务业在我国经济社会发展中的作用日益凸显，党中央、国务院高度重视服务业发展工作。党的十六大报告提出服务业要全面发展，"十一五"规划进一步提出要拓宽服务业领域、扩大服务业规模、优化服务业结构、增强服务业功能、规范服务业市场，这些都对服务业发展提出了明确要求。刘重主编的《现代服务业发展与预测》，在研究方法上把服务业作为一个整体，以研究服务业本身活动为对象，对现代服务业发展规律与趋势以及现代服务业的竞争力进行评价。同时还基于天津市服务业进行实证研究，对天津市现代服务业发展进行预测以及提出天津市服务业发展的战略构想。张国云①较系统地研究了服务经济的发展特征、发展轨迹以及不同类型服务业的发展模式等问题，重点突出目前与服务业发展相关的前沿问题的研究，强调把发展服务业放在优先位置，有条件的地区要逐步形成服务经济为主的产业结构，这也是对中国服务业发展的一个新定位。朱晓明、潘龙清和黄峰②比较全面地介绍了全球服务外包的发展趋势，提出了上海市发展服务外包的关键要素、相应对策和政策建议，展现了上海市扩大吸引外资的新思路和提高企业核心竞争的新策略。李善同和华而诚所编著的《21世纪初的中国服务业》，包括中国服务业的发展与制造业竞争力的提高、中国服务业的发展战略、中国服务业发展的政策措施、中国服务业的结构特征、中国服务业统计中的若干问题等内容。高汝熹和张洁所著《知识服务业：都市经济第一支柱产业》，对知识服务业的内涵、范畴以及发展前景作了系统、完整的论述，并从大都市比较优势、竞争优势的角度出发，分析了知识服务业的发展潜力。

二、区域现代服务业发展相关研究

（一）国外产业区位的新发展

随着经济社会发展不断充实与完善，其发展的阶段不同，影响区位选择的要素也存在着很大的差异。选择什么样的区位才能最有效地配置资源，达到其获取经济效益、社会效益和生态效益的最大化？传统观点认为：影响区位选择的主要因素是一些传统因素，如劳动力、自然资源的价格及可获得性、自然地理因素、距离市场的远近、经济发展模式，等等。随着经济全球化和信息化的兴起，影响区位选择的主要因素已发生了变化。在信息时代的城市发展阶段，城市在空间利用方面取得更大的区域适应性，城市在布局选择、规模构造以及产业选择方面具有更大的灵活性，城市的集散更为广泛与深入，软性的生活质量、环境、文化服务水平和对知识的获取等成为新时期区位的重要因素。

---

① 张国云．服务崛起：中国服务业发展前沿问题［M］．北京：中国经济出版社，2007.

② 朱晓明，潘龙清，黄峰．服务外包——把握现代服务业发展新机遇［M］．上海：上海交通大学出版社，2006.

随着经济全球化和区域经济一体化进程的加快，跨国经济组织出现，特别是科技快速发展，现代服务业可贸易性成分不断提高。在 20 世纪 60 年代，有关城市经济学和区域经济学的文献，比如 Greenfield（1966）、Jacobs（1969）、Chinitz（1961）、Stanback（1979）等，已认识到不可贸易中间品（主要是指服务）的重要性，将之看作是导致城市和产业复合体或产业集群（Industrial Complexes）形成集聚外部性（Agglomeration Externalities）的重要源泉，并以此来解释经济绩效的地区差异性。① 在分工的基础上，现代服务业集聚能引起自身生产率的增长加快。库兹涅茨（1966）指出："商品生产的区域性集中所导致的产品地方化，迫使生产不顾最终消费者的地域分散和需求时间的差别而以一定的节奏进行。此时，服务在集中固定生产和分散变动的需求之间所起的桥梁作用，以及由此而形成的集聚趋势就明显加强了。"显而易见，集聚能增强现代服务业的竞争力，其原因如下：第一，集聚有利于信息获取与创新。现代服务业在地理上的集中，相应市场的、技术的以及其他与竞争有关的各种知识和信息也会在区域内大量集聚，使得信息更容易获得。第二，集聚有利于专业化经营，降低企业成本。在一个区域内，每一企业都将资源集中于某一产品或服务，将扩大运营规模，产生规模效应；同时区域内的企业在空间上相互邻近，容易建立相互依赖的关系，降低交易成本。第三，集聚有利于降低人才搜索的成本。同行业的企业集聚在一起，到一定规模后，内部专业化程度会增强，专业人才的需求量增加，进而引致人才向该区域流动，可以直接在当地招募优秀人才，节约了人力资源成本。Marshall（1988）指出，在英国的伯明翰（Birmingham）、里兹（Leeds）和曼彻斯特（Manchester）三地，制造商购买的服务中的 80% 来自于同一地区的服务提供商。最近的经济地理学文献如 Krugman（1991）指出，在当今的世界，最突出的本土化的例子事实上是基于现代服务业而不是制造业的。如在伦敦和东京，基本上不是制造商聚集，连美国的硅谷和 128 号公路也更接近于为制造业提供服务的中心，而不光是实物的生产地。交通运输及信息技术方面的创新和重大突破使得服务朝着更加地方化的方向发展。

---

① 程大中，黄雯. 中国服务业的区位分布与地区专业化 [J]. 财贸经济，2005（7）：73.

（二）国内区域服务业发展研究

国内区域服务业发展研究，本书主要针对各个省（市、区）现代服务业的相关文献进行梳理。

李江帆（2005）分析了广东省服务业发展现状，并在国际化发展、体制改革、服务现代化、发展环境、人才培养、统筹协调等方面提出建议措施以推进广东省服务业的发展，对广东发展服务业具有较为重要的参考意义。毕斗斗（2005）对泛珠三角生产服务业区域合作进行展望，分析了发展生产性服务业的必要性和可行性，提出了生产性服务业合作的重点领域与发展途径。毕斗斗和卿前龙（2004）根据产值贡献、就业贡献、税收贡献、产业带动效应等确定重点行业，采用历史趋势外推法，并结合世界服务业发展的轨迹，分析和确定了广东未来服务业发展的重点。程大中和陈宪（2003）对上海服务业发展进行比较研究，基于对年人均产值、职工年均工资和工资、产值比三项指标的综合分析，认为上海在交通运输仓储及邮电通信业、批发零售贸易及餐饮业、金融保险业、教育文化艺术及广播电影电视业四大服务业领域在全国位居前列，但在科学研究和综合技术服务业、卫生体育和社会福利业、社会服务业、房地产业、国家机关、政党机关和社会团体等服务方面却相对落后。由此说明上海服务业目前已经跨过粗放式快速发展时期，而进入结构调整和集约化发展的新时期。程大中（2005）研究认为：上海本地工业的发展对其自身服务业发展具有负面效应，而江浙两省的工业发展对上海服务业的影响却都是正面的；上海与江浙两省在服务业方面的关系是合作与竞争并存，认为上海服务业供过于求的趋势日益明显，预示着上海产业结构的特色与优势正在偏向"都市型"经济。郑吉昌和夏晴在2002~2005年对浙江省服务业进行了系列研究，包括对服务业在浙江经济发展新阶段的战略地位研究（2002），浙江省服务业、服务贸易发展特征与对策选择（2003），浙江省服务业发展的结构特征与战略意义（2005），浙江省服务业结构特征、变动趋势及其对浙江省经济的作用（2004），等等。

三、现代服务业与区域产业结构优化升级研究

（一）国外有关区域产业结构优化升级的研究

威廉·配第的思想解释了产业转移的方向、动因以及转移的结果，为第三产

业的发展提供了较合理的解释。1940 年，英国经济学家柯林·克拉克（G. Clark）出版了《经济进步的条件》一书，克拉克主要研究劳动力在三次产业之间的转换规律，证明了配第的观点，进一步深化了配第的理论研究。霍利斯和钱纳里等作了更大范围的研究以后，进一步证明了库兹涅茨的发现，即资源（或生产要素）大规模地由初级产品生产部门向制造业部门和服务部门转移，并指出了资源转移的原因。从劳动力资源的再配置模式看存在两个特点：第一，与农业产值比重下降的幅度相比，农业劳动力份额的下降，存在明显的滞后现象；第二，制造业就业的增长，大大落后于农业就业的下降。[①] 这表明，在产业机构变革的过程中，农业劳动力比重下降是必然的，劳动力在农业—制造业—服务业部门之间进行转移，第一产业（农业）就业比重的显著下降，第二产业、第三产业就业比重均呈上升趋势。其中，第二产业（工业）就业的上升十分明显，但其上升的幅度明显低于第一产业就业下降的幅度。这一现象表明，第一产业中相当大部分劳动力是靠第二产业以外的部门——第三产业（服务业）部门就业的大幅度提高加以抵消的。霍利斯和钱纳里认为，农业生产率水平的提高比较缓慢，但在进入发达经济之后，农业将成为生产率水平最高的部门。另外，服务业生产率水平一直呈缓慢增长态势。而且，在不同的阶段，服务业发展水平也存在的差异：在工业化阶段，它高于农业而低于制造业；进入发达经济之后，其提高的速度更为缓慢。

（二）国内区域产业结构优化升级研究

1. 开放经济条件下产业结构调整与演变

伍华佳和苏东水（2007）对开放经济条件下中国产业结构的演化进行研究，揭示了封闭条件下和开放条件下我国产业结构演化的主要影响因素。孙杰和余剑（2007）对开放条件下中国要素禀赋的动态转化与产业贸易结构伴随要素供给优势的转化发生的变革进行了计量分析；基于中国产业结构调整实践，分别从新一轮全球产业分工重组与外国直接投资两个角度分析比较优势变迁对贸易品部门产业结构调整的作用路径，从价格传导机制、价值链传导机制和竞争传导机制三个维度探讨了贸易品部门对国民部门产业结构调整的传导机制，构造了中国产业结

---

① H. 钱纳里，S. 鲁宾逊，M. 赛尔昆. 工业和经济增长的比较研究 ［M］. 上海三联书店，1989：90 - 93.

构调整的战略构想、路径选择及其决策支持体系。吴进红所著的《开放经济与产业结构升级》从理论与实践相结合的角度，论述在世界经济一体化、贸易投资全球化、国际产业转移信息化的背景下，中国经济必然处于开放系统中，产业结构不断向高级化、高新技术化及信息应用普及化的方向发展，而国际贸易和外国投资对推动中国经济结构的调整、产业结构的升级和经济发展高效化将起重大作用。这些研究，为我国开放经济下未来的产业结构调整与优化提供了很好的借鉴和指导，在总结和借鉴中探索了我国产业结构优化的路径。

2. 产业结构演进及动力研究

林峰所著的《可持续发展与产业结构调整》分析了在全球经济结构调整大背景下的可持续发展与产业结构，可持续发展产业结构的教育、人才、科技、技术创新、产业结构的增长方式等问题。本书认为，其研究基于可持续发展思想指导，研究了产业结构战略性调整，具有较为重要的理论意义和实际指导价值。宋泓明所著的《中国产业结构高级化分析》以提升我国产业结构国际竞争力为目标，以我国产业结构高级化为研究对象，系统分析产业结构高级化理论、科技创新、传统产业改造、高新技术产业化、资本市场创新、产业政策、新型工业化等问题，并结合中国产业发展的实际，对相关问题进行实证分析。这些研究既包括了理论研究，也包括了实证研究，对提升我国产业结构竞争力具有一定的启示。江世银所著的《区域产业结构调整与主导产业选择研究》（当代经济学文库）把区域产业结构调整与主导产业选择问题熔于一炉。这对我国区域产业结构调整与主导产业选择做了较多的贡献，填补了产业结构调整与主导产业选择研究中的一个空白。

方辉振（2006）对产业结构优化升级的主要动力机制进行了细化研究，其研究认为，产业结构优化升级的动力机制主要有如下五个方面：消费需求的拉动机制、科技进步的带动机制、比较利益的驱动机制、体制政策的推动机制、创新发展的原动机制。其研究对产业结构优化升级的主要动力机制进行了细化研究，将科技和创新作为动力机制的重要内容。张蕊（2002）从知识经济对产业结构优化升级推动力的角度来进行探讨，指出技术进步的整合效应，最终将形成知识进步—科技进步—产业进步三者同步运行的新产业经济发展模式。褚志远（2007）讨论了产业结构优化升级与农村剩余劳动力转移，提出了农村剩余劳动力转移的产业路径包括如下方面：农业内部结构优化升级形成的新型农业、依托乡镇企业二次创业的农村工业、即将起步发展的乡镇第三产业、规模不断扩张的传统制造业和重点扶持发展的就业容量大的第三产业，事实上，其研究主要从农村劳动力就业的角度对产业结构优化升级进行了研究，这对当前严峻的就业形势具有一定的启示意义。周东辉（2007）认为，大企业是我国产业结构优化升级的主导力量，以大企业的发展推动我国产业结构的调整。现代市场经济中，企业是经济活动的主要承担者。不仅一国国民财富的增长、人民生活水平的提高要依赖于企业活力的增强，而且在经济全球化的今天，国与国之间的竞争也主要是彼此之间企业的竞争，特别是大企业之间的竞争。政府制定合理的产业政策，进行产业结构的调整，推动各产业的优化升级和合理发展，从而促进国民经济的持续、快速和协调发展。黄寰（2008）以西部地区为例对自主创新与区域产业结构优化升级进行了系列研究。提出建设各具特色和优势的区域创新体系，促进中央和地方科技力量的有机结合，促进区域内科技资源的合理配置和高效利用，这对增强区域核心竞争力具有决定性的意义。总体说来，以上这些研究，对于西部各个地区产业结构优化升级、实现区域经济的持续发展具有重要意义，其采用的研究方法与成果对于西部地区开展相关问题的研究也具有借鉴意义。

3. 产业结构优化升级趋势研究

趋势是事物发展的动向，产业发展应该顺势而为。在产业结构优化升级趋势的探讨中，国内学者提出他们的观点。李江帆（2005）对产业结构高级化与第三产业现代化进行了系统研究，其研究认为，第三产业内部结构升级表现为流通部门比重下降，生活、生产服务部门比重提高；传统服务业比重下降，现代服务业比重上升。同时还提出，由于对产业结构高级化趋势缺乏了解，对第三产业的性质、现代化与就业的关系存在误解，中国长期以来没有把第三产业现代化战略提上议事日程。他还认为我国很有必要全面推进第三产业现代化。方辉振（2006）通过对产业结构优化升级的主要趋势进行探索，指出从产业发展趋势来看，"十一五"及2020年，我国第一产业比重将持续下降；第二产业比重在"十一五"期间还可能上升，在2020年前后出现高位（54%左右）后，将开始下降；第三产业比重在"十一五"期间基本稳定，2010年之后可能出现明显增加。2010年后，工业增长速度的回落将可能成为新一轮经济增长发生转折的标志；服务业的发展将重新加快，并成为经济增长的主要拉动力量，而工业对经济增长的贡献水平有稳步下降的可能。同时对产业内部结构的优化升级趋势进行了预测。趋势之一是随着第三产业在国民经济中的比重提高，流通部门在第三产业中比重下降，生活服务和生产服务部门的比重上升；趋势之二是第三产业中以现代科学技术装备的、实施现代管理方式的现代服务业比重上升，传统服务业比重下降。研究表明，现代服务业的兴旺与发达是现代经济的一个重要特征，发展服务业是大势所趋。

四、西部现代服务业发展的相关研究

（一）西部现代服务业的系统研究

李江帆[1]采用层次分析方法建立了各地第三产业发展综合水平的评价模型，分析了改革开放以来三大地区（东、中、西地区）的统计数据，同时分析了（东、中、西地区）第三产业发展状况、第三产业内部行业的发展状况，以及各地区第三产业发展的综合水平。研究结果表明，我国地区间存在很大差距，西部地区第三产业发展水平处于（东、中、西）末位，随着经济社会的发展，东西部地区服务业发展差距在进一步加大，需要加大西部地区服务业的扶持力度。本书认为，李江帆所采用的服务业的层次分析方法，在揭示中外第三产业发展的定量规律，建立第三产业经济运行数学模型方面取得较大突破。李朝鲜（2006）[2]认为，服务业的发展水平由经济发展水平所决定，经济发展的水平差异直接导致各地区服务业发展水平的差异，服务业为实体经济发展服务，没有实体经济的发展，服务业便失去服务的对象。李朝鲜还对中国西部现代服务业发展进行了区域分析，指出西部地区的产业结构与自身资源结合较为紧密，但总体水平低下，影响产业经济效益的发挥，指出西部现代服务业面临的难题主要是物流成本高、融资障碍大、人才短缺，同时对东、中、西三大区域进行比较分析，指出三大区域服务业增加值与就业人数呈现出迅速增长态势，增长率高于本地区第一产业、第二产业；三大地区服务业就业比重持续上升，东、中、西部地区由高到低，呈现明显的阶梯状分布。李朝鲜针对西部现代服务业发展的现状进行了基础性的分析，对进一步研究西部现代服务业发展奠定了基础。

① 李江帆. 中国第三产业发展研究 [M]. 北京：人民出版社，2005：270 – 291.
② 李朝鲜. 理论与量化——现代服务产业发展研究 [M]. 北京：经济出版社，2006：195 – 196.

秦立公（2006）就西南地区现代服务业发展策略进行研究，针对现代服务业的概念内涵和西南地区发展现代服务业的战略意义进行了评述，并就西南地区服务业的特点进行了分析，在此基础上，结合现代服务业的特性研究了西南地区现代服务业的发展策略。魏锋和曹中（2007）基于我国东、中、西部面板数据，对我国服务业发展与经济增长的因果关系进行研究；又通过运用面板单位根检验、协整检验以及误差修正模型等现代计量经济学方法，对我国东部地区、中部地区和西部地区的服务业与经济增长的关系进行实证研究。通过分析发现，东部、中部和西部地区服务业发展水平与经济增长之间的因果关系存在差异：东部地区经济增长促进了服务业的发展，但服务业的发展并没有促进经济的快速增长；中部地区经济增长没有促进服务业的发展，服务业的发展也没有带动经济的快速发展；西部地区经济增长并没有促进服务业的快速发展，但服务业发展促进了经济的增长。赵昌文（2006）发表《可持续发展与全球化挑战：中国西部开发新思路》，该著作即为国际学术研讨会的论文集，在第五部分产业建设篇中，探讨西部地区产业发展与产业结构调整问题。马金书（2004）在《西部地区产业竞争力研究》中，对西部地区产业竞争力进行系统研究，因而该书在这方面研究具有一定的探索性，起到抛砖引玉的作用。应用区位熵方法选择出西部12个省区市各自可作为特色产业加以培育的特色农林牧渔业、特色工业产业和特色第三产业，并提出西部地区培育特色产业的目标和政策措施。该研究成果在对一些具体的理论和实践问题上有所探索与创新，如对培育特色产业、开发人力资源、培育企业竞争力以及推进制度创新和发挥政府作用从而培育产业竞争力路径的研究等。这些文献对西部现代服务业研究具有一定的启示意义，为本书奠定了一定的基础。

（二）西部各地区服务业行业研究

服务业所包括的行业较多，针对服务业的各类行业，国内学者进行了较多的探索。在20世纪80年代，朱祥平和王步山对山西、集体和个体商业服务业发展情况进行调查。20世纪90年代，党跃武（1996）对成都市信息业发展战略的研究，指明了成都市信息业未来发展的基本方向，具体地描述了实现目标的应对方略。张玉惠（1994）对加快发展四川电力科技信息业进行了较为系统的研究；张新生、种振普和韩伟（1996）对欠发达地区科技信息业发展提出了增加对科技信息业的投入、造就一支高素质情报信息人才队伍、加快科技信息服务手段的现代化等思考；黄瑞华、白小萱和王拥军（1997）对西安市信息业的现状、问题及对策进行了研究；金立华（2000）对宁夏社区服务业发展的思考，探讨了发达地区社区服务业发展的经验，并提出了宁夏发展社区服务业应采取的对策与需要注意的问题。何易勤和王黎（2000）对西部大开发与四川省信息业进行了研究，通过对西部大开发中四川省优势与现状的分析，指出四川省与东部地区有较大差距的原因之一，即未能很好地处理优势能力转换为生产力的问题，解决这一问题的有效途径是发展四川省信息业，加大对信息业建设的力度，并就发展四川省信息业提出了初步构想。姜巍（2000）提出，抓住西部大开发良机，积极发展陕西省对外疗养旅游业。梁春阳（2001）发表关于西部地区信息业发展战略的思考，提出西部地区应制定切合实际、严谨科学的信息业发展战略，使信息业真正发挥其"智能产业"的作用，推进西部地区经济社会的迅速发展。秦玫芬（2001）对广西壮族自治区信息业发展对策研究，指出广西壮族自治区信息业的发展策略，当务之急应是成立相应的管理机构，注重信息队伍和人才的培养，加强信息资源的开发建设，加快信息业的产业化进程，完善信息市场，促进信息业的健康发展。梁春阳（2001）论西部地区信息业发展的投资取向，对信息业投资结构及投资调控机制进行了阐述，并对西部地区信息业发展的投资取向做了论述。冯国权（2001）对西部大开发与信息业进行了探讨，分析了西部地区信息业的现状和信息业的发展趋势，提出了几条对策。张敏（2001）对西部地区信息业发展策略进行了研究，本书分析了西部地区信息业的现状和存在的问题，提出了西部地区应借国家启动西部大开发的契机，优先发展信息业。赵权[①]（2001）经过系列调查后提出要探索保安服务业的新路子，制定新的管理对策，变"人力出租"模式为"安全承包"服务模式的新观点，提出加强保安队伍建设、保安人员生活、安全保障机制和保安替察机制，公安机关加强对保安服务工作的领导和指导力度，以促进保安服务业的规范发展。田栖平和朱明前（2001）对西部山区信息业发展探索，提出了一种新的模式及工作流程，将网络信息资源开发与服务有机结合起来，建立基于 Web 网站，面向开发主体，面向服务对象的信息服务系统。郭少波（2002）针对西部大开发背景下的信息业，提出在西部大开发的新形势下

① 赵权．西部地区中小城市——保安服务业管理对策调整之我见［J］．四川警官高等专科学校学报，2001（3）：57．

探讨中国西部信息业的发展，必须在理论与实践中都要紧扣社会主义市场经济、知识经济、信息时代与网络环境、全球经济一体化等多重时代主题。张国华（2002）对西部高等教育改革与智力型服务业的发展进行研究，高等院校发展智力型服务业不但有利于教育投资结构的调整，促使教育投资向多元化方向发展，而且也有利于建立开放式的教育模式，拉动经济的增长，对西部经济的发展具有重要的意义。刘玉霞（2002）对西部信息业规模发展的依据进行探索，从实践和理论两个方面进行展开。郑云武和吴先锋（2002）对重庆咨询服务业的发展探讨，从重庆咨询服务业的实际调研入手，对重庆咨询服务业的发展提出相关对策。目前对西部现代服务业的研究，在 20 世纪 80 年代，对服务业行业的研究相对较少，主要集中在商业服务、餐饮、理发等与生活紧密相关的服务业上；20 世纪 90 年代后，服务业发展较为迅速，主要对信息咨询服务业、教育服务业等进行了较多的探讨。

总体来说，就目前来看，对西部现代服务业的相关研究散见在各类著作和论文中；整体上讨论西部现代服务业的相对较多，具体到西部各个省市区的研究较少；定性分析的文献较多，定量分析的文献较少。这为本书的研究留下了较为广阔的空间。

第三节　相关理论支撑

一、古典区位理论

（一）杜能的农业区位理论

强调市场距离是农业经济时期产业区位论最为显著的特征。1826 年德国农业经济学家杜能（J. H. von Thunen）在其著作《孤立国》中注意到市场距离对运输费用的影响。其中心思想是要阐明：农业土地利用类型和农业土地经营集约化程度，不仅取决于土地的天然特性，而且更重要的是依赖于它与农产品消费地（市场）的距离。其理论从级差地租出发，阐明市场距离对不同土地利用方式和农业类型的影响。他采用"孤立分析"的方法，提出在一个围绕城市的均质平原上，农业的生产布局主要由地租大小决定，而地租由生产成本、农产品价格和运费共同决定。在前两者既定的条件下，农业生产空间的合理布局取决于农产品生产地和消费市场的远近。由此提出了如下地租收入公式：

$$R = pQ - CQ - KtQ = (P - C - Kt)Q$$

式中，R 表示地租收入；P 表示农产品的市场价格；C 表示农产品的生产费；Q 表示农产品的生产量（等同于销售量）；K 表示距城市（市场）的距离；t 表示农产品的运费率。

随着社会的进步和经济技术的发展，杜能的理论模型与现实存在的农业区位之间出现了差异。首先，政府通过经济政策，制定特殊运价率，使远离消费地的地点也可能生产成本较低的产品。其次，现代交通工具提高了运输效率，运费在农产品市场价格中所占比重越来越小，仅仅突出运输费用显然是无法使模型与现实相一致。但杜能的农业区位论，奠定了区域经济理论的基础，其采用的"孤立化"研究方法，为以后学者所采用。

（二）韦伯的工业区位论

将成本和市场引入区位选择是工业区位论的主要贡献。工业区位论引入了综合成本、市场利润等作为影响企业区位选择的重要因素。在工业经济时代，成本是影响企业区位选择的重要因素，韦伯首次把运费、劳动费、集聚成本一并作为工业企业进行区域选择的关键因素加以考虑，提出了运费指向理论、劳动费指向理论和集聚指向论。但在工业区位论中，却没有考虑市场需求和其他市场竞争者的因素。

（三）克里斯塔勒中心地理论

克里斯塔勒认为，有三个条件或原则支配中心地体系的形成，它们是市场原则、交通原则和行政原则。在不同的原则支配下，中心地网络呈现不同的结构，以上三个原则共同导致了城市等级体系（Urban Hierachy）的形成。克里斯塔勒认为，在开放、便于通行的地区，市场经济的原则可能是主要的；在山间盆地地区，客观上与外界隔绝，行政管理更为重要；年轻的国家与新开发的地区，交通线对移民来讲具有"先锋性"的作用，交通原则占优势。克里斯塔勒得出结论：在三个原则共同作用下，共同形成城市等级体系。克里斯塔勒引入了空间组合的概念，建立了商业集聚中心的网络等级序列，在一定程度上解释了现代服务业布局的内在规律。

二、现代服务业发展的相关理论

目前，服务业理论继续在不断发展和深化，各种流派观点林立纷呈。自从1690年威廉·配第第一次阐述了服务业的思想，此后，李斯特（List）、西尼尔（Senior）、马克思等经济学家都从不同的角度对服务业进行过分析，在不同程度上揭示了服务业的经济规律。英国经济学家费希尔（A. G. D. Fisher）首次提出了"第三产业"概念，对第三产业进行研究，后来由英国经济学家柯林·克拉克继续研究，提出以"服务性产业"来代替"第三产业"。后由罗斯托、富克斯（Fuchs）、库兹涅茨（Kuznets）、霍利斯、钱纳里、丹尼尔·贝尔（Daniel Bell）、饭盛信南和托夫勒等为代表的人物对服务业作了深入的研究。

（一）配第—克拉克定理

在国外服务业理论研究形成阶段，英国经济学家威廉·配第首次阐述了关于第三产业的思想，1690年威廉·配第在《政治算术》一书中通过比较英国农民和船员的收入，他发现英国船员的收入是农民的三倍，由此阐述了他的第三产业的思想，配第指出"制造业的收益比农业多得多，而商业收益又比制造业多得多"[①]。制造业比农业、商业比制造业能够得到更多的收入。20世纪50年代，受威廉·配第思想的启发，英国经济学家柯林·克拉克（G. Clark）主张以"服务性产业"来代替费希尔提出的"第三产业"。1940年，英国经济学家柯林·克拉克（G. Clark）出版了《经济进步的条件》一书，进一步深化了配第的理论研究，发展了费希尔第三产业的提法，形成了在经济史上有较大影响的"配第—克拉克定理"。搜集和整理了四十几个国家总产出和部门劳动投入的时间数据，通过开创性的统计分析和经验研究，揭示了人均国民收入水平与结构变动之间的内在关联，他根据各部门接近最终消费远近的原则，把产业结构明确地划分为三大部门：第一大部门以农业为主，包括直接利用自然资源等部门；第二大部门以制造业为主，包括采矿业；第三大部门主要是非物质生产产业部门和无形产业部门，包括交通、通信贸易服务等部门。研究得出结论：随着经济的发展和人均国

---

① 威廉·配第. 政治算术 ［M］. 北京：商务印书馆，1960.

民收入的提高，劳动力首先由第一产业向第二产业转移，进而再向第三产业转移。从劳动力的分布状况来看，第一产业比重逐渐下降，第二产业特别是第三产业劳动力的比重呈现出明显增加的趋势。克拉克更强调第三产业的性质就是服务。配第一克拉克定理为服务业理论形成奠定了基础，指出了产业的发展方向，形成了国外服务业理论的雏形。

（二）费希尔的第三产业观点

在 20 世纪 30 年代，英国经济学家费希尔（A. G. D. Fisher）在其所著的《安全与进步的冲突》一书中首次提出了"第三产业"概念，成为"第三产业"概念的首创者，在书中他提出，纵览世界经济史，可以发现人类的生产活动有三个发展阶段，三次产业的划分是与人类生产活动的历史发展顺序相一致的。他认为，第一产业、第二产业、第三产业这些术语在某种意义上是与人类需要的紧迫程度有关。第一产业为人类提供满足最基本需要的物品，第二产业满足人类进一步发展的需要，第三产业满足人类除物质需要以外的更高级的需要，如生活中的便利、娱乐等各种精神层面上的需要[①]。他把经济发展与人类的需要变化联系起来，并对产业进行了区分。第一产业指的是农业和畜牧业；归属第二产业的则是各种工业制造业；而第三产业则是各种服务的生产。三次产业分类法将人类生活的需要与经济发展的阶段紧密结合起来，具有很强的解释和说服力，利用三次产业分类方法，可以较为深刻研究一个国家经济发展水平及经济结构，目前广泛为世界各国所采用，为各国各地区经济比较和评估提供了依据。

（三）罗斯托的经济成长阶段理论

国外服务业在既有理论雏形的基础之上，服务业理论的充实和发展阶段的理论研究更为细化，罗斯托提出了经济成长阶段理论，并指出各个阶段的特征及其一个国家在发展过程中最为重要的阶段；罗斯托在 1960 年出版的《经济成长阶段》一书中提出了经济发展阶段分为传统社会、起飞准备阶段、起飞阶段、成熟阶段和高额群众消费阶段。其中起飞阶段是近代社会生活中的大分水岭，高额群众消费阶段是进入高度发达的工业化阶段，并宣称："这一体系作为一种观察近代史的方法，是要向马克思主体挑战并取而代之。"1970 年 10 月，他写成《政治和成长阶段》一书，又增加了追求生活质量阶段，在他看来，这个阶段的主导

---

① 王述英. 西方第三产业理论演变述评［J］. 湖南社会科学，2003（5）：85－88.

部门，已不是以汽车为主的耐用消费品工业，而是以服务业为代表的提高居民生活质量的部门，包括公共投资的教育、卫生保健设施、市政建设、住宅、社会福利部门、文化娱乐部门、旅游等，从而形成了经济起飞的六阶段学说。罗斯托认为，一个国家最重要的阶段就是"起飞"阶段，经济发展过程中最困难的也是"起飞"阶段，一个国家一旦超越了传统社会起飞，经济就可以持续地增长了。"起飞准备阶段"的突出特点是占劳动人口大多数的农业劳动力向工业、交通、贸易和现代服务业转移。其中农业剩余由奢侈性的消费转移到对工业和社会基础设施的投资最为关键。

（四）富克斯的服务经济学

富克斯对服务部门的范围进行了界定，探索了服务经济增长对整个社会和经济的影响及其服务业就业情况发生变化的原因，比较详尽阐述了服务业的作用及其原因。1968 年美国经济学家富克斯（Fuchs）利用美国服务业的统计资料，将服务部门和货物生产部门（物质生产部门，在该书中主要指工业部门）进行对比分析。并把服务部门的范围规定为"包括批发和零售商业、金融、保险和不动产经营等行业，和政府部门以及传统上称作的服务行业；包括专业服务、个人服务、企业服务和修理服务等行业"。富克斯认为运输、通信和公用事业这些部门都是依靠大量资本、设备和复杂的技术，与工业部门的联系更为紧密，因而把这些行业归为工业部门。《服务经济学》探索了服务经济增长对整个社会和经济的影响。通过对美国服务业就业人数的增长情况的介绍，分析了服务业就业增长的原因及各行业在小时工资方面的差异。富克斯说："美国的就业情况已急剧地变得有利于服务行业。"① 是什么原因让服务业就业情况发生如此急剧的变化呢？富克斯认为主要有如下几个原因：一是社会对服务业和服务产品的最终需求增长加快；二是随着社会分工和专业化的深化，社会逐步产生和形成了专门为企业，特别是为制造业服务的组织或企业；三是服务业的人均产值增长较慢，即一定量的产品所需的劳动量的减少在服务部门比工业部门慢。其中的原因主要是服务业的劳动生产率（比工业部门）上升缓慢。由于工业部门的技术更新快及规模经济与专业化生产，工业部门劳动生产率增长较快，而服务业增长较为缓慢，在人们对工业品的需求和服务需求保持稳定及劳动力可以自由流动的情况下，劳动力

---

① 富克斯. 服务经济学［M］. 北京：商务印书馆，1987.

最终将越来越多地集中到服务业。这是富克斯在考察了 1959 年的小时工资以后得出的结论。富克斯分析了 1942～1965 年的月份数据，研究发现，服务部门的产值和就业比工业部门稳定，服务部门的周期性波动比工业部门小。这主要是由于服务的不能储存特性决定了服务业不会有服务产品过剩的现象，但服务部门的生产率则较不稳定。富克斯得出这样的结论：就部门之间的比较来看，工业部门的生产和就业的周期性波动比服务部门大；就生产和就业来说，就业方面波动更大。服务部门与工业部门相比，其就业特征明显不同：①服务部门对男性的特点，如体力等未提出特殊的要求，这就意味着妇女可以在更接近相等的条件下同男子竞争。同时，年龄较大的也比工业部门更容易被吸收到服务部门中工作。②个体经营者在服务部门的就业人数要比在工业部门就业的人数高出两倍。③服务部门比工业部门更多地使用受教育程度较高的人员。④服务部门的工作更趋于个人化，充分运用个人技能。① 总体说来，富克斯的服务经济研究过分强调了服务部门的作用。服务行业的发展是经济、社会发展的必然产物，但不能离开物质资料的生产，否则服务经济的存在和发展是不可能的。

（五）库兹涅茨的深入研究

库兹涅茨（Kuznets）和霍利斯、钱纳里等人对产业结构演变规律深入研究发现：结构变动的一个重要特征是资源（或生产要素）大规模地由初级产品生产部门向制造业部门和服务部门转移，并指出了资源转移的原因。库兹涅茨（Kuznets，1971）认为，现代经济增长的实质就是经济结构的全面变革，它并不仅仅是一场工业革命，它还是一场农业革命和以交通通信革命为主要代表的服务业革命。库兹涅茨主要探讨了 20 世纪 60 年代以前资本主义国家现代经济发展过程中三次产业变动的趋势，他收集和整理了 20 多个国家的庞大数据，通过对数据的整理和分析，得出了如下的结论：第一，农业部门实现的国民收入，随着时间推移，农业在国民收入中的比重和农业劳动力在全部劳动力中的比重都不断下降；第二，工业部门的国民收入的相对比重大体上是上升的，然而，工业部门劳动力的相对比重，大体不变或者略有上升；第三，服务部门的劳动力相对比重在很多国家都是上升的，国民收入的相对比重不一定和劳动力的相对比重同步，但是大体不变，略有上升。从时间系列分析来看，一般表现为下降趋势，但劳动力

---

① 王述英．西方第三产业理论演变述评 [J]．湖南社会科学，2003（5）：85－88．

的相对比重是上升的，这说明了服务业具有很强的吸纳劳动力的特性，是劳动力的大蓄水池。服务业在三次产业中无论劳动力的相对比重，还是国民收入的相对比重都占一半以上。霍利斯和钱纳里等在更近时间里作了更大范围的研究，进一步证明了库兹涅茨的发现。他们指出，结构变动的一个重要特征，就是资源（或生产要素）大规模地由初级产品生产部门—制造业部门—服务部门转移。从劳动力资源的再配置模式看存在两个特点：第一，与农业产值比重下降的幅度相比，农业劳动力份额的下降，存在明显的滞后现象；第二，制造业就业的增长，大大落后于农业就业的下降。① 这表明，在产业机构变革的过程中，农业劳动力比重下降是必然的，劳动力在农业—制造业—服务业部门之间进行转移，第一产业（农业）就业比重显著下降，第二产业、第三产业就业比重均呈上升趋势。其中，第二产业（工业）就业的上升十分明显，但其上升的幅度明显低于第一产业就业下降的幅度。这一现象表明，第一产业中相当大部分劳动力是靠第二产业以外的部门——第三产业（服务业）部门就业的大幅度提高加以抵消的。美国经济学家霍利斯、钱纳里（1957）认为农业生产率水平的提高比较缓慢，但在进入发达经济之后，农业将成为生产率水平最高的部门。服务业生产率水平一直呈缓慢增长态势。在不同的阶段，服务业发展水平也存在差异：在工业化阶段，它高于农业而低于制造业；进入发达经济之后，其提高的速度更为缓慢。

（六）丹尼尔·贝尔的三阶段理论

基于上述研究，美国社会学家丹尼尔·贝尔（Daniel Bell）从工业社会出发，于1974年在《后工业社会的来临》一书中对经济发展以第三产业为主的人类"后工业社会"进行了描述，在分析经济结构的基础上分析社会和文化结构，认为经济结构决定了社会结构和文化现象。提出了以"后工业社会"理论为核心的人类社会发展的三阶段理论：即前工业社会、工业社会和后工业社会。第一阶段是前工业社会。前工业社会的"意图"是"同自然界的竞争"，它的资源来自采掘工业，社会生产率低，机械化程度很低，主要以农业、渔业、采矿等消耗自然资源的经济部门为主，生产主要满足基本生活需要。第二阶段是工业社会。贝尔称工业社会也就是商品生产社会（Goods Producing Societies）。工业社会的"意

① H. 钱纳里，S. 鲁宾逊，M. 赛尔昆. 工业和经济增长的比较研究 [M]. 上海：上海三联书店，1989：90 – 93.

图"是"同经过加工的自然界竞争",它以人与机器之间的关系为中心,利用能源把自然环境改变成为技术环境。在工业社会里,主要的经济问题始终是资本问题。第三阶段是后工业社会。后工业社会的"意图"是"人与人间的竞争",在这种社会里,以信息为基础的"智能技术"同机械技术并驾齐驱。后工业社会是以服务行业为基础的,后工业主要经济部门是以服务为主导的第三产业,信息和知识在社会中扮演重要角色,财富的来源不再是体力、能源,而是信息。①《后工业社会的来临》一书指明了人类的经济发展、阶级结构和政治体制中已经发生的那些明显而持续的变迁,并认为人们确实可以对现代社会的未来开展有意义的预测。

（七）饭盛信南的系统研究

在服务业理论的深化研究阶段,饭盛信南把三个产业各个部门按照经济职能进行分类,对日本的大工业是建立在现代资本主义生产关系基础上进行了分析,提出了不同于其他学者的观点,即第三产业的扩大实际上是资本的扩大和不稳定就业的扩大。饭盛信南先后出版了多部与服务业相关的著作,如《生产性劳动的理论》（1977 年）、《生产性劳动与第三产业》（1978 年）、《经济政策与第三产业》（1978 年）、《服务经济学导论》（1985 年）等。饭盛信南 1978 年出版的《第三产业》是一部系统阐述第三产业的研究专著,主要对日本第三产业内部结构分类的各种学说进行了详细概括和总结,对西方服务业的发展进行了深入的研究。饭盛信南认为根据各个部门所具有的经济职能进行分类,这种方法把第三产业分为五大类:第一类是与物质资料相关联的对企业单位的服务,直接或间接地帮助第二产业活动的产业,如批发业、仓库业,货运、航运业及机械修理业等。第二类是与物质资料无关联的对企业单位的服务,包括金融、保险业及其他专门服务业等。第三类是与物质资料相关联的对消费者的服务,包括将生活物资出售给消费者的零售业、饮食业。第四类是与物质资料无关联的对消费者的服务,向消费者提供直接服务的行业,即客运、通信、教育、医疗、理发美容、洗澡、旅馆、电影、娱乐业等。第五类是为公共服务,包括公务员、警察、自卫队等。按职能分类的最重要的功能是把第三产业划分为与生产相关的部门和与消费相关的

---

① ［美］丹尼尔·贝尔. 后工业社会的来临——对社会预测的一项探索 [M]. 高铦, 王宏周, 魏章玲译. 北京: 新华出版社, 1984.

部门。① 通过统计资料的对比分析看出，随着国民经济的发展，是与生产相关联的部门发展快些还是与消费相关联的部门发展得快些，等等。

饭盛信南把第三产业的不断发展归因于大工业的发展。他认为工业的发展带来了生产力的飞跃发展和社会分工的变化，带来了消费过程的社会化。因而，第三产业的扩大和发展是大工业发展带来的生活和消费的高度社会化所产生的必然结果。他认为，日本的大工业是建立在现代资本主义生产关系基础上的，金融资本和国家机构在第三产业的发展中起带到一种推动作用。金融资本为了追求利润，国家为了维护阶级统治，使劳动者的相互生存竞争日益社会化，从而使有利于金融资本的第三产业各部门兴盛起来。正是由于金融资本和国家的干涉，才使日本第三产业走向畸形发展的道路。所以，饭盛信南认为，第三产业的扩大实际上是资本的扩大和不稳定就业的扩大。

（八）托夫勒的第三次浪潮

托夫勒在 20 多年前预见的未来是跨国企业将盛行；电脑发明使 SOHO（在家工作）成为可能；人们将摆脱朝九晚五工作的桎梏；核心家庭的瓦解；DIY（自己动手做）运动的兴起。托夫勒在《第三次浪潮》一书中将人类社会划分为三个阶段：第一阶段为农业阶段，从约公元前 8000 年左右，"在第一次浪潮时代，大部分人们消费他们自己所生产的东西，他们既不是生产者也不是消费者"而是"产消合一者"。第二阶段为工业阶段，从 17 世纪末开始，工业革命制造了所谓的生产者和消费者，"产生了迅速扩展的市场以及交易网，通过这些渠道，你生产的货物和服务可以到达我的手中，我的货物和服务也可以到达你的手中。"第三阶段为信息化（或者服务业）阶段，从 20 世纪 50 年代后期开始。"第三次浪潮时代，一半为交易而生产，一半使用而生产，新生活形态将成事实"，"由为他人生产转成为自己生产"。② 在目前，人们正在亲历如托夫勒所言的第三次浪潮社会，《第三次浪潮》给人们心灵造成冲击，让人们对未来经济社会进行思考。

---

① H. 钱纳里，S. 鲁宾逊，M·赛尔昆. 工业和经济增长的比较研究 [M]. 上海：上海三联书店，1989：90-93.

② ［美］托夫勒. 第三次浪潮 [M]. 黄明坚译. 北京：中信出版社，2006.

三、现代服务业发展的两种模式

理论上，国内外学者针对市场、政府在经济中的角色进行较多的思考与探索，从不同的角度进行了研究，为本书奠定了深厚的研究基础。如经济学鼻祖亚当·斯密在《国富论》中提出了经济自由主义的"看不见的手"的理论，他认为，"国家不干预经济，让经济自由发展，让价格机制自发地起作用，每个人自动按照价格机制，各人为追求自己利益而做出选择，自然而然地会使社会资源获得最优配置。"在服务业发展上，布兰特（Brant，2003）较为认同斯密的观点，认为不合适的政府管理和限制不但不利于服务业的发展，反而损害了企业的动力，限制服务部门的发展和增长，赞同政府在适当的时候退出服务市场领域。另外一种观点较为认同政府对经济发展的积极作用，政府适当引导利于促进经济发展。宏观经济之父凯恩斯认为：供给不会自动创造需求，政府要去刺激需求、拉动经济增长，靠"看得见的手"、靠国家干预来解决社会的经济问题。尼克利特和斯卡尔皮塔（Nicoletti and Scarpetta，2003）通过模拟研究和跨国比较发现，政府规制对于服务业的影响很大。他们认为，政府对服务业发展的积极作用较大。国内诸多学者认同政府对服务业发展的积极作用，只是在现有的体制上实施优化改革。裴长洪和夏杰长（2005）对中国服务业对外开放的开放度、时序、风险和路径做了深入的研究，他们认为，目前外资进入中国服务业还要受到外资准入资格、进入形式、股权比例和业务范围等较多的限制，对外开放不足是中国服务业发展滞后的重要因素之一，跨国并购已成为服务业直接投资的主要形式。国内学者李江帆（2005）认为，服务业发展要从服务结构、组织、布局等方面进行优化，针对这几个方面进行了一定的探索。俞梅珍（2003）剖析了服务业跨国直接投资认为，服务业的跨国投资为发展中国家大力发展服务业提供了机遇的同时也带来了压力与挑战，客观上要求中国服务业进行体制创新与政策调整。江小涓（2004）认为，中国服务业发展相对较慢有体制方面的问题和政策方面的问题，政府要有所作为，需要从改变观念、规范行为、促进竞争、扩大开放和适当扶持等方面入手。目前，还有其他诸多学者对市场、政府在服务业发展中的作用进行研究。

在实践中，如加拿大旅游业完全市场化，所有的旅游公司都由私人经营，政府几乎不干预。加拿大政府中有一个旅游委员会，但是该委员会与一般旅行社没有上下级关系，只是为各旅行社做些调查与分析，为旅游提供信息方面的服务，旅游委员会虽然为政府所管辖，其职能是为行业服务。① 同时，印度班加罗尔具有较好的发展软件服务业的基础。在印度政府和卡纳塔克邦地方政府的大力支持下，如今班加罗尔地区已发展成为印度软件之都，成为全球第五大信息科技中心和世界十大硅谷之一。这是在政府引导规划下，市场需求驱动呈现的重要成果。目前我国的诸多地区，通过实施"市场驱动，政府引导"的方式，现代服务业发展取得了显著成绩。

在文献梳理和理论学习的基础上，本书结合现代服务业发展的实践，本书总结了现代服务业中客观存在的两种模式："完全市场驱动模式"和"市场—政府双驱模式"（见图1-6）。

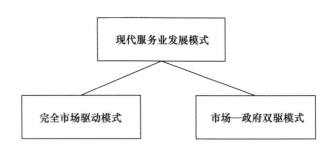

图1-6　现代服务业发展模式图

随着经济的发展，人们收入进一步增加，于是人们有了更高层次的需求——服务需求。有了这种需求，就有相应的供给主体来满足这种需求，由此服务市场推动了现代服务业的发展。这种模式遵循了亚当·斯密的经济自由主义的"看不见的手"的理论，"国家不干预经济，让经济自由发展，让价格机制自发地起作用，每个人自动按照价格机制根据自己的利益做事，经济自然发展②"。完全市场化的"完全市场驱动"模式是指政府不干预经济，由市场去推动，政府只是完善相关法律、法规，以保障公开、公平、公正的市场竞争环境。"完全市场驱

① 胡光耀. 加拿大旅游业完全市场化 [J]. 瞭望，2002（Z1）：24.
② 韩秀云. 推开宏观之窗 [M]. 北京：经济日报出版社，2003：16.

动"模式有其局限性。在完全市场化的情况下，供求主体双方都分散决策，根据自己的利益去做事。现代服务业本身具有生产、交换、消费的时空同一性，不能贮存的特征，很容易造成资源的浪费，制约其发展。"市场—政府双驱动模式"要充分发挥市场驱动作用，同时政府实施引导，发挥"市场—政府双驱动"的作用，实现现代服务业可持续发展。"市场—政府"双驱模式是指政府在充分了解市场、了解区域服务业发展状况的基础之上，提出发展战略，对现代服务业发展进行规划引导（见图 1 - 7）。

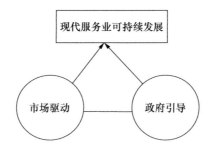

图 1 - 7　现代服务业的"市场—政府双驱动模式"

第四节　本书研究思路与框架

一、本书的思路与内容

随着市场经济的发展和完善，单纯的产品和技术已经不再能满足多层次的服务需求，服务要素向其他产业部门渗透，经济开始向服务经济过渡，现代服务业得到前所未有的发展。现代服务业正成为促进西部经济快速有序发展的重要动力，成为转变区域发展方式，落实科学发展的重要内容。

本书研究的出发点，基于理论和现实两个方面考虑。从现实的角度来看，西部现代服务业是现实存在的重要经济形态，这种经济形态最初并非是基于某种理论的指导培育出来的，而是客观存在的一种经济现象。人们对其进行研究并提出现代服务业理论之后，不少地区在理论的指导下主动培育发展现代服务业，取得了巨大的成功。从理论的角度来看，西方国家最早提出服务业理论。发达国家的学者较早注意到服务活动的经济效应，并运用经济学的分析范式进行研究，开创了服务业理论研究的先河。国内学者在借鉴西方服务经济理论的基础上，结合具体的现代服务业发展实践，丰富和发展了现代服务业理论。因此，现代服务业理论的发展，是人们反思服务活动实践，对服务活动的经济效应进行总结和概括的结果。

服务市场是服务业发展的原动力，服务业完全市场化、绝对市场化有其不足，这需要政府适度引导，弥补完全市场化的缺陷，以确保现代服务业健康发展。可以运用"看得见的手"来刺激需求、拉动服务经济的增长，解决服务业发展的现实问题。根据西部特点和区情，本书认为，西部现阶段适宜采用"市场—政府"双驱模式推动现代服务业发展。首先，需要充分发挥西部市场推动的主体作用，靠市场推动现代服务业发展；其次，国家和各个省（市、区）政府在充分了解市场、了解区域服务业发展状况的基础之上，提出发展要求和战略，国家和各个省（市、区）政府在空间布局和环境营造等方面，适当引导，做好公共服务。本书遵循了西部现代服务业"发展的基础—发展的途径—发展的对策措施—发展的结果"的分析框架，对西部现代服务业发展机理、途径及其结果等进行了探索性研究。

根据本书的研究线索，研究过程主要包括四个方面的工作：第一，对西部现代服务业的产业背景、现状、影响制约因素和面临的新形势进行分析；第二，对现代服务业途径的三个方面，包括重点行业、空间布局、发展环境方面进行分析和选择；第三，针对西部现代服务业发展的状况，提出发展的对策措施；第四，指出西部现代服务业发展的结果是实现可持续发展。

二、本书的框架结构

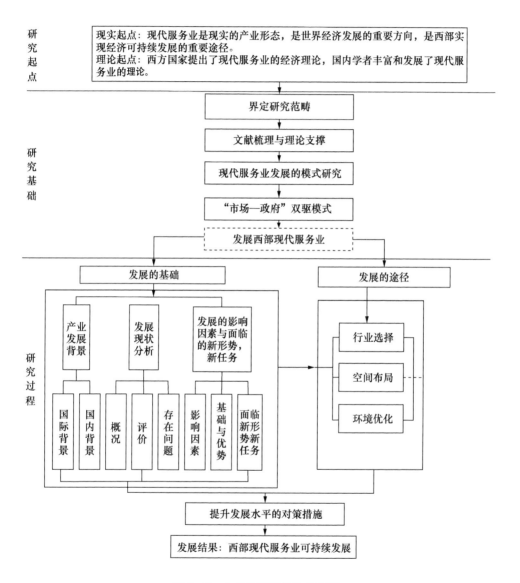

图1-8　本书的框架结构示意图

在本书框架结构示意图1-8中，箭头的指向表示研究工作的流程，虚线框表示研究的逻辑思路，实框表示章节的安排。

第二章
西部现代服务业发展的产业背景

发展现代服务业要充分发挥市场机制的作用，鼓励多渠道、多元化发展方向，加强国际合作和交流，学习和借鉴国内外的先进经验，提高西部现代服务业发展的水平。他山之石，可以攻玉，西部现代服务业应充分借鉴国际经验，不断完善法律环境和政策环境，释放现代服务业发展的潜能。

第一节 国际现代服务业发展的趋势与特征

近年来，世界各国现代服务业产值比重和就业比重持续上升，表现出极大的共性。从横向来看，越富裕的国家和地区，现代服务业产值比重和就业比重越高；从纵向来看，随着经济发展和社会进步，各国现代服务业产值比重和就业比重都在增加。世界发达国家、发达地区现代服务业已经达到一个很高的水平，现代服务业在整个经济活动中逐渐取得了主导地位。如在美国、英国和日本，20世纪80年代以来现代服务业产值比重超过50%，90年代达到60%以上，20世纪末为70%左右。到2013年，美国、英国和日本现代服务业产值比重分别为78.1%、79.2%、72.6%①，现代服务业就业比重分别达到77.8%、78.9%、

---

① 资料来源：《中国统计年鉴2015》。

66.4%①。如同克拉克②所说的那样，所有的社会经济活动如果是一棵大树，现代服务业如同茂密的枝叶，使大树显得繁荣、富有活力和吸引力，现代服务业的发展在一定程度上反映了世界经济的繁荣程度。

一、现代服务业产值比重和就业比重不断攀升

（一）现代服务业产值比重

从整体的发展趋势来看，全世界现代服务业产值比重逐年上升。全球现代服务业产值比重已从1980年的56%上升到2006年的69%（如表2－1所示）。各国现代服务业产值比重与经济发展水平密切相关，一般说来，人均GDP较高的国家，其现代服务业的产值比重也相对较高。从表2－1可以看出，1980~2006年，世界低收入国家现代服务业产值比重低于中等收入国家现代服务业产值比重，中等收入国家现代服务业的产值比重低于高收入国家的产值比重。从增长的幅度来看，低收入国家增幅最大，高收入国家其次，增幅最小的是中等收入国家。1980~2006年，低收入国家现代服务业产值比重从30%上升到51.1%，上升的幅度是21.1个百分点；高收入国家产值比重从59%上升到72.4%，上升的幅度是13.4个百分点；中等收入国家产值比重从46%上升到53.3%，上升的幅度是9.3个百分点。经过进一步观察，还可以看出，21世纪以来，现代服务业进入高速增长阶段，服务业产值比重在20世纪90年代增长较为迅速。主要发达国家现代服务业产值比重在1987年已经达到60%，在过去的10年内现代服务业产值比重都在增加。由表2－2可见，至2013年，西方七国的现代服务业产值比重为70%左右，这些原来以制造业闻名世界的国家，目前以现代服务业为主导。

服务需求的快速攀升推动了现代服务业的快速增长。在绝大多数服务行业，服务产品不能存储，服务产品的增长反映了服务需求的上升。服务产品特别是一些新兴服务产品（如金融创新产品、个人福利服务产品等）与制造业产品相比，收入弹性较大。在很大程度上，服务需求增加是居民或企业收入增长的结果。当经济发展到一定程度，农业和制造业产品的需求增量将小于服务产品需求增量，

---

① 资料来源：《中国统计年鉴2015》，美国为2005年数据，日本为2005年数据。
② 孙久文，叶裕民.区域经济学教程［M］.北京：中国人民大学出版社，2003：78.

服务产品的需求上升较快。因此，随着社会劳动效率不断提高，现代服务业产品需求总量会进一步增长。

表2-1 高、中、低收入国家的现代服务业产值比重① 单位:%

年份 地区	1980	1989	2000	2006
全世界	56	—	67.1	69.0
低收入国家	30	31	47.2	51.1
中等收入国家	46	50	54.0	55.3
高收入国家	59	—	70.1	72.4

资料来源：《国际统计年鉴2008》，the service economy，OECD，Paris，2000.

表2-2 西方七国②现代服务业产值比重 单位:%

年份 地区	1987	1997	2005	2013
美 国	69.9	73.4	77.8	78.1
日 本	57.9	61.6	66.4	72.6
英 国	64.8	71.3	76.3	79.2
德 国	55.4	60.2	67.7	68.4
法 国	62.2	69.9	71.0	78.7
意大利	—	—	65.1	74.2
加拿大	70.0	73.0	75.3	–

资料来源：《国际统计年鉴2014》，《国际统计年鉴2008》。

---

① 服务业，即第三产业，指《国际标准产业分类》第三版中第50类至第99类。包括批发零售贸易业（包括旅馆和饭店业）、交通运输业、政府、金融、专业服务和个人服务，例如教育、卫生、房地产服务；还包括虚拟的银行服务费、进口税和加工或调整数据时的统计误差。

*高、中、低收入国家：按照世界银行分组标准，高收入国家、上中等收入国家、下中等收入国家和低收入国家分别指2003年人均国民总收入9386美元及以上、3036美元至9385美元、766美元至3035美元和765美元及以下的国家。

② 根据国际统计年鉴，西方七国包括美国、日本、英国、德国、法国、意大利和加拿大。

（二）现代服务业的就业比重

经济总量增长和充分就业是区域追求的"双重"目标，可持续发展的经济需要寻求经济效益和社会效益的统一与协调。现代服务业作为吸纳就业的蓄水池，在经济社会发展中扮演了重要的角色。20世纪80年代以来，全球现代服务业就业比重和产出比重一直稳步上升。如将90年代与80年代进行比较，低收入和中等收入国家现代服务业的就业比重增加了3~4个百分点，高收入国家的就业比重增加了近10个百分点。1980年，当低收入国家和中等收入国家现代服务业就业比重不超过40%时，高收入国家的就业比重已经达到50%。[①] 表2-2说明了1987年以来主要发达国家（西方七国）就业比重的变化。1997年，在西方七国中有四个国家的现代服务业就业比重已经超过了70%，部分国家达到或接近74%，这意味着这些国家约3/4的人在现代服务业部门就业。

现代服务业的重要贡献之一就是吸纳了较多的人就业。目前，现代服务业中的就业人员一部分来自新增劳动力，而最主要的一部分来自其他经济部门。现代服务业就业上升的原因主要来自三个方面：其一，现代服务业本身有很多部门是劳动密集型部门，由于服务需求的增加必然拉动服务产品供给的增长，扩大了服务部门生产规模，从而扩大了现代服务业的就业规模。其二，由于农业和制造业部门劳动生产率普遍提高，无法吸纳剩余劳动力，使这部分劳动力被动进入其他部门就业。其三，由于在现代服务业部分部门的利润超过制造业和农业，也有一部分原来在制造业或其他行业中就业的技术管理人才，在利益的驱使下，从原来的制造业部门分离出来，成为主动转移的一部分。

二、现代服务业投资迅速增加，可贸易性成分不断上升

20世纪60年代以来，日本对现代服务业的投资上升较快，服务业投资比重从1965年的51.1%上升至1975年的72.2%。2006年，英国跟往年同期相比，整个制造业部门投资下跌8.9%，服务行业投资上升6.1%。目前，英国已经从以制造业为主导转为以金融服务为主导，现代服务业成为国民经济的支柱产业。英国现代服务业产值占GDP的73%，其就业人数达2350万，占劳动力总人数的

---

① 世界发展指数。

79%。从发展趋势来看，世界发达国家现代服务业投资均呈现出相同的趋势，1970～1986年，美国、英国、法国、德国和加拿大等现代服务业的资本投资额平均每年增长10.8%、14%、11%、5.2%和12.5%，① 世界发达国家大幅度投资现代服务业，推动了其现代服务业的快速发展。

近年来，随着经济全球化和IT技术的广泛应用，服务"可贸易性"成分不断提高，服务贸易领域进一步拓宽，发展中国家服务贸易出现了大幅度增长。发展中国家在国际服务贸易中的地位逐步上升，特别是一些新兴的市场经济体，增长尤其迅速。就目前情况来看，发展中国家与发达国家相比，服务贸易在发展规模上有相当大的差距，服务贸易主要集中在发达国家，发展中国家占较少的份额。根据《世界贸易报告（2005）》显示，世界服务贸易主要集中在欧洲、北美洲等地区，如表2-3所示。发达国家在国际服务贸易中居于主导地位，其中美国、日本两国占据全球现代服务业贸易总额的20%左右。从服务业贸易排名来看（如表2-4所示），发达国家进出口总额相对较高，排名居于前列，而发展中国家进出口总额相对较少，排名靠后。

表2-3　2000年和2005年世界部分地区服务贸易额及所占比重

单位：亿美元

地　区	出口			进口		
	金额		占比（%）	金额		占比（%）
	2000年	2005年		2000年	2005年	
世　界	14851	24150	100.0	14735	23610	100.0
欧　洲	7220	12330	51.1	6727	11190	47.4
北美洲	3313	4200	17.4	2694	3730	15.8
美　国	2784.68	3530	14.5	2090.49	2890	12.2
日　本	733.62	1070	4.4	1156.86	1360	5.8
中　国	301.46	810	3.4	358.58	850	3.6

　　资料来源：2000年数据来自WTO，International Trade Statistics（2005）；2005年数据根据World Trade Report 2005计算。

---

　　① 李朝鲜．理论与量化——现代服务产业发展研究［M］．中国经济出版社，2006：96-99.

表 2 - 4　2005 年世界部分国家服务贸易排名　　　　单位：亿美元

	进出口		出口		进口	
	排名	金额	排名	金额	排名	金额
总　值	—	47750	—	24150	—	23600
美　国	1	6420	1	3533	1	1986
德　国	2	3415	3	1429	2	1501
英　国	3	3335	2	1834	3	1359
日　本	4	2425	5	1066	4	1029
法　国	5	2166	4	1137	5	923
意大利	6	1857	6	934	6	853
中　国	7	1665	8	812	7	859
西班牙	8	1565	7	912	11	653
荷　兰	9	1442	9	750	8	692
印　度	10	1350	10	676	10	674

数据来源：根据 World Trade Report 2005 计算。

三、现代服务业与工业不断融合，知识密集型服务业发展迅速

经济产业结构变化不是要排斥工业，相反，特定的现代服务业贯穿并补充实物工业产品生产。前沿性、伴随性和衍生性现代服务业越发达，工业基础就越容易得到加强，目前，现代服务业和某些制造业的界线被打破，变得越来越不明显。现代服务业和制造业的关系将日益密切。主要原因如下：其一，经济活动已经由以制造为中心转向以服务为中心，最明显的是通信、信息产品。这主要体现在制造业部门的服务化上，表现如下：制造业产品是为提供某种服务而生产的，例如通信、家电和印刷产品；除制造业产品外，随同制造产品一同售出的有知识和技术服务。企业不仅向顾客提供实物产品，还有相应的知识普及推广、技术支撑等服务，在产品价值最终实现的过程中，服务扮演了重要的角色；服务引导制造业部门的技术变革和产品创新，以满足客户日益增长的物质文化需求。其二，制造业企业活动外置带动新兴服务业的发展，为服务业创造需求。企业活动外置（或叫制造业服务外包）是指企业从专业化的角度，将应用管理、业务流程优化

等自身业务需求转由第三方来完成，以专注企业核心业务，更好实现企业经营目标。企业活动外置所带来的主要好处：使组织集中力量培养和提高自身的核心竞争力，企业只有关注自身的核心能力，才能让企业在激烈的竞争中保持比较优势；企业活动外置可以使组织减少运营成本，可以将某些自身不擅长的方面交给专业机构完成；组织自身的专业化水平由于核心能力的培养、专业化的经营也越来越高。正是这些因素，使企业活动的外置业务与日俱增。

到 20 世纪 90 年代，随着知识资源的爆炸性扩张与信息技术的迅猛发展，传统服务业中分化出以知识为基础的知识密集型服务业（Knowledge – intensive Business Service，KIBS），以运用现代技术、现代经营管理为特征，呈现出顾客服务专业化、雇员知识化、手段高科技化的趋势，KIBS 显示出强大的生命力。1999年，芬兰、法国、荷兰和英国在知识密集型服务业中从业的人数分别占现代服务业人数的 6.8%、8.6%、9.2% 和 8.8%。因此，尽管知识密集型服务业从业人数的增长速度要远高于整个服务业的增长速度（见表 2 – 5），但知识密集型服务业从业人数占整个服务业从业人数的比重相对较小，发展空间还很大。按照目前知识密集型服务业的发展态势，其从业人员占现代服务业的比重在未来仍将稳步增长。

表 2 – 5　四欧盟成员国知识密集型服务业从业增长情况（1995~1999 年）

单位:%

类别 ＼ 国别	芬兰	法国	荷兰	英国
信息业	76.3	27.8	125.1	71.0
研发服务业	29.0	2.5	18.1	10.2
法律、金融和咨询业	29.5	10.1	22.2	12.3
工程性服务业	19.7	-2.4	25.5	-10.1
市场服务业	30.9	9.7	33.5	14.8
KIBS 总和	37.2	9.0	40.6	17.9
全部服务业	10.0	3.9	17.4	8.3

注：*英国的数据中，法律、金融和咨询服务，工程性服务和市场服务不包括北爱尔兰；但信息业、研发服务业和总的统计中，则包括北爱尔兰。

资料来源：Services Statistics on Value Added and Employment. OECD, 2001.

四、现代服务业专业化程度提高，技术创新进程加快

发达国家为了提高现代服务业劳动生产率，更加注重服务业专业化生产，在服务分工上更为细化。亚当·斯密在《国富论》中曾论述过，劳动分工可以提高劳动生产效率，因为人们从一种工种转换到另一种工种，总是先要闲逛一会儿，然后再开始工作。现代服务业专业化生产道路节省了人们从一种工种转换到另一种工种需要闲逛而无法进入工作状态的时间；同时，人们长时间从事一种工种可以熟能生巧，找到完成这种工作最经济的做法，容易在这项工作中有所创新。如美国的超级市场经营方式和餐饮业的连锁经营方式，采用类似工业的流水线作业，通过专业分工的方式，实现了劳动生产率的大幅度提升，大大降低了生产成本。在专业化程度不断提升的基础上，技术创新速度进一步加快，服务领域的竞争和服务经济的快速增长助推了服务技术创新。其原因如下：现代服务业是新技术主要的终端使用者，企业和个人对技术的普遍运用为新技术的发明者提供了较丰厚的回报，因此，助推了新技术的发展；另外，现代服务业行业门类较多，对技术创新的需求空间较大，服务需求推动了技术创新。

第二节　国内现代服务业发展的状况与特征

我国现代服务业的发展经历了曲折的过程。改革开放前，在计划经济体制下，各类现代服务业发展缓慢。改革开放后，现代服务业进入全面快速发展新时期。

改革开放 30 多年来，我国现代服务业发展大体分为两个时期：一是 1978 年到 1990 年的恢复性高速增长时期；二是 1991 年至今步入正常发展轨道后的较快增长时期。在第一个时期，现代服务业发展的基本特点是量的增长较多、质的变化不大。首先，从量的角度来看，1979～1991 年，现代服务业增加值年均增长 11.2%，比同期国民经济增长速度快 2.2 个百分点。现代服务业占国民经济的比重，13 年中增加了 9.7 个百分点。其次，从质的角度——现代服务业行业结构来

看，我国主要是商贸餐饮、居民服务等传统服务业的缺失性增长较快，新兴服务业发展不快。第二个时期，服务业发展既有量的增长，又有质的改善。从量的角度来看，1991~2006 年，现代服务业产值比重上升了 5.7 个百分点，就业比重上升了 13.3 个百分点。现代服务业净增加值 14191 亿元，就业岗位净增 12236 个。从质的角度来看，传统服务业稳步增长，新兴服务业发展较快。

一、现代服务业产值贡献和就业贡献逐年加大

表 2-6 列出了反映中国现代服务业发展水平与增长速度的几个主要指标，可以看出：第一，1990~2006 年中国现代服务业对 GDP 的贡献率较大，这 17 年中，有 7 个年份的数值高于 35%，17 年平均贡献率达到 33.4%，这表明中国现代服务业的增长是比较快的。第二，1990~2014 年中国现代服务业就业比重稳步上升，从 1990 年的 18.5% 上升到 2014 年的 40.6%，上升 22.1%。第三，1990~2014 年中国现代服务业增加值增长迅速，从 1990 年的 1644 亿元增长到 2014 年的 305500 亿元，从现代服务业的净增加值来看，增长了 303856 亿元，2014 年现代服务业增加值是 1990 年的 185.8 倍。

表 2-6 我国现代服务业发展水平与增长速度

年份	产值占 GDP 的比重（%）	GDP 贡献率（%）	就业比重（%）	增加值（亿元）	增加值指数（%）
1990	31.6	17.3	18.5	1644	100.0
1991	33.7	30.1	18.9	1893	115.1
1992	34.8	27.1	19.8	2311	140.6
1993	33.7	26.6	21.2	2998	182.4
1994	33.6	25.5	23.0	4044	246.0
1995	32.9	26.6	24.8	5046	306.9
1996	32.8	27.5	26.0	5846	355.6
1997	34.2	33.5	26.4	6420	390.5
1998	36.2	31.5	26.7	6796	413.4
1999	37.7	36.2	26.9	7159	435.5
2000	39.0	34.8	27.5	7858	478.0
2001	40.5	48.2	27.7	8622	524.5

续表

年份	产值占 GDP 的比重(%)	GDP 贡献率(%)	就业比重(%)	增加值(亿元)	增加值指数(%)
2002	41.5	45.7	28.6	9398	571.7
2003	41.2	38.1	29.3	10542	641.2
2004	40.4	40.0	30.6	12336	750.4
2005	40.0	40.3	31.4	14103	857.8
2006	39.4	38.8	32.2	16084	978.3
2014	44.6	—	40.6	305500	18500.0

注：①GDP 贡献率是指现代服务业产值增量与 GDP 增量之比；②这里的增加值指数是以 1990 年 = 100 来进行计算的。

总体来说，现代服务业产值比重和就业比重逐年增加。近年来我国现代服务业发展较为迅速，大力发展现代服务业是新时代背景下产业结构优化升级的必然趋势。本书认为，在一定程度上，在我国劳动力统计中，低估了现代服务业从业人员。目前，我国有 1.18 亿农村外出劳动力，约80%的农村外出劳动力从事工业和现代服务业，其中有50%的外出劳动力从事工业部门生产，50%的人员从事服务部门。① 这些人员没有计入服务业就业统计中，在一定程度上导致我国现代服务业就业比重偏低。

二、现代服务业劳动力和资本投入逐年增加

经济增长离不开要素的投入。要素投入和经济增长具有直接的关系，经济增长是要素投入的增加、要素效率的提高、人力素质的提升等因素共同作用的结果。随着生产力的发展，各阶段生产要素的作用存在差异。下面对我国现代服务业投入的两个重要因素——劳动力和资本投入进行分析。

（一）劳动力投入逐年增长

现代服务业劳动力投入就是一个国家或地区在一定时期内能够投入服务生产中的劳动力的数量。从表 2－7 可以看出：其一，2001～2014 年中国现代服务业的从业人员呈明显的增加趋势，从 2001 年的 20228 万人增加到 2014 年的 31364

---

① 张本波. 我国服务业就业相对滞后的因素分析 [J]. 宏观经济管理, 2008 (3)：48 – 49.

万人，净增 11136 万人。其二，从就业弹性来看，在不同年份之间有一定的波动，就业弹性整体上呈现增长态势，2013 年和 2014 年达到 52%、53%，这是由于传统服务业的发展空间进一步拓展，而新兴服务业的潜能逐步得到发挥。

表 2-7　中国现代服务业劳动力投入

年　份	2001	2002	2003	2004	2005	2006	2007
从业人员（万人）	20228	21090	21809	23011	23771	24614	24917
增长率（%）	2	4	3	6	3	4	1
就业弹性（%）[①]	14	34	28	36	20	19	5
年　份	2008	2009	2010	2011	2012	2013	2014
从业人员（万人）	25717	26603	26332	27282	27690	29636	31364
增长率（%）	3	3	-1	4	1	7	6
就业弹性（%）	18	26	-6	19	11	52	53

资料来源：《中国统计年鉴 2010》、《中国统计年鉴 2015》。

根据配第—克拉克定理，随着经济发展，劳动力首先由农业向工业转移，然后再向服务业转移。我国产业结构的变动趋势也基本遵循这一规律，现代服务业劳动力投入逐年增加。目前，我国服务业就业人口总量以及服务业就业人口比重不断提高，张淑君（2005）对此分析指出：服务业存在一定的就业空间，传统服务业的就业空间会越来越小，而新兴服务业则存在较大的发展空间。因此，我国目前应采取有效措施，优化服务业的就业结构，推动服务业从业人员从传统服务业向新兴服务业转变，以提高劳动力的生产效率。

（二）资本投入逐年增长

2007 年 3 月，国务院《关于加快发展现代服务业的若干意见》（以下简称《意见》）提出，加快推进服务领域改革，建立公开、平等、规范的现代服务业准入制度。鼓励社会资金投入现代服务业，大力发展非公有制服务业，提高非公有制经济在现代服务业中的比重。《意见》还提出，凡是法律法规没有明令禁入的服务领域，都要向社会资本开放；凡是向外资开放的领域，都要向内资开放；凡是对本地企业开放的现代服务业领域，应全部向外地企业开放。在宏观形势的影响下，现代服务

———————

① 服务业就业弹性是服务业就业增长率与服务业产值增长率的比值。

业资本投入逐年增长。从 2010～2015 年服务业资本投入量来看，各年服务业资本投入增长都超过 10%，2010 年、2012 年和 2013 年资本投入增长超过 20%。

表 2 - 8 2010～2014 年服务业资本投入与增长速度

年份	2010	2011	2012	2013	2014
资本投入①	152096.7	170250.6	205435.8	250293.1	290533.7
投入增长速度（%）	25	12	21	22	16

资料来源：《中国统计年鉴 2013》、《中国统计年鉴 2015》。

三、各行业产值贡献差异较大，部分服务业增长较快

从现代服务业各个行业的增加值来看，各个行业产出差异较大。根据 2014 年数据来看，服务业增加值最高的为批发零售业，其次为金融业和交通运输、仓储和邮政业，最后是房地产业和住宿餐饮业。批发和零售业增加值是房地产业的 2.13 倍，是住宿餐饮业的 4.58 倍。部分服务业增长较快。如从 1990～2014 年来看，批发零售业和金融业增长迅猛，2014 年批发零售业增加值是 1990 年的 148 倍，2014 年金融增加值是 1990 年的 56 倍。

表 2 - 9 中国现代服务业各行业增加值 单位：亿元

年份	A	B	C	D	E
1990	1268.9	301.9	1017.5	662.2	1470.9
1991	1834.6	442.3	1056.3	763.7	1819.9
1992	2405.0	584.6	1306.2	1101.3	2271.3
1993	2816.6	712.1	1669.7	1379.6	3163.7
1994	3773.4	1008.5	2234.8	1909.3	4465.8
1995	4778.6	1200.1	2798.5	2354.0	5602.9
1996	5599.7	1336.8	3211.7	2617.6	6778.3

① 这里的资本投入主要指的是固定资产投入，固定资产投入是指建造和购置固定资产的经济活动。固定资产投资额是以货币表现的建造和购置固定资产活动的工作量，它是反映固定资产投资规模、速度、比例关系和使用方向的综合性指标。全社会固定资产投资包括国有经济单位投资、城乡集体经济单位投资、各种经济类型的单位投资和城乡居民个人投资。

年份	A	B	C	D	E
1997	6327.4	1561.3	3606.8	2921.1	8423.0
1998	6913.2	1786.9	3697.7	3434.5	10087.3
1999	7491.1	1941.2	3816.5	3681.8	11767.7
2000	8158.6	2146.3	4086.7	4149.1	14012.4
2001	9119.4	2400.1	4353.5	4715.1	16903.3
2002	9995.4	2724.8	4612.8	5346.4	19726.7
2003	11169.5	3126.1	4989.4	6172.7	22633.9
2004	12453.8	3665.0	5393.0	7174.1	26571.0
2005	13534.5	4193.4	6307.2	8243.8	30318.1
2006	15158.4	4833.0	7586.6	9483.9	33877.7
2014	31583.2	65622.20	14322.2	43325.0	30728.2

注：A为交通运输、仓储和邮政业，B为批发和零售业，C为住宿和餐饮业，D为金融业，E为房地产业。

资料来源：《中国统计年鉴2007》、《中国统计年鉴2015》。

四、公有制经济居于主导地位，非公有制经济呈缓慢上升趋势

服务业所有制结构是影响中国现代服务业增长的重要因素之一，因此这里也将其作为衡量中国现代服务业结构的一个方面。但受相关统计的限制，难以比较全面地衡量所有制结构，在这里，将主要借助劳动力投入指标对中国现代服务业的所有制结构进行估计。表2-10给出了中国现代服务业的所有制结构，统计分析结果显示：国有经济在中国现代服务业中占据着主导地位，1990~2003年其平均比重为80.85%，且有缓慢的上升趋势；集体经济在现代服务业中的比重呈显著下降趋势，从1990年的21.89%下降到2003年的7.42%，下降幅度为14.47%，总体来说，公有制经济居于主体地位，非公有制经济在中国现代服务业中的比重呈缓慢上升趋势，从1990年的0.45%上升到2003年的10.69%，上升幅度为10.24个百分点。

"公有制经济的范围不仅包括国有经济和集体经济，还包括了混合所有制中

的国有成分和集体成分。"① 现代服务业中的国有经济对于实现国民经济持续、稳定和协调发展，对于保证公平和效率的有机结合，具有十分重要的意义。集体经济是生产资料归部分劳动者共同所有的一种公有制经济。集体经济可以克服个体经济力量单薄无力抵御自然灾害和意外事故的弱点，可以有效实现企业的自主经营和自负盈亏，体现共同富裕的原则，广泛地吸收社会分散资金，缓解就业压力，增加公共积累和国家税收。非公有制经济是社会主义市场经济的重要组成部分，在积累资金、扩大就业、增加税收、满足人们多样化需要和推动国民经济的发展方面发挥重要的作用。

目前，我国学者围绕现代服务业所有制结构进行了大量研究。如我国学者常修泽（2005）明确指出，"应打破电信、民航、铁路等行业的垄断，推进国有资本的置换和民营资本进入，要按照'营利性'和'非营利性'区别对待的原则，分类推进社会事业领域的体制创新。常修泽还指出，用体制创新特别是产权制度创新的办法，来释放现代服务业发展的潜在能量。"周振华（2005）明确主张，要有序地开放电视、报刊等领域的投资，扩大非公有制经济在教育、卫生、体育、信息、金融等行业的参与力度，加快事业单位体制改革。国内诸多学者对现代服务业所有制结构进行了前瞻性的研究，这对我国服务业所有制改革，具有一定的启示意义。

表 2 - 10　中国现代服务业所有制结构　　　　　单位:%

年　份	1990	1991	1992	1993	1994	1995	1996
国有经济	77.67	77.91	78.39	79.51	80.00	80.42	80.99
集体经济	21.89	21.60	21.00	19.08	18.09	17.37	16.46
其他经济	0.45	0.50	0.61	1.41	1.90	2.21	2.54
年　份	1997	1998	1999	2000	2001	2002	2003
国有经济	81.01	82.58	82.82	83.12	83.18	82.42	81.89
集体经济	16.00	12.51	11.52	10.46	9.20	8.25	7.42
其他经济	2.99	4.91	5.66	6.42	7.62	9.32	10.69

资料来源:杨向阳.中国服务业的增长与效率研究［D］.南京农业大学博士学位论文, 2006（6）；《中国统计年鉴》（1992~2004）。

---

① 杨瑞龙，陈秀山，张宇.社会主义经济理论［M］.北京:中国人民大学出版社, 2004:100.

第三章
西部现代服务业发展的现状及存在的问题

现代服务业发展的现状和存在的问题是推动西部现代服务业发展的前提。本章对西部现代服务业发展水平和能力进行了评价，对西部现代服务业的空间结构、行业结构和所有制结构进行了分析，提出了西部现代服务业发展的问题，包括西部现代服务业发展的总体水平比较低，西部现代服务业空间发展不平衡，各个行业投入产出率差距较大，发展环境的约束依然存在。

第一节　西部现代服务业的概况

一、西部现代服务业结构分析

近年来，西部现代服务业一直保持快速增长，服务业产值和从业人员不断增加，在区域经济中的地位日益提升，成为地方经济发展的引擎。西部现代服务业进入了发展的快车道，从统计数据上可以清楚地发现，1999 年以来，西部现代服务业增长都在 10% 以上。尤其是 2011 年，在现代服务业产值绝对数较高的情况下，现代服务业产值增长率达到了 23%。从图 3 - 1 和图 3 - 2 可以看出，诸多年份中，现代服务业的增长速度远远大于 GDP 的增长速度。总体而言，西部现代服务业目前发展水平偏低，结构不合理，因此应加快发展，提高现代服务业的产值比重和就业比重。本书首先分析了西部现代服务业的现状，采用定性分析和定量分析的方法，研究现代服务业与区域经济增长的关系，寻找现代服务业可持续发展的途径。

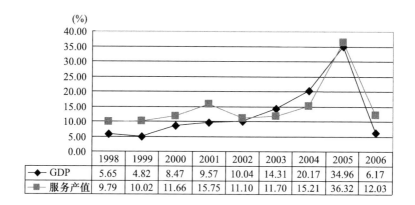

(%)	1998	1999	2000	2001	2002	2003	2004	2005	2006
◆ GDP	5.65	4.82	8.47	9.57	10.04	14.31	20.17	34.96	6.17
■ 服务产值	9.79	10.02	11.66	15.75	11.10	11.70	15.21	36.32	12.03

图 3 - 1　西部 1998 ~ 2006 年 GDP 增幅和现代服务业产值增幅图

资料来源：1997 ~ 2000 年统计数据根据西部 12 省市地区生产总值加总所得，《中国统计年鉴》（2003 ~ 2007）。

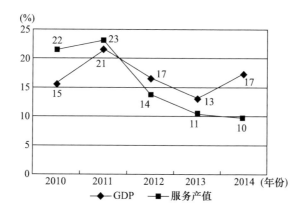

图 3 - 2　西部 2010 ~ 2014 年 GDP 增幅和现代服务业产值增幅

资料来源：2010 ~ 2014 年统计数据根据西部 12 省市地区生产总值加总所得，《中国统计年鉴》（2009 ~ 2015）。

表3-1列出了1998~2014年西部现代服务业发展水平与增长速度的几个主要指标,包括服务业产值占GDP的比重、服务业贡献率、现代服务业增加值、现代服务业增长速度。可以看出:第一,1998~2004年,西部现代服务业的产值占GDP的比重比较稳定,年际变化的幅度很小,2004~2014年,有的年份服务业产值同比增长迅猛。第二,1998~2014年,现代服务业贡献率达到较高的水平,对于西部GDP的贡献较大。第三,1998~2014年,西部现代服务业增加值的增长趋势非常明显。从1998年4912.27亿元增加到2014年的138099.8亿元,2014年现代服务业增加值是1998年的28倍。第四,从现代服务业增长速度来看,现代服务业的增长速度非常快,除1998年外,其他各年都在10%以上。

表3-1 1998~2014年西部现代服务业发展的状况

年份	产值占GDP的比重（%）	服务业贡献率（%）	现代服务业增加值（亿元）	现代服务业增长速度（%）
1998	33.54	55.93	4912.27	9.79
1999	35.20	69.67	5404.59	10.02
2000	36.23	48.44	6034.6	11.66
2001	38.28	59.62	6984.79	15.75
2002	38.65	42.33	7760.4	11.10
2003	37.76	31.59	8668.2	11.70
2004	36.20	28.47	9986.4	15.21
2005	36.56	37.60	13613.1	36.32
2006	38.58	71.33	15251.4	12.03
2010	36.87	27.86	81408.49	22.00
2014	40.71	68.46	138099.8	10.00

资料来源:《中国统计年鉴》(2002~2015);1997~2000年统计数据根据西部12省(市、区)生产总值加总所得。

本书对西部各个省市现代服务业发展情况进行分析。横向来看,各个省市现代服务业都呈增长态势,但增长的幅度差异较大,呈现出明显的区域性:首先,从现代服务业增加值来看,区域差异明显。如四川省现代服务业的增加值基数较大,2014年达到11043.20亿元,遥遥领先于其他各地区。2014年,西部现代服务业增加值在 5000 亿元以上的地区有内蒙古自治区、广西壮族自治区、重庆市、四川省、云南省、陕西省，不足 1000 亿元的地区有西藏自治区和青海省。其次，从增长速度来看，各个省市区差异不大，都在 10% 左右。最后，从现代服务业所占的产值比重来看，重庆市、西藏自治区和贵州省现代服务业产值比重较高，超过 45%，其他地区产值比重在 40% 左右，2014 年，重庆市现代服务业产值比重达到 47%，西藏自治区达到 53%（见表 3 - 2）。本书认为，西藏自治区现代服务业产值比重较高，但并不意味着西藏自治区现代服务业发展水平较高，这在一定程度上是由于西藏自治区工业、农业不发达，工业、农业产值较低，因此，现代服务业产值比重呈现出"虚高"的现象。

表 3 - 2　2014 年西部各个省市区现代服务业发展的状况

地　区	产值占 GDP 的比重(%)	GDP 贡献率(%)	增加值(亿元)	增长速度(%)
内蒙古自治区	40	93	7022.55	14
广西壮族自治区	38	59	5934.49	15
重庆市	47	89	6672.51	27
四川省	39	79	11043.20	19
贵州省	45	31	4128.50	11
云南省	43	59	5542.70	13
西藏自治区	53	57	492.35	15
陕西省	37	57	6547.76	17
甘肃省	44	78	3009.61	17
青海省	37	81	853.08	24
宁夏回族自治区	43	62	1193.87	11
新疆维吾尔自治区	41	72	3785.90	21

注：GDP 贡献率是指现代服务业产值增量与 GDP 增量之比。

资料来源：《中国统计年鉴 2015》。

西部现代服务业快速发展，一定程度上得益于如下原因：其一，西部规划为西部现代服务业发展指明了方向。如西部《十二五规划纲要》明确提出"把推动服务业大发展作为产业结构优化升级的战略重点，加快发展生产性服务业，积极发展生活性服务业，营造有利于服务业发展的政策和体制环境，努力提高服务业的比重和水平"。其二,重庆市直辖为区域发展注入了新的活力。重庆市直辖带来较为强劲的行政势能,再加之区域良好的区位条件,重庆市现代服务业释放出了前所未有的经济能量。1996 年四川省(包括重庆市在内)GDP 的产值是4215 亿元,现代服务业产值是 1266 亿元;1997 年重庆市直辖后,四川省和重庆市的 GDP 产值共计为 4670.21 亿元;现代服务业产值为 1497.64 亿元,GDP 的增长率和现代服务业的增长率分别为 10.80% 和 18.30% (见表 3-3)。2008 年"两会"期间,"314"战略被提出,即"三大定位,一大目标,四大任务"。"三大定位"即"努力把重庆建设成为西部地区的重要增长极、长江上游地区的经济中心、城乡统筹发展的直辖市"。"一大目标"是在西部地区率先实现全面建设小康社会目标。"四大战略任务"包括加大以工促农以城带乡的力度,扎实推进社会主义新农村建设;切实转变经济增长方式,加快老工业基地调整改造步伐;着力解决好民生问题,积极构建社会主义和谐社会;全面加强城市建设,提高城市管理水平。重庆市明确的区域战略定位为西部现代服务业发展注入了新的活力。

表 3-3 四川省和重庆市 GDP 和现代服务业增长

年份 类别	1996	1997	增长率(%)
GDP(亿元)	4215	4670.21	10.80
现代服务业产值(亿元)	1266	1497.64	18.30

资料来源:《四川统计年鉴》(1997~1998)。

一般而言,产业在发展过程中通常包括两个方面的变化:一是绝对量的变化,即该产业自身不同时期的动态比较;二是相对量的变化,即与其他产业横向比较以及产业内部结构的变动。在通常情况下,不同产业的产值在绝对量上都是增长的,但相对比重却并不必然上升,往往是上升与下降并存。为了对西部现代服务业现状有一个比较全面的认识,本书将从行业结构、空间结构和所有制结构对西部现代服务业进行分析。

(一)西部现代服务业发展的行业结构

本书将对西部现代服务业行业投入和产出进行分析。通过量化的形式反映西部现代服务业结构和比例关系,分析西部地区现代服务业发展的状况。

1. 西部现代服务业投入分析

（1）劳动力投入。劳动力是生产的第一要素，是经济活动的主体。劳动力投入的数量和质量直接决定了西部现代服务业发展水平。西部地区现代服务业从业人员主要集中在以下行业（见表3-4）：一是教育业，占服务业就业人数的22.9%；二是公共管理和社会组织，占服务业就业人数的22.2%；三是卫生、社会保障和社会福利业，占服务业就业人数的9.5%；四是信息传输、计算机服务和软件业，占服务业就业人数的9.5%；五是交通运输、仓储及邮电通信业，占服务业人数的8.0%。

表3-4　西部各省（市、区）按行业分城镇单位就业人员

单位：万人

地区 行业	内蒙古自治区	广西壮族自治区	海南省	重庆市	四川省	贵州省	云南省	西藏自治区	陕西省	甘肃省	青海省	宁夏回族自治区
A	11.4	14.1	22.1	33.2	14.0	25.5	0.9	26.0	7.7	2.4	2.7	8.3
B	21.7	21.2	26.1	39.4	11.3	16.8	0.7	25.0	12.7	4.8	4.0	17.5
C	4.6	5.4	7.1	12.5	4.1	9.6	0.6	12.6	3.5	0.6	0.6	2.8
D	5.9	5.2	4.9	15.6	3.4	6.6	0.5	9.5	3.1	1.0	0.8	2.9
E	11.1	11.6	13.1	24.1	8.0	9.9	1.0	15.0	7.2	2.2	3.1	8.7
F	4.8	7.8	10.1	15.7	6.9	10.1	0.13	8.7	3.9	1.4	1.4	4.0
G	4.4	9.8	10.9	12.2	4.6	9.4	0.5	7.6	2.7	0.7	2.0	5.9
H	6.1	9.4	6.4	19.9	6.5	9.2	1.1	16.7	2.3	2.3	1.4	6.5
I	8.2	9.6	5.0	12.1	4.6	7.8	0.2	8.9	5.4	1.0	2.1	5.5
J	1.0	0.6	1.3	1.7	1.3	1.4	0.1	2.0	0.4	0.1	0.1	0.7
K	35.1	61.8	39.1	90.9	47.6	58.0	4.4	58.5	36.5	7.6	8.8	37.0
L	13.9	28.0	16.2	42.7	16.7	22.2	1.7	23.4	12.8	3.7	4.1	16.7
M	3.5	3.3	2.6	5.9	1.9	3.5	0.7	4.6	2.5	0.8	0.8	3.0
N	40.3	45.2	28.9	83.9	46.4	50.2	13.2	55.7	40.4	9.4	9.3	47.2

注：A代表交通运输、仓储及邮电通信业，B代表信息传输、计算机服务和软件业，C代表批发和零售业，D代表住宿和餐饮业，E代表金融业，F代表房地产业，G代表租赁和商务现代服务业，H代表科学研究、技术服务和地质勘查业，I代表水利、环境和公共设施管理业，J代表居民服务和其他现代服务业，K代表教育，L代表卫生、社会保障和社会福利业，M代表文化、体育和娱乐业，N代表公共管理和社会组织。

资料来源：《中国统计年鉴2015》。

（2）资本投入。生产要素的投入主要包括劳动力投入和资本投入。从西部地区的服务业投资看，主要集中在三大行业（见表3-5）：一是房地产业，2014年西部对房产固定资产投资为29221.7亿元，占服务业全社会固定资产投资总量的47.2%；二是水利、环境和公共设施管理业，固定资产投资额为10903.5亿元，占全社会固定资产投资总量的服务业全社会固定资产投资总量的17.6%；三是交通运输、仓储及邮电通信业，占全社会固定资产投资总量的服务业全社会固定资产投资总量的16%。这三大行业的社会固定资产投资构成比例均在17%以上，成为西部地区名副其实的重要投资行业。

表3-5　西部各省（市、区）主要行业的全社会固定资产投资　单位：亿元

行业＼地区	内蒙古自治区	广西壮族自治区	海南省	重庆市	四川省	贵州省	云南省	西藏自治区	陕西省	甘肃省	青海省	宁夏回族自治区
A	388.6	381.6	32.8	177.9	449.1	90.0	253.7	18.8	449.2	219.9	17.4	51.2
B	1272.3	1121.2	278.7	1012.7	2131.7	1020.0	1135.2	165.0	900.8	434.2	290.4	154.2
C	123.9	233.0	175.7	106.2	356.4	73.9	182.2	25.0	266.3	78.9	20.1	19.9
D	110.9	109.7	28.1	87.0	103.3	8.0	76.3	4.5	85.6	49.8	3.5	12.4
E	28.3	39.1	5.5	3.5	62.5	2.1	6.3	9.2	34.4	9.6	3.2	1.7
F	2043.2	2450.9	1405.3	3708.7	6479.1	2518.3	3530.0	79.9	4655.0	1176.6	385.5	789.2
G	57.4	151.8	8.6	91.9	135.6	36.6	58.6	10.2	174.9	58.0	71.1	12.5
H	61.3	50.3	8.2	17.5	38.2	20.5	36.3	9.6	162.1	39.1	3.5	5.9
I	1216.9	1237.9	186.3	1033.4	2361.6	1526.0	847.1	81.8	1640.4	481.0	112.0	179.1
J	36.3	72.1	1.6	44.5	37.2	7.0	41.2	4.2	54.2	72.1	2.8	13.2
K	93.9	251.0	23.1	134.6	301.9	123.6	208.8	30.6	201.8	92.6	49.6	28.9
L	70.2	116.6	13.3	71.8	167.3	20.0	83.9	6.9	181.4	52.4	10.9	16.9
M	127.6	127.7	60.6	91.5	194.4	74.6	147.8	21.4	146.7	121.0	36.2	16.3
N	293.5	175.7	8.7	118.0	203.2	34.6	147.6	88.2	227.2	179.8	100.6	33.7

注：A代表批发和零售业，B代表交通运输、仓储及邮电通信业，C代表住宿和餐饮业，D代表信息传输、计算机服务和软件业，E代表金融业，F代表房地产业，G代表租赁和商务现代服务业，H代表科学研究、技术服务和地质勘查业，I代表水利、环境和公共设施管理业，J代表居民服务和其他现代服务业，K代表教育，L代表卫生、社会保障和社会福利业，M代表文化、体育和娱乐业，N代表公共管理和社会组织。

资料来源：《中国统计年鉴2010》。

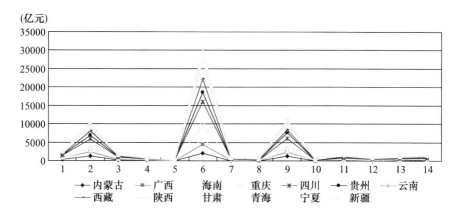

图 3 - 3　西部按主要行业划分的全社会固定资产投资

资料来源：《中国统计年鉴 2015》。

总体来说，西部地区行业投入差距比较大（见图 3 - 3）。从劳动投入来看，对消费性服务业投入较多，对生产性服务业投入相对较少。从资本投入来看，与西部地区人民生活紧密相关的行业如房地产业、环境和公共社会管理业、水利、环境和公共设施管理业等方面的投入比较大，而与生产紧密相关的信息传输、计算机服务和软件业，金融业，租赁和商务现代服务业，科学研究、技术服务和地质勘查业等行业投入较少。这是由于阶段性服务需求所导致，目前，西部地区现代服务业总体投入不足，与人们生活紧密相关的服务业需求最紧迫，在服务需求推动下，消费性现代服务业得到了较大的发展，而生产性服务业发展较为滞后。

2. 西部现代服务业产出

西部现代服务业产出主要集中在五个行业：交通运输、仓储和邮政业，批发和零售业，住宿和餐饮业，金融业，房地产业。从行业对现代服务业增加值的贡献来看，2014 年，以上五个行业占现代服务业产值总量的 60% 左右。表 3 - 6 列出了 2014 年西部现代服务业各行业增加值的情况。从相对数量来看，西部现代服务业中批发和零售业所占的比重比较高，为 19% 左右；交通运输、仓储和邮政业为 12% ，房地产业在各地经济中发挥了重要的作用，西部各省房地产业产值比重约为 9% ，各个地区差异不大；从金融业来看，比重为 15% （见图 3 - 4）。综上所述，传统行业在现代服务业中占有举足轻重的作用，新兴服务业所占的比重较低，但发展较快，尤其是金融业和房地产业。

表3－6　2014年西部各省（市、区）现代服务业各行业增加值　单位：亿元

地区	批发和零售业	交通运输、仓储和邮政业	住宿和餐饮业	金融业	房地产业	其他
内蒙古自治区	1756.89	1313.68	569.25	724.16	442.95	2189.50
广西壮族自治区	1112.96	733.63	364.15	876.47	593.01	2189.52
重庆市	1229.88	705.83	321.64	1225.27	817.04	2357.16
四川省	1586.78	1067.98	751.28	1828.09	1064.74	4566.19
贵州省	624.17	828.69	322.71	491.65	220.48	1604.04
云南省	1246.53	288.47	413.41	860.98	275.97	2412.66
西藏自治区	64.11	30.80	28.97	55.58	28.80	281.79
陕西省	1413.16	675.66	365.85	948.93	579.44	2432.01
甘肃省	491.68	280.73	178.23	364.84	234.14	1403.49
青海省	150.64	81.70	37.30	175.21	48.96	355.78
宁夏回族自治区	139.07	198.92	47.74	230.16	114.28	450.39
新疆维吾尔自治区	550.67	480.44	142.85	536.94	281.56	1659.26
合计	10366.54	6686.53	3543.38	8318.28	4701.37	21901.79

资料来源：《中国统计年鉴2015》。

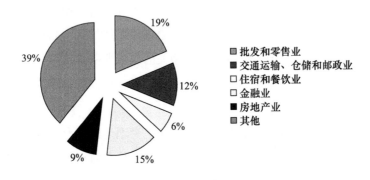

图3－4　2014年西部服务业行业产值结构

　　近年来，交通运输、仓储和邮政业，批发和零售业，住宿和餐饮业等传统服务业对西部各个省市贡献较大，金融、房地产等新兴服务业发展迅速，成为一支不可忽视的力量。事实上，西部受体制改革因素促动，20世纪80年代西部现代服务业获得了补偿式的快速发展。到90年代，传统服务业市场逐渐饱和，行业

过度竞争、效益下降的情形日益凸显，快速增长的条件发生了变化，传统服务业边际效益呈现出递减的趋势。目前，新兴行业逐渐成为服务业新的经济增长点。这些新兴行业的兴起不仅吸引了大量的国内外投资，而且已经成为经济增长的主要推动力。如新疆维吾尔自治区、宁夏回族自治区的金融业，对现代服务业的增加值的贡献率均达到10%以上，四川省、云南省、广西壮族自治区和新疆维吾尔自治区的房地产业，对现代服务业的增加值的贡献率均达到10%以上。

综上所述，从行业结构看，西部现代服务业发展有两大特征：一是消费性服务业所占的比重比较大，生产性服务业所占的比重相对较小。消费需求推动了西部消费性服务业快速发展，消费性服务业与人们生活紧密相关。当收入水平提高之后，人们首先就有了消费性服务的需求；生产性服务需求与人们生活需求相对较远，只有当经济发展到一定水平之后，才产生有效的生产需求。目前，西部企业"大而全"、"小而全"的思想根深蒂固，再加上知识产权制度和信用环境制度不够完善，导致了企业服务大量依赖企业内部供给，生产性服务业发展相对滞后。二是传统服务业产值贡献较大，新兴服务业产值贡献较小但增长较快。传统服务业出现的时期较早，发展具有一定的规模，因此，对服务业产值贡献比较大；新兴服务业伴随信息技术的发展和知识经济的出现而新生，其出现的时间相对较短，产值贡献相对较小。由于新兴服务业具有高人力资本含量、高技术含量和高附加价值的特征，信息技术的运用大大地提高了服务业工作效率，因此，新兴服务业产值贡献增长较快。

（二）西部各省市区现代服务业空间结构

1. 现代服务业要素投入

（1）劳动力投入。本书从服务业从业人员数量、服务业从业人员增长率、服务业就业比重和就业弹性四个方面来分析西部各地区现代服务业劳动力投入状况（见表3-7）。从表3-7可以看出：其一，西部劳动力投入空间差距较大，西部的西藏自治区服务业就业比重为83%左右，而西部其他地区服务业就业比重都在50%左右。其二，西部各个省、市、区看，从业人员增长较快。除广西壮族自治区外，其他地区都呈现出不同程度的增长，其中，内蒙古自治区、贵州省、西藏自治区、陕西省、甘肃省、青海省和新疆维吾尔自治区从业人员的增长率均超过10%。其三，从就业弹性来看，除广西壮族自治区和云南省就业弹性均超过40%，现代服务业正成为西部各个省市区吸纳剩余劳动力的重要容器。

表 3 - 7   2014 年城镇单位服务业就业

省市区	内蒙古自治区	广西壮族自治区	重庆市	四川省	贵州省	云南省
从业人员（万人）	174	236	204	424	186	246
就业比重（%）	58	59	49	52	61	59
从业人员增长率（%）	12	-2	8	7	11	6
就业弹性①（%）	71	-9	48	43	66	37
省市区	西藏自治区	陕西省	甘肃省	青海省	宁夏回族自治区	新疆维吾尔自治区
从业人员（万人）	27	288	151	37	43	174
就业比重（%）	83	56	57	58	58	55
从业人员增长率（%）	72	11	14	10	9	17
就业弹性（%）	423	66	83	59	53	98

资料来源：据《中国统计年鉴 2015》整理。

表 3 - 8   2014 年西部现代服务业资本投入

省市区	内蒙古自治区	广西壮族自治区	重庆市	四川省	贵州省	云南省
资本投入（亿元）	7485.3	7557.5	7955.4	15743.0	7008.4	8197.2
人均资本投入（万元）	3.0	1.6	2.7	1.9	2.0	1.7
增长速度（%）	26.3	15.9	18.8	20.9	26.2	21.4
省市区	西藏自治区	陕西省	甘肃省	青海省	宁夏回族自治区	新疆维吾尔自治区
资本投入（亿元）	674.3	10969.7	3917.3	1456.3	1632.3	4538.9
人均资本投入（万元）	2.2	2.9	1.5	2.5	2.5	2.0
增长速度（%）	21.4	19.5	27.8	31.6	22.3	27.0

资料来源：《中国统计年鉴 2015》。

劳动力是生产要素的重要组成部分，无论是在传统经济还是在现代经济中，都扮演着十分重要的角色，是经济增长的重要源泉。西部各个地区现代服务业劳

---

① 就业弹性是指就业增长率与经济增长率的比值，该指标反映了劳动力供求关系的总量对比与结构特征，是衡量吸纳就业能力的常用指标。

动力投入直接决定了现代服务业发展的水平和发展速度。现代服务业劳动力投入较多的地区，现代服务业发展的速度更快，水平更高。从服务业劳动力投入来看，西部呈现如下特征：一是现代服务业劳动力投入空间差距较大。如四川省、重庆市、陕西省和内蒙古自治区现代服务业从业人员、就业比重、就业弹性明显超过西部的其他地区。二是劳动力投入增长不均衡。部分地区从业人员的增长率达到7%左右，如四川省、云南省等地区，部分地区出现了负增长，如广西壮族自治区。在西部内部，服务业劳动力投入空间差距较大，可能有如下方面的原因：其一，西部部分地区现代服务业从业人员被低估，如西部省市区的农民工，很多从农村转移之后就转向了现代服务业，但是这并没有在统计之列。其二，西部地区经济结构非均衡发展与产业结构雷同并存，西部各地区没有充分发挥区域互补优势来发展现代服务业。为了追求短期的 GDP 增长和地方财政收入的增长，各个地区共同选择优先发展工业。由此导致产业结构雷同，同类制造业供给过剩。没有形成区域差异性分工，也间接地影响到现代服务业劳动力要素的流动。

目前，国际正出现现代服务业向发展中国家转移的趋势，国内也呈现出现代服务业由东部向西部逐渐转移的趋势，西部现代服务业在未来几年中将面临较好的发展机遇，服务业就业比重将进一步攀升。

（2）资本投入。资本是区域发展的重要生产因素，在自然资源作为恒常要素，劳动力在西部地区可以大量供给的条件下，资本成为影响现代服务业发展的重要约束条件。罗斯托在经济成长的阶段中指出：一个国家和地区，当资本积累率达到10%以上，并建立其能带动这个国家和地区经济发展的主导部门，如果辅之以制度和意识形态的变革，能实现经济"起飞"。西部地区现代服务业发展的实践也进一步证明：西部地区现代服务业投资是经济起飞十分关键一环，现代服务业投资与其增加值之间存在着明显的正相关关系。目前西部地区现代服务业投资，其特征如下：①从人均资本投入来看，西部地区各个省市区现代服务业投资，包括投资总额和人均投资额均在逐年增长。②从总体水平来看，西部地区现代服务业长期总量投入不足。2014 年，西部地区社会固定资产投资为 77135.6 亿元，全国为 512020.7 亿元，西部地区仅占全国的 15%,[1] 西部地区幅员辽阔，西部投资明显不足。③各个地区现代服务业人均投资额差距较大。如内蒙古自治

---

① 资料来源：《中国统计年鉴 2015》。

区现代服务业人均投资是甘肃省的2倍（见表3－8）。总体说来，受投资倾向的影响，西部地区现代服务业投资存在地区和产业的双重"挤占效应"。从全国来看，目前我国对西部地区投入较少，对我国其他地区投入较多，存在明显的地区投资"挤占效应"；同时，西部用于现代服务业的投资量较少，西部地区主要偏重对工业的投入，这在一定程度上挤占了现代服务业的投资，存在明显的产业"挤占效应"。这些原因导致西部地区现代服务业投资长期偏低，势必对优化产业结构、促进西部地区社会经济可持续发展产生不利的影响。

2. 现代服务业产出

人均服务产品占有量标志着现代服务业发展的绝对水平，可以消除比重指标的不确定性，对各个地区现代服务业发展状况进行比较。服务密度同样是非常重要的衡量指标，在西部，服务密度低、单位土地服务产出量小的地区，现代服务业分布较为分散；而服务密度高、单位土地服务产出量高的地区，现代服务业发展相对集中，适宜引导现代服务业产业集聚，形成现代服务业发展的核心区域和

表3－9　西部人均服务产品占有量和服务密度

省市	内蒙古自治区	广西壮族自治区	重庆市	四川省	贵州省	云南省
服务密度 （万元/平方公里）	59.3	255.2	808.8	226.4	232.5	141.0
人均服务产品占有量 （万元/人）	2.8	1.2	2.2	1.3	1.2	1.2

省市	西藏自治区	陕西省	甘肃省	青海省	宁夏回族自治区	新疆维吾尔自治区
服务密度 （万元/平方公里）	4.1	305.5	65.6	11.8	178.9	22.0
人均服务展品占有量 （万元/人）	1.6	1.7	1.1	1.5	1.8	1.6

资料来源：据《中国统计年鉴2015》整理。

现代服务业的增长极。从现代服务业的绝对指标人均占有量看，西部各个省市差别较大，内部不均衡性现象较为突出，内蒙古自治区人均服务业产品占有量达到2.8万元/人，而甘肃省人均服务产品占有量较少，内蒙古自治区人均服务产品

占有量是甘肃省的 2.5 倍，是广西壮族自治区、贵州省和云南省的 2.3 倍。就服务密度看，重庆市和陕西省的服务密度比较高，分别达到 808.8 万元/平方公里、305.5 万元/平方公里。云南省、贵州省、四川省三省服务产品人均占有量较低，而服务密度较高（见表 3－9）。

现代服务业人均投资较低的地区现代服务业的产值也比较低，如贵州地区现代服务业人均投资为 0.1741 万元，现代服务业产出为 0.2417 万元；人均投资较高的地区，现代服务业产出也比较高。如西藏自治区，现代服务业人均投资为 0.6815 万元，而现代服务业产值也比较高，为 0.5694 万元。如图 3－5 所示，现代服务业投资和现代服务业产出呈同方向变动趋势。

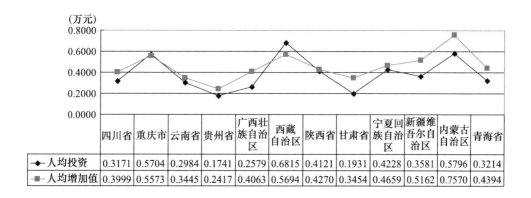

(万元)	四川省	重庆市	云南省	贵州省	广西壮族自治区	西藏自治区	陕西省	甘肃省	宁夏回族自治区	新疆维吾尔自治区	内蒙古自治区	青海省
◆人均投资	0.3171	0.5704	0.2984	0.1741	0.2579	0.6815	0.4121	0.1931	0.4228	0.3581	0.5796	0.3214
■人均增加值	0.3999	0.5573	0.3445	0.2417	0.4063	0.5694	0.4270	0.3454	0.4659	0.5162	0.7570	0.4394

图 3－5　2006 年西部现代服务业人均投资和人均增加值

资料来源：《中国统计年鉴 2007》。

总体来说，西部地区现代服务业发展很不均衡，表现为两个方面：一是人均服务产品占有量差距较大，二是西部现代服务业的服务密度差距较大。西部各个省、市、区现代服务业发展差距较大，在一定程度上，是由于西部地区现代服务业在劳动力投入、资本投入上差距大所导致。加之，西部部分地区目前正处在工业化中期，工业还不能有效带动现代服务业的发展。这些地区工业仍处在自身积累的高速增长阶段，与现代服务业发展的关联度相对较低。要充分发挥西部工业对现代服务业的拉动作用，还需要一定时间。

（三）西部现代服务业发展的所有制结构

所有制结构是指经济发展过程中通过调整各种所有制经济在国民经济、区域经济中的数量构成和比重关系。由于受相关统计的限制，难以比较全面地衡量西部现代服务业所有制结构，在这里，本书以四川省劳动力投入为例（如表 3 – 10 所示）。目前，四川省服务行业中国有经济仍然占有十分重要的比重，现代服务业的诸多行业为国有经济所垄断，集体经济和其他经济在现代服务业中占的份额较小。如表 3 – 10 所示。

表 3 – 10　四川省服务业经济单位就业人员　　　　　　单位：万人

类别	2014 年
国有经济单位	289. 8
城镇集体经济单位	12. 5
城镇私营单位	128. 32
城镇个体就业	345. 67
其他经济	121. 9

资料来源：《四川统计年鉴 2015》。

调整、完善所有制结构和优化产业结构是相辅相成、相互促进的。一方面，所有制结构调整可以为产业结构优化升级提供重要的微观经济主体。在经济发展过程中，只有通过不断调整和完善所有制结构，建立以公有制为主体、国有经济为主导、多种所有制共同发展的基本经济制度，使各种所有制经济相互促进、共同发展才能促进产业结构优化升级。另一方面，产业结构优化又有利于巩固公有制为主体、多种所有制成分共同发展的基本经济制度，从而为完善所有制结构提供良好的外部环境。

二、西部各个省（市、区）现代服务业发展水平评价

研究中定量分析方法很多，根据选用指标及计算综合值的方法不同，主要有三种。第一种是综合指标法，即选用一个代表性的综合指标来进行综合评价，它具有简单、易行等优点，缺点是用单一指标代替各种指标特征之和，因此具有一定的片面性，其准确度易受到质疑。第二种是多项指标计分考核法，对每个指标赋予大小不等权重，然后计算加权平均值，以该值作为综合评价依据，与第一种

方法相比克服了指标的片面性，不足之处在于赋予指标的权重容易受主观影响，从而使评价结果受到影响。第三种是多指标综合评价方法，它以评价指标体系为基础，应用统计方法对各项指标赋予权重，然后计算一个综合值进行评价，比第一种方法更为全面，较第二种方法更为客观，提高了评价的准确性。总体来说，多指标综合评价方法比较科学，其基本思想是要反映评价对象的全貌，把该对象的多个单项指标组合起来，本书采用多指标综合评价方法中的主成分分析法，对我国西部各地区（省、直辖市、自治区）的现代服务业的发展水平做出客观的评价。

（一）主成分分析的原理

主成分分析（Principal Components Analysis，PCA），是通过降维方法来简化数据：如何把多个变量（指标）化为少数几个综合变量（综合指标），而这几个综合变量可以反映原来多个变量的大部分信息。这些较少的变量之间是无关的，即这些综合变量所包含的信息互不重叠，由这几个综合变量出发可能得到一个总的指标，按此总指标来排序、分类，从而使分析得以简化。例如，在分析西部现代服务业发展水平时，单一指标难以反映出现代服务业发展的水平，需要使用多个指标，如现代服务业增加值、现代服务业就业人口、现代服务业增加值的产值比重、现代服务业就业比重等指标对现代服务业发展水平进行评价。因此在操作中，用少量的几个综合变量代替原来的许多变量具有重要的意义。

通常数学上的处理就是将原来 N 个指标作线性组合，作为新的综合指标。最经典的做法就是用 F1 的方差来表达，即 F1 越大，表示 F1 包含的信息越多。因此，在所有的线性组合中选取的 F1 应该是方差最大的，故称 F1 为第一主成分。如果第一主成分不足以代表原来 N 个指标的信息，再考虑选取 F2，即选第二个线性组合。为了有效地反映原来信息 F1 已有的信息，就不需要再出现在 F2 中，用数学语言表达就是要求 Cov（F1，F2）＝0，则称 F2 为第二主成分，依此类推可以推出第三、第四……以及第 N 个主成分[①]。

（二）主成分分析法的模型构建

1. 现代服务业发展水平的主要影响因素

根据全面综合性、数据可得性原则，采用绝对指标和相对指标相互结合的方

---

① 张文璋. 实用统计分析方法与 SPSS 应用 [M]. 北京：电子工业出版社，2002.

式，选取现代服务业发展水平的指标，从不同的角度对现代服务业发展水平进行评价，本书确立的6个评价指标分别是：现代服务业增加值；现代服务业从业人员数量，现代服务业增加值的产值比重；人均服务增加值；服务密度；现代服务业主要行业固定资产投资。本书采用广义现代服务业的概念，现代服务业即第三产业，现代服务业增加值即是第三产业增加值，服务密度即现代服务业增加值除以一个地区的总面积。

2. 现代服务业发展水平测评模型的构建

本书运用统计分析软件 SPSS12.0 对现代服务业发展水平的 6 个指标进行计算处理。首先，对原始数据进行标准化处理，以消除量纲的差异及数量级的影响，使各指标之间具有可比性，然后运用 SPSS12.0 对标准化后的数据进行主成分分析。由此，得到主成分的特征值和贡献率，计算结果如表 3 – 11 所示。

表 3 – 11　主成分的特征值和贡献率

主成分	特征值	方差贡献率	累计方差贡献率
F1	3.697	61.614	61.614
F2	1.640	27.335	88.949

方差贡献率是各成分所解释的方差占总方差的百分比，就是各个因子特征值占特征值总和的百分比，是衡量各因子相对重要程度的指标。方差贡献率的大小，表示各个主成分的相对重要程度。在统计中，一般认为主成分的累积贡献率达到85%即可保留有效信息，从表 3 – 11 可以看出，本节选取的 2 个主成分的累积贡献率是88.949%，即主成分保留了原始指标 88.949% 的信息，具有显著代表性。其中，主成分 F1、F2 可以解释原始信息的能力分别是61.614%、27.335%。

主成分的载荷矩阵见表 3 – 12，载荷系数代表各主成分解释指标变量方差的程度。在主成分分析中，一般认为载荷量大于 0.3 的就较为显著，因为原始变量较多，所以本书选取大于 0.7 的因子进行说明，解释原始变量。

表 3 – 12　初始因子载荷矩阵 Component Matrix （a）

指标	Component	
	1	2
现代服务业增加值	0.615	0.764
现代服务业增加值的产值比重	0.720	− 0.504
人均服务增加值	0.969	− 0.160
服务密度	0.827	− 0.200
服务主要行业固定资产投资	0.547	0.820
服务主要行业人均固定资产投资	0.938	− 0.252

注：Extraction Method：Principal Component Analysis （提取方法：主成分分析）.

a 2 components extracted.

在所有主成分中，第一主成分的方差贡献率最大，为 61.614%，是最重要的影响因子。由主成分的因子载荷矩阵可知，第一主成分现代服务业增加值的产值比重、人均服务增加值、服务密度、服务主要行业人均固定资产投资几个指标的载荷量较大，该主成分充分地反映了原始指标的数据。第二主成分为 27.335%，是次重要的影响因子。该主成分中现代服务业增加值、现代服务业主要行业固定资产投资两个指标的载荷较大，刚好对第一主成分载荷量较小的两个指标进行了补充和修正。这说明主成分 F1、F2 代表了原始指标的绝大部分信息，准确度较高。

在主成分分析中，采用降维的办法，各主成分系数等于各个主成分载荷量除以相应的特征根的开平方，由此可以得到如下表达式：

$$F1 = 0.3199x_1 + 0.3745x_2 + 0.5040x_3 + 0.4301x_4 + 0.2845x_5 + 0.4878x_6$$

$$F2 = 0.2919x_1 - 0.1937x_2 - 0.2801x_3 - 0.2233x_4 + 0.2703x_5 - 0.2623x_6$$

以主成分对应的方差贡献率为权数计算综合分值：

$$F = \frac{\lambda_1}{\lambda_1 + \lambda_2}F1 + \frac{\lambda_2}{\lambda_1 + \lambda_2}F2$$

F 表示综合主成分，λ_1 表示 $F1$ 的方差贡献率，λ_2 表示 $F2$ 的方差贡献率，由此可以得到各个省市区主成分分析综合模型：

$$F = 0.4049x_1 + 0.1385x_2 + 0.3107x_3 + 0.2499x_4 + 0.3938x_5 + 0.2774x_6$$

（三）西部12个省、市、区现代服务业发展水平的主成分分析

根据综合模型，将西部各个省市区现代服务业的值代入综合模型，得到了西部各个省市区现代服务业发展水平的分值，如表3-13所示。从西部地区内部来看，各个省市区之间现代服务业发展水平的差距较大，四川省遥居首位，F分值为1，四川省F分值是西藏地区的15.9倍。从第一位、第二位的区别来看，四川省是内蒙古自治区F分值的1.82倍。在西部内部，现代服务业在空间上发展很不均衡。

表3-13 西部各个省（市、区）现代服务业发展水平分值与排序

地区	F分值	排名
四川省	1.0000	1
内蒙古自治区	0.5482	2
重庆市	0.5412	3
广西壮族自治区	0.5371	4
陕西省	0.5353	5
云南省	0.4929	6
新疆维吾尔自治区	0.3077	7
贵州省	0.2686	8
甘肃省	0.2420	9
宁夏回族自治区	0.0938	10
青海省	0.0734	11
西藏自治区	0.0631	12

根据对西部现代服务业发展水平的测评，西部各个省市区现代服务业发展水平明显分为三个梯队：第一个梯队包括四川省、内蒙古自治区、重庆市、广西壮族自治区和陕西省；第二个梯队包括云南省、新疆维吾尔自治区、贵州省和甘肃省；第三个梯队包括青海省、宁夏回族自治区和西藏自治区。本书将现代服务业发展水平的三个梯队落实到空间上，如图3-6所示。

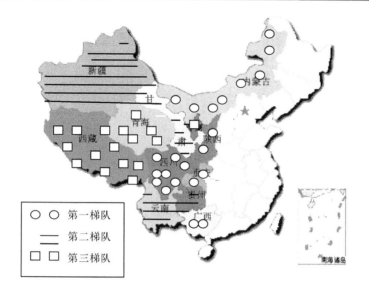

图 3 - 6　西部现代服务业发展水平的梯队示意图

第二节　西部现代服务业发展能力研究

现代服务业发展能力是在规定目标和预设阶段内可以将现代服务业发展度、协调度约束在可持续发展阈值内的概率。本书从现代服务业发展的规模、速度和潜力三个方面，构建了现代服务业发展能力的指标，现代服务业发展的规模指标反映出现代服务业发展的现状；现代服务业发展的速度指标从历史的角度反映出现代服务业发展的能力；潜力指标能看出现代服务业在未来增长的潜能。本书结合现代服务业发展的历史、现状和未来三个方面，对现代服务业发展能力进行了测评。

一、西部现代服务业发展能力评价

（一）现代服务业指标体系构建原则及评价指标体系

1. 现代服务业指标体系构建的原则

（1）综合全面性原则。现代服务业评价指标的综合、全面性是科学评价的基础，综合全面性原则是指评价指标能全面反映现代服务业发展状况，完整地体现地区现代服务业发展的能力。指标体系要包括现代服务业所涉及的众多方面，不仅要有反映现代服务业发展规模的指标，反映现代服务业发展速度的指标，还要有反映发展潜力的指标。

（2）绝对指标与相对指标相结合的原则。现代服务业的相对指标反映出三次产业间的此消彼长的关系，绝对指标反映出产业的规模。现代服务业的相对指标在一定程度上反映出地区现代服务业发展的专业化程度。要衡量现代服务业的发展状况，既要采用相对指标，如现代服务业的产值比重、现代服务业的就业比重等，同时还要辅之以绝对指标，如现代服务业的产值、人均现代服务业产品占有量、服务密度和地均 GDP 等。

（3）适度超前原则。超前原则是指在对现代服务业进行评价时要立足未来产业的发展，对未来发展态势作科学预测。超前原则的理论基础就是产品周期理论，任何地区产业的发展都有一个从孕育、成长、成熟到衰退的过程，产品周期理论决定了产业发展周期，某地区某种产业已经进入成熟期，就意味着某地区产业将面临结构升级的威胁或挑战。在这种情况下，如果只看到某地区目前发展的繁荣景象而对未来缺乏预测与评价，就有可能浪费稀缺的服务资源和失去未来的市场，失去竞争的先机。某地区现代服务业目前比较弱小，产值较低，但将来发展前景良好，发展后劲足，规模效应显著，则这类地区应重点培育和扶持现代服务业发展。

2. 现代服务业发展能力综合评价指标体系

现代服务业是继农业、工业之后兴旺发达起来的产业，为了较科学、全面、客观地评价西部 12 个省（市、区）现代服务业发展状况，本书采用综合性与全面性相结合原则，绝对数指标与相对数指标相结合的原则，适度超前原则，同时考虑数据的可获性，从现代服务业发展规模、速度、潜力三个方面，选取了反映现代服务业发展能力的 21 个指标，对西部 12 个省（市、区）现代服务业的发展能力进行了综合评价。现代服务业发展规模方面包括了现代服务业增加值、现代服务业就业人口、现代服务业增加值的产值比重、现代服务业就业比重、人均现代服务业增加值、服务密度、现代服务业劳动生产率、服务主要行业固定资产投资、人均服务主要行业固定资产投资；现代服务业发展速度方面包括现代服务业增加值增长速度、现代服务业就业人员增长速度、现代服务业主要行业固定资产投资增长速度；现代服务业发展潜力方面包括工业增加值的产值比重、工业增加值、人均 GDP、城镇居民消费性支出、大专及以上学历人数（毕业结业人数）、金融业增加值、房地产增加值、国内专利授权数、技术市场成交总额。具体指标见表 3 – 14。

表 3 – 14　服务业发展能力指标体系

发展规模	现代服务业增加值（x_1）；现代服务业就业人口（x_2）；现代服务业增加值的产值比重（x_3）；现代服务业就业比重（x_4）；人均现代服务业增加值（x_5）；服务密度（x_6）；现代服务业劳动生产率（x_7）；服务主要行业固定资产投资（x_8）；人均服务主要行业固定资产投资（x_9）
发展速度	现代服务业增加值增长速度（x_{10}）；现代服务业就业人员增长速度（x_{11}）；现代服务业主要行业固定资产投资增长速度（x_{12}）
发展潜力	工业增加值的产值比重（x_{13}）；人均 GDP（x_{14}）；城镇居民消费性支出（x_{15}）；工业增加值（x_{16}）；大专及以上学历人数（毕业结业人数）（x_{17}）；金融业增加值（x_{18}）；房地产增加值（x_{19}）；国内专利授权数（x_{20}）；技术市场成交总额（x_{21}）

3. 评价指标统计的范围

广义的现代服务业称为第三产业，本书在统计上，采用的是广义现代服务业的概念，本书统计现代服务业包括的主要行业有交通运输、仓储和邮政业，信息传输、计算机服务和软件业，批发和零售业，住宿和餐饮业，金融业，房地产业，租赁和商务现代服务业，科学研究、技术服务和地质勘查业，水利、环境和公共设施管理业，居民服务和其他现代服务业，教育，卫生、社会保障和社会福利业，文化、体育和娱乐业，公共管理和社会组织等行业。本书从《中国统计年鉴2007》和西部各个省市区的 2007 年统计年鉴中选取了全国各省份 2006 年的数据，在个别统计指标中参考了 2005 年的数据。

（二）评价模型的建立及计算

西部现代服务业多变量大样本的数据为研究提供了丰富的信息，同时许多变量之间可能存在相关性，这增加了问题分析的复杂性，给分析带来不便。若对21 个指标进行综合分析比较困难，为了减少变量数，同时又能最大限度地反映所有指标的信息，考虑各个指标之间的关系，利用降维的思想把多个指标转换成较少的几个互不相关的综合指标，从而使得研究变得简单。本书运用 SPSS 软件，将 21 个指标集成一个可以评价现代服务业发展能力的综合变量，并对主成分排名进行了分析。将西部各省市的原始指标数据代入 SPSS 软件进行主成分分析。由于原始指标数据计量单位不同，表现形式不一样，不能直接进行比较，SPSS 软件将对各省份指标数据自动进行标准化处理，以消除对评价结果的影响。经过主成分分析，按照特征根大于 1 的原则，选取了 5 个主成分，其累计方差贡献率达 89.127%，这 5 个主成分代替原来所有指标来描述现代服务业发展能力有 89.127% 的可靠性，代表了绝大部分信息，可以明显反映西部各省市现代服务业的发展能力。各主成分特征根和方差贡献率见表 3 – 15，其中主成分权重是各主成分贡献率在累计方差贡献率中所占的份额。

表 3 – 15　主成分特征值和贡献率

主成分	特征值	贡献率（%）	累计贡献率（%）	主成分权重（%）
F1	8.137	38.747	38.747	43.47
F2	5.141	24.481	63.228	27.47
F3	2.486	11.838	75.066	13.28
F4	1.780	8.476	83.541	9.51
F5	1.173	5.585	89.127	6.27

考虑各指标的相互关系，根据表 3 – 15 的主成分特征值和贡献率，选取 F1、F2、F3、F4、F5 五个主成分。其初始因子载荷量如表 3 – 16 所示。

表 3 – 16　初始因子载荷矩阵 Component Matrix（a）

指标名称	1	2	3	4	5
现代服务业增加值	0.964	0.129	0.053	- 0.009	- 0.147
现代服务业从业人员	0.947	- 0.166	0.191	0.083	- 0.029
现代服务业增加值的产值比重	- 0.416	0.229	0.823	- 0.225	0.182
现代服务业就业比重	0.062	0.433	0.009	0.779	0.429
人均服务增加值	- 0.139	0.961	- 0.012	0.206	0.022
服务密度	0.291	- 0.785	- 0.040	0.361	0.269

续表

指标名称	1	2	3	4	5
现代服务业劳动生产率	− 0. 219	0. 844	− 0. 213	− 0. 093	− 0. 365
服务主要行业固定资产投资	0. 970	0. 206	0. 080	− 0. 041	− 0. 045
人均服务主要行业固定资产投资	− 0. 209	0. 840	0. 359	0. 123	0. 158
现代服务业增加值增长速度	0. 195	0. 738	− 0. 083	− 0. 115	0. 181
现代服务业就业人员增长速度	0. 018	− 0. 294	0. 278	0. 668	− 0. 248
现代服务业主要行业固定资产投资增长速度	0. 227	0. 518	0. 479	0. 062	− 0. 288
工业增加值的产值比重	0. 199	− 0. 044	− 0. 911	0. 169	0. 097
人均 GDP	0. 023	0. 857	− 0. 370	0. 333	− 0. 072
城镇居民消费性支出	0. 452	0. 305	− 0. 444	− 0. 418	− 0. 012
工业增加值	0. 951	0. 166	− 0. 102	0. 066	− 0. 172
大专及以上学历人数	0. 930	− 0. 057	− 0. 029	0. 029	0. 089
金融业增加值	0. 951	− 0. 074	0. 111	0. 080	− 0. 174
房地产增加值	0. 949	− 0. 014	0. 197	− 0. 041	− 0. 130
国内专利授权数	0. 903	0. 044	0. 218	− 0. 042	0. 235
技术市场成交总额	0. 524	0. 300	− 0. 005	− 0. 354	0. 607

注：Extraction Method：Principal Component Analysis（提取方法：主成分分析）.

a 5 components extracted.

根据主成分分析法，利用降维的方法，各主成分的系数等于各主成分初始载荷量除以相应特征值的开平方，由此可以得出 5 个主成分的表达式：

$$F1 = 0.338x_1 + 0.332x_2 - 0.146x_3 + 0.022x_4 - 0.049x_5 + 0.102x_6 - 0.077x_7 +$$
$$0.34x_8 - 0.073x_9 + 0.068x_{10} + 0.006x_{11} + 0.080x_{12} + 0.070x_{13} + 0.008x_{14} +$$
$$0.158x_{15} + 0.333x_{16} + 0.326x_{17} + 0.333x_{18} + 0.333x_{19} + 0.317x_{20} + 0.184x_{21}$$
$$F2 = 0.057x_1 - 0.073x_2 + 0.101x_3 + 0.191x_4 + 0.424x_5 - 0.346x_6 + 0.372x_7 +$$
$$0.091x_8 + 0.370x_9 + 0.325x_{10} - 0.130x_{11} + 0.228x_{12} - 0.019x_{13} + 0.378x_{14} +$$
$$0.135x_{15} + 0.073x_{16} - 0.025x_{17} - 0.033x_{18} - 0.006x_{19} + 0.019x_{20} + 0.132x_{21}$$
$$F3 = 0.034x_1 + 0.121x_2 + 0.522x_3 + 0.006x_4 - 0.008x_5 - 0.025x_6 - 0.135x_7 +$$
$$0.051x_8 + 0.228x_9 - 0.053x_{10} + 0.176x_{11} + 0.304x_{12} - 0.578x_{13} - 0.235x_{14} -$$
$$0.282x_{15} - 0.065x_{16} - 0.018x_{17} + 0.070x_{18} + 0.125x_{19} + 0.138x_{20} - 0.003x_{21}$$
$$F4 = -0.007x_1 + 0.062x_2 - 0.169x_3 + 0.584x_4 + 0.154x_5 + 0.271x_6 - 0.070x_7$$

$$-0.031x_8 + 0.092x_9 - 0.086x_{10} + 0.501x_{11} + 0.046x_{12} + 0.127x_{13} + 0.250x_{14}$$
$$-0.313x_{15} + 0.049x_{16} + 0.022x_{17} + 0.060x_{18} - 0.031x_{19} - 0.031x_{20} - 0.265x_{21}$$

$$F5 = -0.136x_1 - 0.027x_2 + 0.168x_3 + 0.396x_4 + 0.020x_5 + 0.248x_6 - 0.337x_7$$
$$-0.042x_8 + 0.146x_9 + 0.167x_{10} - 0.229x_{11} - 0.266x_{12} + 0.090x_{13} - 0.066x_{14}$$
$$-0.011x_{15} - 0.159x_{16} + 0.082x_{17} - 161x_{18} - 0.120x_{19} + 0.217x_{20} + 0.560x_{21}$$

用 F 表示综合主成分，各主成分乘以相应的权重加总即得到主成分分析综合模型：

$$F = 0.158x_1 + 0.145x_2 + 0.028x_3 + 0.143x_4 + 0.110x_5 - 0.013x_6 + 0.023x_7 +$$
$$0.174x_8 + 0.118x_9 + 0.114x_{10} + 0.024x_{11} + 0.125x_{12} - 0.034x_{13} + 0.096x_{14} +$$
$$0.038x_{15} + 0.151x_{16} + 0.140x_{17} + 0.141x_{18} + 0.149x_{19} + 0.172x_{20} + 0.126x_{21}$$

在所有主成分中，第一主成分权重最大，为 43.47%，是最重要的影响因子。该主成分中现代服务业增加值、现代服务业从业人员、服务主要行业固定资产投资等发展规模的载荷系数以及工业增加值、大专及以上学历人数、金融业增加值、房地产增加值、国内专利授权数等发展潜力指标的载荷系数均在 0.9 以上，显著地反映了现代服务业发展能力中的规模因素和潜力因素；该主成分中现代服务业增加值增长速度、现代服务业主要行业固定资产投资增长速度的载荷系数仅在 0.2 左右，这在一定程度上反映了发展速度因素。初始因子载荷矩阵见表 3 - 16。

第二主成分权重为 27.47%，是次重要的影响因子。该主成分中人均服务增加值、人均服务主要行业固定资产投资、人均 GDP 等绝对指标的载荷系数在 0.8 以上，对现代服务业规模因素和潜力因素的绝对指标进行了修正。现代服务业增加值增长速度、现代服务业主要行业固定资产投资增长速度指标的载荷系数在 0.5 以上，对第一主成分中发展速度因素进行了进一步补充，在模型中显著地反映了现代服务业发展能力中的速度因素。

第三主成分、第四主成分对现代服务业增加值的产值比重、现代服务业就业比重等现代服务业发展规模的相对指标进行了进一步修正，其载荷系数均在 0.7 以上。第五主成分中没有载荷量显著较大的指标。

（三）测评结果

根据主成分分析综合模型，得到西部各省份排名及综合主成分值（见表 3 - 17），从表中可以看出，西部各个省市现代服务业发展能力明显分为三个层次：第一个层次，是重庆市、四川省和陕西省三省市，其得分明显较高，得分在 0.5 以上；

第二个层次是甘肃省、内蒙古自治区、云南省、新疆维吾尔自治区、广西壮族自治区、贵州省六省区，其得分在0.1~0.5；第三个层次是青海省、宁夏回族自治区和西藏自治区三省区，其得分在0~0.1。

表3-17 西部各个省（市、区）现代服务业发展能力分值及排序

地区	F得分	排名	地区	F得分	排名
重庆市	1.000	1	新疆维吾尔自治区	0.218	7
四川省	0.732	2	广西壮族自治区	0.182	8
陕西省	0.577	3	贵州省	0.116	9
甘肃省	0.440	4	青海省	0.070	10
内蒙古自治区	0.295	5	宁夏回族自治区	0.047	11
云南省	0.258	6	西藏自治区	0.023	12

从西部各个省市区现代服务业发展能力看，重庆市、四川省和陕西省排名靠前，从显性原因来看，其主要原因是现代服务业主要以城市为载体，重庆市、四川省和陕西省区域内有三大"西部金三角"城市——重庆市、成都市、西安市，这三大城市形成珠三角、长三角、环渤海三大经济圈后的"西部金三角"经济圈。从隐性原因来看，重庆市、四川省和陕西省在人均GDP、服务主要行业固定资产投资、城镇居民消费性支出、工业发展水平、大专及以上学历人才、国内专利授权数、技术市场成交总额等方面远远超过西部的其他省市区，具备现代服务业发展的支撑条件。青海省、宁夏回族自治区、西藏自治区现代服务业排名靠后，总体说来，现代服务业总量和现代服务业从业人员等指标都明显低于西部其他地区，由于历史、自然地理等原因，这些地区工业化水平很低，对现代服务业需求相对较少，在一定程度上制约了地区现代服务业的发展。通过对原始数据分析可以看出，青海省、宁夏回族自治区、西藏自治区现代服务业规模指标中绝对指标较低，如现代服务业增加值、现代服务业从业人员、人均服务增加值、服务密度、服务主要行业固定资产投资等；青海省、宁夏回族自治区、西藏自治区从发展的潜力指标来看，人均GDP、工业增加值、大专及以上学历人数、金融业增加值、房地产增加值、国内专利授权数、技术市场成交总额明显低于西部其他省市。

二、西部现代服务业发展能力在全国范围内的比较

现代服务业将成为影响区域国际竞争力和国际化水平的重要因素，其发展能力直接影响到未来西部在国民经济中扮演的角色，下面将西部现代服务业发展能力在全国范围内进行比较。

（一）综合评价指标体系及指标解释

采用西部现代服务业各个省市区现代服务业发展能力的评价体系，对全国 31 个省市区的现代服务业发展能力进行评价。由于部分地区现代服务业发展中的个别指标数据无法获得，本书对第二章中的部分数据进行了调整，共计包含了 17 项指标。在现代服务业发展规模方面包括了现代服务业增加值、现代服务业增加值的产值比重、现代服务业就业比重、人均现代服务业增加值、服务密度、服务主要行业固定资产投资、人均服务主要行业固定资产投资；现代服务业发展速度方面包括现代服务业增加值增长速度、现代服务业主要行业固定资产投资增长速度；现代服务业发展潜力方面指标不变。本书中的数据样本是我国 31 个省（市、区）的 17 项指标，样本数据均来源于《中国统计年鉴 2007》、《中国劳动力统计年鉴 2007》、《中国劳动力统计年鉴 2006》和全国 31 个各个省、市、区的 2007 年统计年鉴和 2006 年的统计年鉴，在以上统计年鉴中选取了全国各地区的数据。

（二）评价模型的构建与测算

通过 SPSS 软件对原始数据进行处理，被提取的载荷平方和（Extraction Sums of Squared Loadings）为因子提取结果，是未经旋转的因子载荷的平方和。它给出的每个因子的特征值说明的方差占总方差的百分比和累计百分比。根据特征根大于 1 的原则，由此可以得到三个主成分：第一个主成分 F1 的特征根为 8.845，贡献率为 52.027%，累计贡献率为 52.027%，在主成分中所占的权重为 61.502%；第二个主成分 F2 的特征根为 4.185，贡献率为 24.619%，累计贡献率为 76.645%，在主成分中所占的权重为 29.103%；第三个主成分 F3 的特征根为 1.351，贡献率为 7.948，累计贡献率为 84.593%，在主成分中所占的权重为 9.395%，这三个主成分代替原来的所有指标来描述现代服务业发展能力，具有 84.593% 的可靠性，代表了全国现代服务业指标的绝大部分信息，如表 3 - 18 所示。

表 3 – 18　主成分的载荷因子

Component	Initial Eigenvalues			Extraction Sums of Squared Loadings		
	Total	% of Variance	Cumulative %	Total	% of Variance	Cumulative %
1	8.845	52.027	52.027	8.845	52.027	52.027
2	4.185	24.619	76.645	4.185	24.619	76.645
3	1.351	7.948	84.593	1.351	7.948	84.593
4	0.867	5.097	89.690			
5	0.614	3.614	93.304			
6	0.472	2.774	96.078			
7	0.294	1.731	97.810			
8	0.121	0.713	98.523			
9	0.109	0.642	99.165			
10	0.064	0.378	99.544			
11	0.031	0.181	99.725			
12	0.020	0.116	99.841			
13	0.013	0.074	99.915			
14	0.009	0.052	99.967			
15	0.004	0.026	99.993			
16	0.001	0.005	99.998			
17	0.000	0.002	100.000			

注：Extraction Method：Principal Component Analysis（提取方法：主成分分析）.

　　载荷因子反映了原始变量和各主成分之间的相关程度。本书选取 F1、F2、F3 主成分的载荷因子，可以看到，第一主成分与规模和潜力相关变量的关联度较高，如服务增加值、人均服务增加值、现代服务业主要行业固定资产投资、人均国内生产总值、城镇居民消费性支出，金融业增加值、房地产增加值、国内专利授权数，均在 0.8 以上。第一主成分是最为重要的影响因子，在主成分中所占的权重较大，占 61.502%。第二主成分是次重要的影响因子，在主成分中所占的权重为 29.103%，第二主成分中现代服务业增加值增长速度较高，工业增加值，大专及以上学历程度相关更高。在一定程度上反映出速度和潜力指标的关系。第三主成分中所占的权重相对较小，占到 9.395%。现代服务业的速度指标较高，现代服务业增加值增长速度、现代服务业主要行业固定资产投资增长速度分别占

0.457 和 0.701，这对第一主成分、第二主成分中的数据进行了进一步修正，初始因子载荷矩阵较为全面地反映了各个指标。主成分与载荷因子如表 3 - 19 所示。

表 3 - 19　初始因子载荷矩阵 Component Matrix（a）

指标	Component		
	1	2	3
现代服务业增加值	0.868	0.463	0.054
现代服务业增加值的产值比重	0.576	- 0.714	0.267
人均服务增加值	0.833	- 0.519	- 0.014
服务密度	0.664	- 0.493	- 0.251
服务主要行业固定资产投资	0.804	0.528	0.126
人均服务主要行业固定资产投资	0.780	- 0.556	0.008
现代服务业增加值增长速度	0.440	0.410	0.457
现代服务业主要行业固定资产投资增长速度	- 0.257	0.161	0.701
工业增加值的产值比重	0.052	0.604	- 0.577
人均国内生产总值	0.863	- 0.329	- 0.169
城镇居民消费性支出	0.916	- 0.276	- 0.088
工业增加值	0.678	0.715	- 0.052
大专及以上学历人数（毕业结业人数）	0.486	0.635	0.256
金融业增加值	0.978	0.08	- 0.016
房地产增加值	0.828	0.442	- 0.028
国内专利授权数	0.819	0.398	- 0.119
技术市场成交总额	0.717	- 0.585	0.213

注：Extraction Method：Principal Component Analysis（提取方法：主成分分析）.

a 3 components extracted.

根据主成分分析方法，各主成分的系数等于各主成分初始载荷量除以相应特征值的开平方，由此可以得出 3 个主成分的表达式：

$$F1 = 0.2919x_1 + 0.1937x_2 - 0.2801x_3 + 0.2233x_4 + 0.2703x_5 + 0.2623x_6 +$$
$$0.1479x_7 + 0.0864x_8 + 0.0175x_9 + 0.2902x_{10} + 0.3080x_{11} + 0.2280x_{12} +$$
$$0.1634x_{13} + 0.3288x_{14} + 0.2784x_{15} + 0.2754x_{16} + 0.2411x_{17}$$

$$F2 = 0.2263x_1 + 0.3490x_2 - 0.2537x_3 + 0.2410x_4 + 0.2581x_5 + 0.2718x_6 +$$
$$0.2004x_7 + 0.0787x_8 + 0.2952x_9 + 0.1608x_{10} + 0.1349x_{11} + 0.3495x_{12} +$$
$$0.3104x_{13} + 0.0391x_{14} + 0.2161x_{15} + 0.1946x_{16} + 0.2860x_{17}$$

$$F3 = 0.0465x_1 + 0.2297x_2 - 0.0120x_3 + 0.2159x_4 + 0.1084x_5 + 0.0069x_6 +$$
$$0.3932x_7 + 0.6031x_8 + 0.4964x_9 + 0.1454x_{10} + 0.0757x_{11} + 0.0447x_{12} +$$
$$0.2202x_{13} + 0.0138x_{14} + 0241x_{15} + 0.1024x_{16} + 0.1833x_{17}$$

用 F 表示综合主成分，各主成分乘以相应的权重加总即得到主成分分析综合模型：

$$F = 0.2498x_1 + 0.0391x_2 - 0.0973x_3 + 0.0469x_4 + 0.2515x_5 + 0.0829x_6 +$$
$$0.1862x_7 + 0.0264x_8 + 0.0500x_9 + 0.1180x_{10} + 0.1431x_{11} + 0.2377x_{12} +$$
$$0.2115x_{13} + 0.2123x_{14} + 0.2318x_{15} + 0.2164x_{16} + 0.0823x_{17}$$

（三）全国范围内西部现代服务业发展梯队的判定与评价

1. 西部现代服务业发展能力梯队的判定

依据主成分分析模型，可以得出全国各个省、市、区排名及其综合主成分分值，北京市是我国的首都，是全国最为重要的政治、经济和文化中心，遥居榜首，其他各个省市排名均在后面。根据综合模型的得分状况，本书将我国现代服务业发展能力分为六个梯队：第一梯队包括北京市和上海市，分值在 0.4 以上；第二梯队包括广东省和江苏省，分值在 0.2 以上；第三梯队包括辽宁省、湖北省、山东省、浙江省、湖南省、天津市、河南省、重庆市、河北省和四川省；第四梯队包括陕西省、安徽省、黑龙江省、江西省、吉林省、福建省、甘肃省、山西省、内蒙古自治区；第五梯队包括云南省、广西壮族自治区、新疆维吾尔自治区、贵州省、海南省、青海省；第六梯队包括宁夏回族自治区和西藏自治区（见表3-20）。

表3-20 西部及全国现代服务业发展能力梯队

地区	F 得分	排名	地区	F 得分	排名
北京市	1.0000	1	辽宁省	0.1742	5
上海市	0.4774	2	湖北省	0.1590	6
广东省	0.2465	3	山东省	0.1453	7
江苏省	0.2052	4	浙江省	0.1374	8

续表

地区	F 得分	排名	地区	F 得分	排名
湖南省	0.1361	9	甘肃省	0.0530	21
天津市	0.1208	10	山西省	0.0522	22
河南省	0.1126	11	内蒙古自治区	0.0417	23
重庆市	0.1084	12	云南省	0.0388	24
河北省	0.1083	13	广西壮族自治区	0.0357	25
四川省	0.1045	14	新疆维吾尔自治区	0.0315	26
陕西省	0.0870	15	贵州省	0.0232	27
安徽省	0.0816	16	海南省	0.0114	28
黑龙江省	0.0746	17	青海省	0.0104	29
江西省	0.0673	18	宁夏回族自治区	0.0089	30
吉林省	0.0633	19	西藏自治区	0.0050	31
福建省	0.0600	20			

2. 西部现代服务业发展能力的评价

从现代服务业发展的水平来看，西部不及东部和中部的部分地区。通过对西部内部发展水平和发展能力的评价，可以将西部地区分类四类地区：发展水平和发展能力均比较高的地区；发展能力高但发展水平比较低的地区；发展能力较低但发展水平较高的地区；发展能力和发展水平均比较低的地区。按照现代服务业发展水平和能力，本书对西部各个省、市、区进行了分类（以西部前六位为标准），具体分类如表3-21所示。

表3-21 西部现代服务发展的地区分类

分类	分类标准	包括的地区
第一类地区	发展水平较高、发展能力较强	四川省、重庆市、陕西省、内蒙古自治区、云南省
第二类地区	发展水平较高、发展能力较弱	广西壮族自治区
第三类地区	发展水平较低、发展能力较强	甘肃省
第四类地区	发展水平较低、发展能力较弱	新疆维吾尔自治区、贵州省、宁夏回族自治区 青海省、西藏自治区

不同地区的资源优势和产业优势存在较大的差异，对以上四类地区，政府应突破异质行政区的同质化管理的模式，因地制宜，制定差异化的现代服务业政策，采用差异化的区域政策，以实现区域现代服务业健康快速发展。第一类地区

是发展水平和能力均较高的区域，需要进一步凸显现代服务业发展的优势因素，培养新的经济增长点，使其成为西部现代服务业发展的重点区域；第二类地区是现代服务业发展水平较高但发展能力较低的地区，需要进一步找到制约现代服务业发展的因素，使其快速发展；第三类地区是发展水平较低，发展能力较高的地区，需要进一步加大现代服务业的扶持力度，将会有较高的投入产出效率，容易找到现代服务业的经济增长点；第四类地区是发展水平较低，发展能力也较低的地区，需要重点扶持，在资金、政策和人才方面，都需要国家全方位提供支撑。本书采用各个省市区的数据为样本进行测算，同时以全国现代服务业的省市区数据为样本进行检验，两者测评结果吻合。这在一定程度上，对西部现代服务业能力进行了验证。西部地区现代服务业发展能力具有较为强劲的后发优势。

西部地区多是偏远地区、国家边界地区和少数民族地区，目前来看，西部内部现代服务业发展差距较大，这对于国防巩固、民族团结及社会稳定都有一定的负面影响。在国家宏观层面，应进一步考虑西部在我国经济发展中做出的巨大贡献，加大对西部现代服务业的支持力度，在发展中缩小差距，如实行政策倾斜，投资倾斜，税收倾斜等。在西部各个省市层面，实施区域联动发展战略。首先是发挥区域产业创新优势，以区域中心城市成都市、重庆市和西安市为依托，联合培育和形成一批创新基地群和高新技术产业带；借助西部旅游资源相对富集的优势，构建旅游无障碍服务体系，共同促进西部现代服务业的发展。其次是弥补不足，联动发展现代信息服务业，提升西部信息化程度，构建区域信息高地；同时联动发展交通基础设施建设，增强西部地区的可进入性，为区域现代服务业的跨越发展创造条件。

第三节　西部现代服务业发展存在的主要问题

一、西部现代服务业行业投入产出率差距较大

为了比较西部各个省市区现代服务业投入产出的效率，本书用西部各个省市

区服务行业产出除以各行业社会固定资产投资，得到现代服务业的投入产出比。如表 3 - 22 所示，在交通运输、仓储和邮政业，西藏自治区、青海省、贵州省等地的投入产出比较低，在行业的固定资产投资效率相对较低。在批发和零售业，各个省市区的投入产出比相对较高，以重庆市和陕西省最为突出，行业固定资产投资效率较高。在表 3 - 22 的五个行业中，金融业和房地产业投入产出比较高。2014 年，在西部 12 个地区中，云南省、贵州省和西藏自治区对金融业的固定资产投资效率较高。总体说来，西部现代服务业行业投入产出率差距较大，在部分新兴行业投资效率较高。这在一定程度上为西部现代服务业发展指明了方向。

表 3 - 22　2014 年西部现代服务业各行业投入产出比①

地区	交通运输、仓储和邮政业	批发和零售业	住宿和餐饮业	金融业	房地产业
内蒙古自治区	4.5	1.0	4.6	25.6	0.22
广西壮族自治区	2.9	0.7	1.6	22.4	0.24
重庆市	37.5	2.5	1.8	222.8	0.58
四川省	8.9	1.1	7.1	522.3	0.29
贵州省	1.4	0.4	0.9	7.9	0.03
云南省	13.9	0.3	5.6	410.0	0.11
西藏自治区	0.3	0.0	0.2	8.8	0.01
陕西省	75.2	4.1	14.6	103.1	7.25
甘肃省	1.1	0.3	0.7	10.6	0.05
青海省	0.7	0.2	0.5	18.3	0.04
宁夏回族自治区	8.0	0.7	2.4	71.9	0.30
新疆维吾尔自治区	10.8	3.1	7.2	315.8	0.36

资料来源：据《中国统计年鉴 2015》计算所得。

二、西部现代服务业空间发展不平衡

在西部，现代服务业发展效率在空间上很不均衡，个别地区发展效率较高，

①　投入产出比：产出/投入。

而绝大部分省市区现代服务业发展效率较低。如表 3 - 23 所示，西部各个省市区服务投入产出率差距比较大，青海省、陕西省和贵州省为 0.6，内蒙古自治区达到 0.9。2014 年，我国现代服务业投资总额为 290533.7 亿元，现代服务业增加值为 306038.2 亿元，全国现代服务业投入产出比为 1.05。根据以上数据，西部各个地区服务业投入产出比小于全国服务业投入产出比。这是由于西部现代服务业发展还刚刚起步，在起步阶段，很多行业要背负基础性投入，因此，对固定资产投资需求较大。当达到一定程度，现代服务业投入产出率将大幅上升。

表 3 - 23　2014 年西部各地区现代服务业投入产出比

省市	投入产出	省市	投入产出
内蒙古自治区	0.9	西藏自治区	0.7
广西壮族自治区	0.8	陕西省	0.6
重庆市	0.8	甘肃省	0.8
四川省	0.7	青海省	0.6
贵州省	0.6	宁夏回族自治区	0.7
云南省	0.7	新疆维吾尔自治区	0.8

资料来源：据《中国统计年鉴 2015》整理。

三、西部现代服务业发展环境的约束依然存在

在市场经济条件下，市场机制是配置资源的基础手段。在西部地区服务领域，不少服务行业的垄断色彩十分强烈，现代服务业发展的体制性障碍还十分突出。国外学者布兰特（Brant，2003）认为政府不合适的限制规定损害了企业的动力，特别是限制服务部门的发展和增长。西部地区部分行业过于看重其社会属性，如银行强调其作为调节经济手段的属性；在文化、传媒领域强调其意识形态属性；在科教卫体等领域强调其公益属性、福利属性；因而忽视了这些领域的经济特性，导致了在银行、证券、保险、电信、民航、科教文卫、新闻出版、电视广播等领域，至今仍然保持着十分严格的市场准入，政府或是国有经济垄断经营十分严重。其结果是现代服务业的发展不能适应经济的发展和社会的需求，导致

现代服务业供给效率低下，净社会福利降低，不利于服务业的发展。

从现实情况来看，西部当前的现代服务业所有制结构与产业结构之间仍然存在一些不相适应和不相协调的地方，这些对西部服务经济的长期发展带来严重的不利影响，主要有如下方面：一是国有资本分布仍比较分散，结构仍不合理。目前，西部国有经济除涉及国家安全的行业、自然垄断的行业、提供重要公共产品和服务的行业之外，还广泛分布于一般加工业、零售业、旅游业和餐饮业等国有经济并无竞争优势的行业和领域。国有经济的这种"面广、线长、点多"的分布格局，很大程度上限制了社会资本的投资机会，阻碍了非公有制经济的发展，同时还导致有限的国有资本不能集中使用，使服务性企业很难做大做强，成为具有国际竞争力的大企业。二是不适当的进入壁垒管制成为所有制结构不合理的重要因素。改革开放以来，我国非国有经济年均以 20% 以上的速度快速增长，总体规模迅速发展壮大。但是，从行业分布来看，它们主要集中于工业部门，而现代服务业由于严厉的管制，投资障碍多，进入壁垒高，非国有经济的发展相对缓慢。目前，西部现代服务业中的金融保险业、电信业、铁路和航空运输业、教育卫生文化和信息媒体业还基本处于垄断经营、管制经营、限制经营的状态。国有企业对这些特定领域的行政性垄断，抑制了民间投资的扩大，最终导致服务供给长期不能适应日益增长的、多元化的服务市场需求。而且，垄断形成高成本，造成服务消费价格上涨，抑制产业发展，最终妨碍西部地区产业结构优化升级。

目前，西部地区现代服务业的管理体制还在逐步完善，作为现代服务业发展监管的主体——政府职能还在逐步规范，政府管理越位、缺位现象依然存在。如在农村医疗卫生等方面政府过度市场化，导致供给不足。相反，在某些行业政府又进行了不恰当的干预，如强行推进农村住户的房屋拆迁、统一模式进行改建和装修。中央政府和地方政府在责、权、利方面也存在不合理的现象，如农村教育、医疗卫生、交通等基本上由县乡来负责，在目前的财政体系下，县乡财政没有财力来发展如此意义重大的现代服务业，导致这些公共服务产品明显短缺。

四、西部现代服务业发展水平较低

根据我国各个省市区主成分分析综合模型，将全国各个省市区现代服务业的值代入综合模型，得到了全国各个省市区现代服务业发展水平的分值，从全国各省市区分值的情况来看，可以分为6个层次，第一层次包括广东省，分值为1.0000；第二层次包括江苏省、山东省、浙江省、北京市和上海市，分值在0.5以上；第三层次分值在0.3~0.4，包括河南省、辽宁省、河北省、四川省、湖北省、湖南省、福建省；第四层次为安徽省、黑龙江省和内蒙古自治区；第五层次分值在0.1~0.2，包括重庆市、广西壮族自治区、陕西省、江西省、吉林省、云南省、天津市、山西省、新疆维吾尔自治区；第六层次分值在0.1以下，包括了贵州省、甘肃省、海南省、宁夏回族自治区、青海省和西藏自治区。

西部现代服务业逐渐进入了发展的快车道，随着我国统筹城乡、统筹区域发展战略的推进和"西部大开发十一五规划纲要"的进一步实施，西部现代服务业将在我国区域承接产业转移的过程中发挥更重要的作用。目前，西部地区现代服务业发展的总体水平较为落后，位于全国前16位的仅仅有四川省和内蒙古自治区，其余的各个省、市、区均在全国16位之后。总体说来，西部现代服务业发展的总体水平较低。

表3-24　全国各个省市区现代服务业发展水平分值与排序

地区	F分值	排名	地区	F分值	排名
广东省	1.0000	1	重庆市	0.1998	17
江苏省	0.7847	2	广西壮族自治区	0.1982	18
山东省	0.7192	3	陕西省	0.1976	19
浙江省	0.6510	4	江西省	0.1963	20
北京市	0.5374	5	吉林省	0.1829	21
上海市	0.5005	6	云南省	0.1819	22
河南省	0.4204	7	天津市	0.1753	23
辽宁省	0.4063	8	山西省	0.1641	24
河北省	0.4025	9	新疆维吾尔自治区	0.1136	25
四川省	0.3691	10	贵州省	0.0992	26
湖北省	0.3172	11	甘肃省	0.0893	27
湖南省	0.3149	12	海南省	0.0456	28
福建省	0.3040	13	宁夏回族自治区	0.0346	29
安徽省	0.2800	14	青海省	0.0271	30
黑龙江省	0.2064	15	西藏自治区	0.0233	31
内蒙古自治区	0.2023	16			

第四章

西部现代服务业发展的影响
因素与面临的新形势、新任务

本章对影响西部现代服务业发展水平的因素进行分析，探讨影响西部现代服务业发展的常规性影响因素，并分析不确定性影响因素对西部现代服务业发展水平的影响。在此基础上，探索西部现代服务业发展的基础与优势，提出了西部现代服务业发展面临的新形势、新任务。

第一节　影响西部现代服务业发展水平的因素及验证

现代服务业发展的区域差异和差距是完全不同的概念，前者是在自然地理、资源禀赋、经济发展水平和历史条件等方面存在不同，而后者是在区域间现代服务业发展水平和人均服务产品占有量等方面存在差别。任何两个不同的区域，现代服务业发展条件基础的差异总是存在，但区域间现代服务业发展水平未必会出现大的差距和悬殊。客观上地区差异是存在的，但差距是需要缩小的。从西部内部各个省市区来看，现代服务业发展的差距非常大，前文对西部现代服务业发展的水平进行了测评，下面本书对西部各省（市、区）现代服务业发展水平的影响制约因素进行探讨。由于现代服务业既受到区域经济社会常规因素的影响，同时又受到突发性危机事件的影响，本书从这两个角度对现代服务业发展水平的影响因素进行分析。

一、影响西部现代服务业发展水平的经济社会原因

随着经济的发展和社会的进步，现代服务业在各国经济发展中的比重不断上升，现代服务业的发展速度逐步快于整体经济的发展速度，在一定条件下，能推动整体经济的发展。目前，影响西部现代服务业发展水平的经济社会因素如下：

（一）地区居民收入与消费水平

1. 地区居民收入水平与收入差距

党中央在"十一五"的建议中提出要"着力提高低收入者收入水平，逐步扩大中等收入者比重，有效调节过高收入，规范个人收入分配秩序，努力缓解地区之间和部分社会成员收入分配差距扩大的趋势"。这充分显示了国家对调整分配关系问题的关注，目前，这是"十一五"期间的一项重要工作。收入水平与现代服务业发展直接相关，本书将我国省市区①人均服务增加值和城市居民的收入、人均服务增加值和农村居民的收入，进行相关性分析，两者的 Pearson 相关系数分别达到 0.900 和 0.908。呈现出明显的线性关系（见图 4 - 1）。这说明，居民收入水平与现代服务业发展水平高度相关。

本书为了量化城乡收入差距，采用了城乡收入差距指标（CR），本书运用城市居民实际可支配收入与农村居民实际人均纯收入的比例来衡量城乡收入差距。

$$CR = \frac{城市居民实际可支配收入}{农村居民实际人均纯收入}$$

根据以上指标对西部城乡收入差距进行衡量。从地区来看，目前我国西部地区是城乡差距最高的地区，如图 4 - 2 所示，2006 年城乡差距最高的几个地区都在西部，云南省和贵州省最高，城乡人均收入比率达到 4.47 和 4.59，其次是甘肃省（4.18）、陕西省（4.10）、重庆市（4.03）、青海省（3.82）、西藏自治区（3.67）、广西壮族自治区（3.57）、宁夏回族自治区（3.32），城乡收入差距最大的 10 个地区中，9 个都在西部，而城乡收入最小的地区大都在东部，如上海市（2.26）、天津市（2.29）、北京市（2.41）、江苏省（2.42）、浙江省

（2.49）、辽宁省（2.54）等。

西部地区地域辽阔，在西部内部，经济发展很不平衡，各个省、自治区和直辖市之间的城乡差距明显。2006 年西部地区差距最高的云南省和贵州省，城乡人均收入比率达到 4.4 以上，即城市居民可支配性收入是农村居民纯收入的 4.4 倍，城乡人均收入比率较小的是四川省和内蒙古自治区，都在 3.1 以上。总体上看，越发达的地区，城乡收入差距就越小，而越落后的地区，城乡收入差距越大。部分地区，随着时间的推移，收入差距扩大的趋势更为明显。如贵州省在 2005 年城乡收入差距为 4.36，到 2006 年扩大到 4.59。库兹涅茨认为，在经济发展的早期阶段（劳动力从收入较低但相对平均的农业部门向收入较高但分配相对不平均的城市工业部门转移），收入不平等随经济发展而扩大，之后随着经济的进一步发展，人均收入提高到一定水平后，收入差距开始稳定，到后来，当经

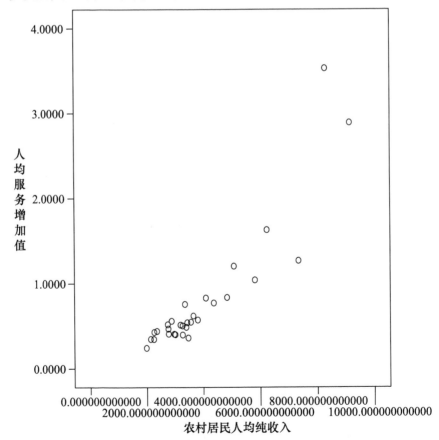

图 4-1　人均服务增加值和居民收入的散点图

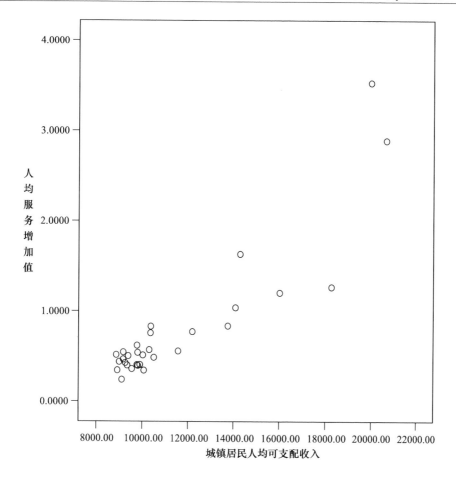

图 4 - 1　人均服务增加值和居民收入的散点图（续）

资料来源：《中国统计年鉴 2007》。

济发展到成熟阶段时，收入差距开始缩小，此为"库兹涅茨倒 U 形曲线"假说。如果城乡收入差距在空间上的这一事实和库兹涅茨的预言相一致，可以判断，西部目前处于经济发展的早期阶段，缩小西部地区收入差距还有很长的路走。

2. 消费水平

居民消费水平表明一个地区人们的物质文化生活需要的满足程度，它是反映一个国家（或地区）的经济发展水平和人民物质文化生活水平的综合指标。消费水平在一定程度上体现着现代服务业的需求空间，一般来说，居民消费水平较

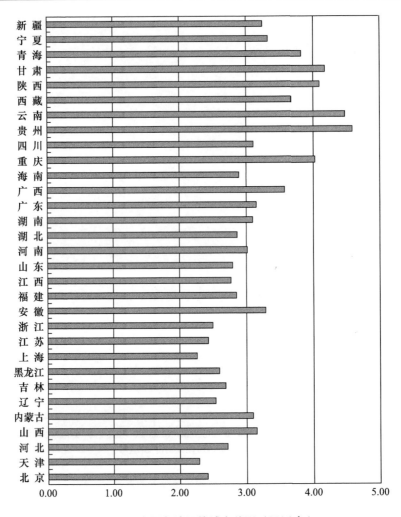

图4-2 中国各地区的城乡差距（2006 年）

资料来源：据《中国统计年鉴2007》计算所得。

高的地区，现代服务业需求空间较大；而居民消费水平较低的地区，现代服务业需求空间相对较小。居民消费水平和人均现代服务业增加值呈同方向变动（如图4-3所示），内蒙古自治区、重庆市居民消费水平较高，人均现代服务业增加值也较高，而在贵州省，居民消费水平较低，人均现代服务业增加值也较低。在图4-3中很容易观察到：西藏自治区居民消费水平低，而人均服务产品占有量反而大大超过居民消费水平，可能是由于西藏自治区是国家重点扶持的地区，与其他地区的情况有所差异。

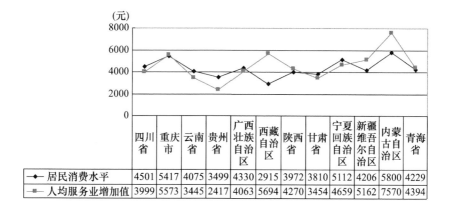

（元）	四川省	重庆市	云南省	贵州省	广西壮族自治区	西藏自治区	陕西省	甘肃省	宁夏回族自治区	新疆维吾尔自治区	内蒙古自治区	青海省
◆ 居民消费水平	4501	5417	4075	3499	4330	2915	3972	3810	5112	4206	5800	4229
■ 人均服务业增加值	3999	5573	3445	2417	4063	5694	4270	3454	4659	5162	7570	4394

图 4 – 3　居民消费水平与人均现代服务业产品占有量

资料来源：《中国统计年鉴 2007》。

　　地区居民收入和消费水平是影响西部现代服务业发展的最为重要的因素。当经济水平和社会生产率增长到一定程度，人们的温饱问题解决后，才有相应的服务需求；在这种基础上，如果收入进一步提高，服务需求将得以快速增长。综上所述，本书认为，第一，现代服务业发展水平与居民的收入关系密切。通过对我国各个省市区的数据进行验证（西部各个省市区数据均包括在内），城市居民收入和农村居民收入与现代服务业相关系数分别在 0.9 以上。这说明，居民收入高的地区，现代服务业发展水平较高；居民收入低的地区，现代服务业发展水平较低。第二，地区收入差距直接影响到西部现代服务业的发展水平。一般说来，地区收入差距越小，区域现代服务业越发达；城乡收入差距大的地区，而现代服务业发展则相对落后。目前，西部地区收入差距过于显著，在很大程度上制约了服务业的发展，如同国内学者李勇坚[①]所指的，收入差距过大，导致一部分人处于最基本生活需求的边缘，这部分人，不能达到现代服务业需求的相应的临界点，服务的有效需求不足；而另外一部分人，生活富裕，经济条件优越，这个阶层，支撑着一些奢华性现代服务业畸形发展。就这样，普通大众所需要的质优价廉的基本需求性服务业无法得到充分的发展。第三，居民消费水平和人均服务增加值呈同方向变动。居民消费水平较高的地区，人均服务增加值也较高，居民消费水

---

　　①　李勇坚. 经济增长中的服务业 ［J］. 理论综述与实证分析，财经论丛，2005（9）：6.

平较低，人均现代服务业增加值也较低。因此，要提升西部现代服务业发展水平，必须在大力提升西部地区城市、农村居民收入水平的同时，缩小区域内人们收入的差距，以提升居民的消费水平，最终实现现代服务业快速发展。

（二）城市发展水平

城市是现代服务业发展的重要载体，城市发展水平与现代服务业发展水平的关联度非常高。对于城市化率的计算方法比较多，本书采用如下计算方法：

$$Ur = \frac{城镇人口}{总人口}$$

以下为了检验西部各省市区人均现代服务业与城市化率是否存在明显的线性关系，将自变量城市化率和因变量人均现代服务业增加值选入 SIIMPLE SCAT-TER 对话框中，得到如图 4 - 4 的散点图，从图 4 - 4 的散点图可以看出，城市化率和人均 GDP 之间存在明显的线性关系，由此可以判定建立线性回归方程是非常适合的。

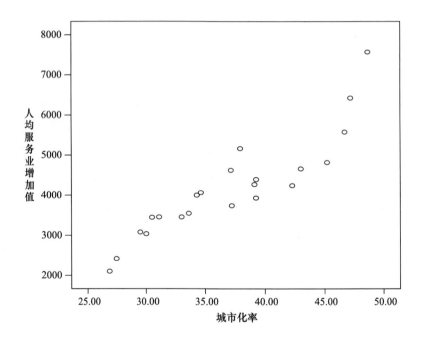

图 4 - 4　城市化率和人均 GDP 的散点图

资料来源：《中国统计年鉴》（2006～2007）。

通过对 2005 年和 2006 年西部各个省市区现代服务业城市化水平与人均现代服务业增加值的相关分析，城市化水平与人均现代服务业增加值的 Pearson 相关系数高达 0.903。在这里有效观测量数为 22 个[①]。城市化水平与人均现代服务业增加值呈显著的正相关关系。这说明城市化进程对西部现代服务业发展具有显著的促进作用。本书运用 SPSS12.0 软件进一步测度城市化水平对现代服务业增加值比重的影响程度，得到如下回归方程：

$$Y = -2186.579 + 172.121X$$

$$R = 0.903 \quad R^2 = 0.815 \quad \text{Adjusted } R^2 = 0.806 \quad F = 88.226$$

回归结果表明：回归显著性良好，1998 ~ 2006 年西部城市化率每增加 1 个百分点，人均现代服务业增加值将提高 172.121 元。

表 4 - 1　回归计算过程中方程系数表 Coefficients（a）

Model	Unstandardized Coefficients		Standardized Coefficients	t	Sig.	Collinearity Statistics	
	B	Std. Error	Beta			Tolerance	VIF
（constant）	-2186.579	688.003	0.903	-3.178	0.005	1.000	1.000
城市化率	172.121	18.325		9.393	0.000		

注：a　Dependent Variable：人均现代服务业增加值。

资料来源：《中国劳动与人口统计年鉴 2007》，西部 12 省（市、区）2007 年统计年鉴、《中国统计年鉴》（2006 ~ 2007）。

本书认为，城市化率是影响西部现代服务业发展的第二大因素。首先，城市是现代服务业发展的主要基地，它集中了大部分的劳动力，提供了现代服务业的绝大部分产值，城市越多、城市化率越高，现代服务业发展水平相对较高。其次，从城市功能来看，"城市者，'城中之市'也，它具有组织城乡商品流通，向外辐射流通服务的功能，是市场和商业相对发达的地区"[②]。城市发展程度越高，意味着城乡居民对流通服务需求越大。最后，城市化率越高，即城市人口所占的比重会相对较大，对服务需求越大。目前，农村居民收入水平比较低，对生

---

① 发现西藏数据为奇异值，所以将西藏数据除外。
② 李江帆. 中国第三产业发展研究［M］. 北京：人民出版社，2005：22.

产性和生活性服务的需求相对较弱，生产性和生活性服务业的需求对象主要是城市居民和企事业单位。城市发展程度越高，则对服务需求越多。在居民收入水平和消费水平相差不大的条件下，城市发展程度越高的地区，现代服务业发展水平则相对较高。

（三）现代服务业投资

美国经济学家里昂惕夫（W. Leontief）于 20 世纪 30 年代创立里昂惕夫投入产出理论，其研究是区域经济综合平衡、特别是区域产业综合发展的有力工具。本书下面采用回归分析的方法，对西部各个地区 2006 年现代服务业投资与现代服务业产出进行分析（见表 4－2），首先对二者进行相关性分析，Pearson 相关系数为 0.845，0～1 都为正相关，对于截面数 F 统计量一般来说能大于 6 就能通过检验，由此可以说明现代服务业投资与现代服务业产出相关性很强。

表 4－2　回归计算过程中方程系数表 Coefficients（a）

Model	Unstandardized Coefficients		Standardized Coefficients	t	Sig.	Collinearity Statistics	
	B	Std. Error	Beta			Tolerance	VIF
1 （Constant）	0.185	0.058	0.845	3.169	0.010	1.000	1.000
人均投资	0.709	0.142		5.004	0.001		

注：a　Dependent Variable 表示人均服务增加值。

通过测算，得到如下回归方程：

Y = 0.185 + 0.709X

R = 0.845　R^2 = 0.715　Adjusted　R^2 = 0.686　F = 25.037

R 为回归方程的复相关系数，为 0.845，R^2 为 0.715，反映出方程的拟合度较好，F 统计量为 25.037。这意味着人均投资每增加 1 元，现代服务业人均产值将增加 0.709 元。

本书认为，现代服务业投资对现代服务业产出将产生重要的影响，现代服务业投资与其增加值之间存在着很强的正相关关系。现代服务业投资，作为固定资产投资中的重要组成部分，不仅是提升整个现代服务业发展水平的有效途径，而且在总量上影响着经济增长的速度，在结构上影响着经济结构形成及其发展变化。现代服务业投资能促进产业结构的合理化演进，有效地提升整个现代服务业的整体实力。西部地区应加大现代服务业投入，以提升西部现代服务业发展的规模和发展的速度。

（四）经济全球化水平

经济全球化水平为各地区基于资源禀赋、比较优势产业，实现特定服务部门的优先发展提供了前提和可能。服务开放程度越高，本地区具有比较优势的服务部门就越容易通过对外输出服务而得到充分发展，享有全球的资源和市场；另外，对那些具有比较劣势的服务部门则可能由于从国外输入相应服务而导致发展更加趋于缓慢。一些经济学家使用贸易量与 GDP 的比例或跨越边界的资本量与 GDP 的比例来测算跨越边界的经济活动量。美国经济学家佛朗克尔（Frankel）曾通过计算商品和劳务的贸易总量与 GDP 的比率，得出结论：目前美国贸易量与 GDP 的比率为 12%，与完全的全球化相差甚远。用这种方法测量其他国家的全球化水平，他发现现在世界上许多国家离完全的全球化还很远。目前，对全球化水平的判断分歧很大，本书将经济全球化指数表示为经营单位所在地货物进出口总额与地区生产总值的比值。

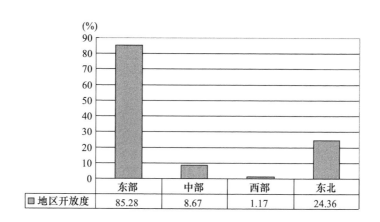

图 4 - 5　西部与其他地区开放度比较

资料来源：《中国统计年鉴 2007》。

采用此指标，对我国四大板块地区经济全球化指数进行测算，很容易发现：东部地区开放度很高，为 85.28%，其次是东北地区为 24.36%，中部地区为

8.67%，最后是西部地区，经济全球化指数仅为1.17%。东部地区依托较好的地缘优势和产业优势，明显领先于其他地区。再次是东北地区，由于东北地区临近太平洋，具有较好的港口优势，同时注重发展外向型的主导产业，如工业部门、会展、批发零售等行业，地区开放度较高。再次是中部，最后是西部地区。

综上所述，经济全球化指数较高的地区，现代服务业发展水平相对较高；而相对封闭的地区，现代服务业发展水平相对较低。20世纪80年代以来，经济全球化日益明显，日新月异的技术革命，加速了全球的资金流动，扩大了国际市场，正在推倒各国经济壁垒，在全球范围形成了一个互相依存、共同发展的整体。西部只有实行对外开放，才能尽快适应经济全球化的时代趋势，真正促进西部现代服务业发展。西部地区在经济全球化进程中面临机遇也面临挑战，西部地区必须适应不断发展的新形势，坚定不移地推进开放战略，拓展对外开放的广度和深度，提高开放水平。要把"引进来"和"走出去"更好地结合起来，扩大开放领域，优化开放结构，提高开放质量，完善内外联动、互利共赢、安全高效的开放型经济体系，形成全球化条件下参与国际经济合作和竞争的新优势。

（五）人力资源丰度

现代服务业内部既包括传统的劳动密集型部门，也包括新兴的知识密集型、技术密集型部门。人力资源状况对现代服务业发展的层次和结构具有重要影响，大量具有较高知识水平和技术水平的劳动力能够为知识密集型、技术密集型现代服务业的发展提供智力支持。本书构建人力资源指数来反映地区人力资源状况，其几何平均的计算公式如下：

$$HR = \sqrt[3]{SC \times RD \times EF}$$

式中，HR表示人力资源指数，SC表示大专及以上人口，RD表示R&D人数，EF表示经费支出。计算结果表明：江苏省、北京市、广东省、山东省等省市人力资源丰富，人力资源指数均较大，现代服务业发展具有明显的人力资源优势；云南省、内蒙古自治区、贵州省、新疆维吾尔自治区、宁夏回族自治区、青海省、海南省、西藏自治区等省、市、区人力资源较为匮乏，人力资源指数均较小（见表4-3、图4-6）。

表4-3　西部人力资源相关指标

地区	大专及以上人口①（人）	R&D人数（人）	教育经费支出（万元）	人力资源丰度指数
内蒙古自治区	2126	27068	6121559	70625
广西壮族自治区	2855	22793	7794191	79749
重庆市	2991	43797	6565622	95100
四川省	5706	62145	13805525	169797
贵州省	2763	15659	6799795	66509
云南省	2454	12980	9006912	65954
西藏自治区	61	130	1206744	2123
陕西省	3217	50753	8926920	113380
甘肃省	2061	14380	4811034	52243
青海省	567	2068	1569408	12254
宁夏回族自治区	540	5799	1578935	17036
新疆维吾尔自治区	2263	6688	5989856	44923

资料来源：《中国统计年鉴2015》、《中国科技年鉴2015》。

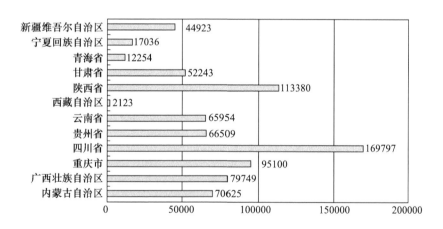

图4-6　西部各个省市区人力资源丰度图

资料来源：《中国统计年鉴2015》、《中国科技年鉴2015》。

　　当今世界，知识和信息已成为发展的主要推动力，人力资源已成为区域经济发展和企业竞争的"第一资源"。本书认为，现代服务业对劳动力本身（人）的

---

① 本数据是2014年全国人口变动情况抽样调查样本数据，抽样比为0.822‰。

依赖性很强，西部各个省市区人力资源丰度与现代服务业发展水平密切相关。四川省、重庆市、陕西省的人力资源丰度较高，现代服务业发展水平较高；而西藏自治区人力资源丰度较低，则发展水平较低，两者呈现出明显的正相关关系。人力资源为区域现代服务业发展提供了重要的知识和智力支持。

二、影响西部现代服务业的历史危机事件

英国经济学家费希尔（A. G. D. Fisher）认为第一产业、第二产业、第三产业这些术语在某种意义上与人类需要的紧迫程度有关。第一产业为人类提供满足最基本需要的物品，第二产业产品满足人类的进一步的需要，第三产业产品满足人类除物质需要以外的更高级的需要。随着经济发展和人民生活水平提高，第三产业的需求将会逐步增长，人们的消费偏好将由食物等物质产品逐步转向服务等非物质产品。他认为，经济条件不成熟，以物质产品消费为主；经济条件成熟，消费需求转向服务等非物质产品。这说明服务产品的收入弹性非常大，容易受到非常规性突发事件的影响。

现代服务业提供服务产品，服务产品的收入弹性大，在经济不景气的时期，服务产值呈现较大的回落，在经济繁荣时期，又是高增长的行业。改革开放后，从现代服务业产值的增长率来看，现代服务业随着宏观经济发展，呈现出较大的波动，下面对现代服务业增长率波动较大的年份进行分析：即1981年、1986年、1989年、1996年、1997年及2003年。

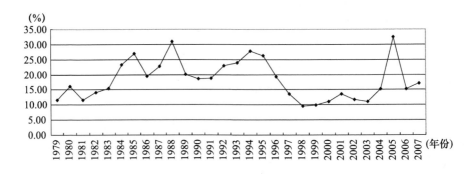

图4-7　西部现代服务业各年增长率

资料来源：《新中国55年统计资料汇编》、《中国统计年鉴》（2006～2008）。

（一）改革开放后历次通货膨胀

从价格指数和货币供应量上进行考察，我国改革开放后经历了 1980 年、1984～1985 年、1987～1989 年、1993～1995 年四次通货膨胀，通货膨胀之后，国家采用相应的系列治理措施。如 1980 年 12 月，国务院颁发了《关于严格控制物价、整顿议价的通知》，并采取了一系列的限价措施对通货膨胀进行治理；1985 年 3 月国务院发出《关于加强物价管理和监督检查的通知》和《关于坚决制止就地转手倒卖活动的通知》，对重要的生产、生活资料实行限价政策；1989 年 11 月党的十三届五中全会通过了《中共中央关于进一步治理整顿和深化改革的决定》，会议决定采取控制社会需求和减少财政信贷的双紧方针，抑制通货膨胀。1993 年 6 月《中共中央、国务院关于当前经济情况和加强宏观调控的意见》提出了 16 条措施，到 1996 年我国基本实现了经济的"软着陆"。现代服务业受宏观经济的影响十分明显。一般来说，通货膨胀之后，国家实施宏观调控的效应会在接下来的半年或者是一年后开始显现，物价开始回落，经济状况呈现回落，现代服务业受宏观经济形势的影响，发展也逐步减缓。

（二）1989 年政治风波

1989 年我国经历了政治风波，世界上主要的经济发达国家对中国实行了经济封锁，这给西部的经济尤其现代服务业的发展造成了很大影响。1988 年，西部现代服务业产值为 817.38 亿元，增长率为 30.93%，西部现代服务业正处于改革开放以来一个高速增长的阶段。1989 年，受政治风波的影响，同时受到国内宏观调控抑制通货膨胀的后续影响，西部现代服务业产值为 981.65 亿元，年增长率急剧下降到 20.10%，下降了 10.83 个百分点。政治风波第一次让服务业界切身感受到了其行业经营的高风险性。

（三）1997 年亚洲金融危机

亚洲金融危机对东南亚各国都产生了严重的影响，最为突出的是泰国、印度尼西亚、韩国，其次是中国香港、中国澳门等地区，现代服务业产值严重下滑，现代服务业需求明显减少。1996 年，西部现代服务业产值为 4051.91 亿元，年增长率为 19.28%，到 1997 年，西部现代服务业产值为 4603.64 亿元，年增长率下降到 13.62%，1997 年亚洲金融危机对西部现代服务业影响较大。

（四）2003 年"非典"疫情

摩根士丹利首席经济师斯蒂芬·罗奇曾分析，"非典"对经济的影响主要局限于服务行业。2003 年非典疫情集中在第二季度，为了防止疫情扩散，各地区明令禁止外出旅游，许多商务活动被迫取消，行业产值受到影响，主要如餐饮业产值下降；交通运输产值出现下滑，旅游业受影响较严重，商贸流通也受到了一定影响。总体来说，2003 年"非典"疫情对西部现代服务业的影响较大。

第二节　西部现代服务业发展的基础与优势

一、西部现代服务业发展的机遇和条件

长期以来，西部现代服务业发展始终处于落后状态，服务产业比重较低，产值总量较小，在很大程度上制约了地方经济的发展。因此，西部迫切需要改变这种状况，大力推进现代服务业的发展。从目前情况来看，西部发展现代服务业也具备诸多有利的条件。

（一）居民收入水平不断提高增加了现代服务业的有效需求

居民收入水平不断提高引起的城乡居民消费结构的升级、服务性消费需求的增加，为西部现代服务业的持续发展提供了广阔的发展空间。国际经验表明，现代服务业加速发展期一般发生在一个国家或地区大部分居民收入由中、低等收入向中上等收入转移的时期。收入水平大幅提高引起的居民服务性需求的增加，必将促进西部现代服务业的发展。目前，产品的物质边际效用正在递减，人们开始转向服务消费，对各种服务产生了直接而巨大的需求，服务变得越来越重要。显然，这将有利于促进现代服务业发展。在温饱问题基本解决后，城市居民对吃穿用的需求相对减少，对教育、文化、旅游、医疗保健、法律顾问等的需求将会增加。近年来，西部地区形成的消费热点，如旅游、教育、电信、房地产、社区服务等，基本集中在现代服务业领域。随着城乡居民收入水平的进一步提高，对现代服务需求的数量和质量还将提出新的要求，这将对现代服务业发展及其内部结构优化形成强有力的推动。

（二）全球产业转移给西部现代服务业发展带来新机遇

西部生产性现代服务业潜力将进一步发挥。在西部工业化进程进一步加速的同时，正面临着国际国内制造业大规模向西部转移的战略机遇：其一，从世界范围来看，发达国家产业向发展中国家转移；从全国范围来看，东部发达地区产业向西部欠发达地区转移。特别是成渝、关中—天水、环北部湾（广西壮族自治区）等重点经济区，在国际制造业转移中承接了众多的投资项目。其二，在金融危机的影响下，部分跨国企业提升核心竞争力，将非核心业务实施外包，这为西部生产性服务的发展提供了广阔的空间。发达国家或跨国公司通过贸易和直接投资实现了工业生产的国际化，同时也会要求在信息、贸易、金融、会计和法律等领域提供相应的配套服务。西部地区目前生产性服务业比重小，主要还以消费性现代服务业为主。产业转移给生产性服务业发展带来机遇。其三，伴随世界产业转移和服务外包发展，国际资金势必大量涌现，为西部吸引外资带来新机遇。发达国家相对于发展中国家，资金相对饱和，国内东部地区相对西部地区，资金相对饱和，这为国际资金大量流向西部留出了足够的空间。西部要抓住机遇，借鉴发达国家、发达地区在金融、信息、通信等新兴服务业方面发展的经验，推动西部现代服务业的进一步发展。

（三）西部城市化进程加快将进一步释放西部现代服务业的发展潜力

城市是现代服务业发展的重要空间载体。随着城市化进程的加快，西部人口进一步向城市集中，直接带动房地产、文化娱乐、教育培训、卫生保健、通信商务、金融保险、社会保障等现代服务业的最终消费需求；同时也将进一步推动以企业为主的生产消费需求，从而推动西部现代服务业的发展。据预测，到2020年，我国城市化率将达到54.5%。① 从需求方面来看，西部地区在城市化进程中，随着大量农业过剩劳动力进城就业，农民转变为市民，不仅因其收入水平和生活水平提高而增加对服务消费的需求，而且将在很大程度上改变其自我服务的行为方式，促进服务外部化。从供给方面来看，城市人口增加不仅会给传统服务业提供大量劳动力供给，而且也为现代服务业提供了充裕的劳动力供给。现代服务业的就业结构呈现明显的二元性，除了高级专业人才外，也需要大量灵活供给的一般劳动力作为辅助人员、后勤人员及配套服务人员。另外，城市化带来的城

---

① 周振华. 现代服务业发展：基础条件及其构建［J］. 上海经济研究，2005（9）：42 - 43.

市规模扩容、城市基础设施改善、城市功能强化等，客观上为现代服务业发展提供了良好的物理空间和物质条件，有助于现代服务业的区位集聚。

二、西部现代服务业发展的优势

（一）人力资源优势

西部是我国重要的教育科研基地，西部地区尤其是四川省、陕西省和重庆市，高等教育门类齐全，各类人才供给充分，中高层人才在人才总量中占据较大的份额，一直是我国东中部地区人才输出地。同时，西部地区中心城市如西安市与成都市、重庆市等地具有踏实、诚信和追求稳定、安逸的文化背景与价值观，在人才稳定性方面，具有明显的比较优势。

（二）自然生态资源优势

西部地域广阔，具有丰富的自然、生态环境资源。西部山地多、落差大，是世界上陆地落差最大的区域之一，是世界自然景观最丰富的区域之一。四川省九寨沟、黄龙寺，云南省的中甸、西双版纳，新疆维吾尔自治区的天池，贵州省的黄果树瀑布，还有长江三峡、雅鲁藏布大峡谷等在我国乃至世界都是著名的自然生态风景区。西部是世界屋脊，又是大漠戈壁分布最大的地区，冰川、冻土、溶洞、奇峰应有尽有。西部地区地形地貌复杂，森林、草原、荒漠、戈壁纵横交错，具有丰富的生物资源，有金丝猴、大熊猫等珍稀动物，有藏红花、雪莲、冬虫夏草等珍贵药材数千种，有云杉、柚木、楠木等名贵树种，还有成千上万种花草树木，这些都是西部重要的生态资源。西部地区可以利用这些生态资源，加快生态建设，发展循环性服务经济，如大力推动西部旅游、会展等行业的可持续发展。

（三）生产成本优势

西部中心城市的生产、运营成本明显低于中部、东部中心城市，由此，形成了西部中心城区发展现代服务业的核心竞争力。相对服务行业来说，最为重要的成本就是人力成本，首先，从人力成本的水平来看，据51JOB的调查结果显示，从2004～2005年两年员工平均工资水平的总和来看，西安市和成都市分别只占深圳市的49%和56%，占上海市的54%和61%，占北京市的57%和64%。其中西安市、成都市从事软件业的人均工资略高于其他行业，大约占上海市、北京市、深圳市的 60% ~70%，是大连市、南京市等东部沿海城市的 80% 左右。① 据全球最大的人力资源管理机构——美世（Mercer）人力资源咨询公司对国内部分大都市的生活成本指数调查研究显示，当北京市生活成本指数为 100 时，上海市与深圳市为 98，大连市、南京市均为 88，成都市、西安市则分别为 77 与 76。其次，从人力成本变化的趋势来看，在相当长时期内西部服务行业工资水平上涨幅度不大。行业人力成本在很大程度受制于地区总体收入水平，西部地区总体收入水平较低，因而人力成本上升幅度较小。根据 2007 年《中国统计年鉴》显示，2006 年，西部地区城镇居民平均每人全部年收入为 10443.01 元，东部地区为16380.39 元，中部地区为 10572.94 元，东北地区为 10489.81 元；西部地区城镇居民平均收入占东部地区的 64%；均低于中部地区和东北地区，西部地区在我国四大板块的划分中，西部地区城镇居民的收入最低。最后，从办公间的租金水平来看，据调查，西安市和成都市城区内中高档写字间每月每平方米 30 ~50 元，而深圳市、北京市、上海市、广州市等地中高档写字间大约是成都市的 2 ~3 倍甚至更高。西部中心城市在生产价格上具有比较优势，这是发包商最为关注的问题。

（四）地缘优势

西部地区位于我国内陆，但近邻中亚、西亚和南亚地区，便于向西开放。西部新疆维吾尔自治区、甘肃省均与蒙古国接壤，新疆维吾尔自治区与俄罗斯、塔吉克斯坦、吉尔吉斯斯坦、哈萨克斯坦等五国接壤，新疆维吾尔自治区和西藏自治区又与阿富汗、巴基斯坦、印度、尼泊尔、缅甸接壤，而云南紧靠缅甸、泰国、越南。这样的边境特点有利于西部在广阔的范围内向中亚、西亚和南亚各国开放。自古以来，中国有两条丝绸之路，一条是在西北地区，由长安通往西域，直到中亚和西亚；另一条是西南方向的丝绸之路，它也可由关中平原经四川省、云南省通向西亚和南亚。这两条丝绸之路曾经在历史上把大西北和大西南同周边国家连接起来。今天西部地区同样有一条新的交通大动脉，这就是东起我国连云港，经甘肃省、新疆维吾尔自治区，通向中亚和欧洲的亚欧大陆桥，这条大陆桥是中国西部对外开放的一条重要走廊。改革开放以来，西部邻近边境的省份都开

---

① 资料来源：李志军.发展服务外包：西部中心城市的比较优势与路径选择［J］.研究与探索，2006（11）：22.

辟了一些商贸口岸。如甘肃省与蒙古国交易的马鬃山口岸，在新疆维吾尔自治区有阿拉山口岸，在西藏自治区有与印度交易的口岸，在云南省有与越南、老挝、泰国、缅甸的交易口岸，这些边境贸易虽然处于初级发展形态，但它都是西部对外开放的起点和象征①，形成西部独有的地缘优势。

第三节 西部现代服务业发展面临的新形势、新任务

一、生态文明对西部现代服务业发展提出新要求

十七大报告把"生态文明"作为社会主义现代化的重要内容，报告明确提出："基本形成节约能源资源和保护生态环境的产业结构、增长方式、消费模式。循环经济形成较大规模，可再生能源比重显著上升。主要污染物排放得到有效控制，生态环境质量明显改善。生态文明观念在全社会牢固树立。""生态文明"已从学术理论研究和建设实践的层面上升到全党执政兴国战略的高度，生态文明是科学发展观的具体体现，是指导我国工业化、城镇化和农村现代化的先进理念，也是指导西部现代服务业又好又快发展的先进理念，西部要发展现代服务业，必须以生态文明理念为指导。在生态文明的先进理念下，根据生态文明的要求，将生态文明战略具体化、政策化，紧紧围绕生态文明的六个方面，发展西部现代服务业。

（一）要求西部牢固树立生态文明的先进理念

四川大学邓玲教授认为："生态文明是指人和自然和谐发展、协调发展而取得的积极成果与进步过程。生态文明作为一种独立的文明形态，具有丰富内涵，强调当代人与当代人，当代人与下代人，人与自然和谐相融，是建设小康社会、和谐社会的根本理念。"从历史演进的角度来看，人类文明经过了原始文明、农

---

① 武文军．西部的优势、劣势及强势［J］．兰州商学院学报，2000（8）：5．

业文明、工业文明，正在迈入生态文明，因此，生态文明是迄今为止人类文明发展的高级阶段。从历史的断面来看，人类社会包括了物质文明、精神文明、政治文明、生态文明几种文明形态，生态文明是物质文明、精神文明和政治文明的基础和前提。按照历史唯物主义观，生态文明可以分为四个层次[①]：第一个层次是意识文明（即思想观念）；第二个层次是行为文明（行为方式）；第三个层次是制度文明（社会制度）；第四个层次是产业文明（物质生产）。

（二）要求形成资源节约环境保护型的产业结构、增长方式和消费模式

树立生态文明的基本理念，结合西部具体情况，将生态文明具体化，需要形成资源节约、环境保护型的产业结构、增长方式和消费模式。

1. 要求构建生态产业结构

促进生态文明建设的产业结构，就是构建"节约能源资源和保护生态环境的产业结构"。从三次产业间的关系来看，生态产业是生态农业、生态工业和生态现代服务业以及它们之间的互动耦合构成的产业体系。第一，要建立绿色现代农业。生态农业是生态产业体系的基础、生态的源头。要坚持生态文明的理念，建立以农户、企业、销售商、政府、消费者为主体的产业链；实行以食品加工业为导向的农业结构调节机制。第二，需要建立"节约能源资源和保护生态环境"的工业。需要对产品的生产过程进行严格控制，将传统的"资源—产品—废物"单向流动经济模式转变为"资源—产品—再生资源"的反馈式流动经济模式[②]。第三，要构建生态现代服务业。根据服务的对象，"节约能源资源和保护生态环境"的现代服务业可以分为生产性生态现代服务业和消费性生态现代服务业。前者是为生态农业和生态工业服务的，如生态信息的传播、管理与咨询业，后者是满足消费者生态需求的服务产业，如生态旅游业、生态商贸现代服务业、生态房地产业等。西部发展生态现代服务业，可从服务主体生态化、服务途径清洁化、服务模式绿色化等方面着手。

2. 要求以生态文明的理念转变服务经济增长方式

经济增长方式，是指推动经济增长的各种生产要素投入及其组合和作用的方式。从要素配置状况出发，经济增长可以衍生出两种不同的方式：一是以增加投

①　姬振海. 生态文明论［M］. 北京：人民出版社，2007.

②　黄勤，邓玲. 促进生态文明建设的产业结构调整研究［J］. 天府新论，2008（5）：48－49.

入和扩大规模为基础，强调增长速度的粗放型经济增长方式；二是以提高效率为基础、强调增长质量的集约型经济增长方式。当前，应实现向集约型经济增长方式的转变，西部可从科技创新和体制创新两方面入手，一方面是西部以科技创新提高效率，带动经济增长方式转变和能源的节约。确立知识自主创新的意识，推动科技创新，同时重视公共教育和高新技术产业的作用，提高对教育和科技的公共支出。另一方面是西部以体制创新推动经济增长方式转变。体制创新的一个重要基础，西部要塑造集约型增长方式的微观载体，依托区域内的科研机构及其他科研企业，完善微观载体的治理结构，改进内部管理制度，使企事业单位主动成为追求集约经营和提高效率的微观主体。同时，体制制度创新必须塑造效率主导型的投融资机制。目前政府仍是社会投资的主导性力量，通过创新现有投融资机制，提高资产配置效率，提高经济增长的质量和效益。

3. 要求倡导绿色消费模式

消费者的消费方式对服务企业研发服务产品具有很大的引导作用。绿色消费，也称可持续消费，是指在消费过程中，适度节制消费，避免或减少对环境的破坏，保护生态等为特征的新型消费行为和过程。符合"三E"和"三R"原则，西部的消费性现代服务业在现代服务业中所占比重较大，在服务客体中倡导绿色消费，加大绿色消费模式的宣传力度，具有重要的意义。可从如下几个方面来入手：①要引导消费者转变消费观念，崇尚自然、追求健康，在追求生活舒适的同时，注重环保、节约资源和能源，实现可持续消费；②倡导消费者在消费时选择环保产品或有助于公众健康的绿色产品；③在消费过程中注重对废弃物的处置，不对环境造成污染。

（三）要求西部大力推进循环经济

循环经济是物质闭环流动型经济的简称。它把清洁生产、资源综合利用、生态设计和可持续消费等融为一体，运用生态学规律来指导人类社会的经济活动，因而本质上是一种生态经济。循环经济包括了"循环"和"经济"两个方面的内容：不经济的"循环"是不可能持久的，不循环的"经济"也不是循环经济。西部发展循环经济，既是一个重大的理论课题，又是一个具体的实践任务。在西部现代服务业发展的过程中，应坚持"点、线、面"三路并进，使循环经济在企业、园区和社会三个层面扎实展开。一是坚持从"点"上突破，积极构建服务企业"小循环"。在服务企业内通过推行清洁生产工艺、推行污染排放的生产全过程控制，全面建立节能、节水、降耗的现代化服务产业工艺，以达到少排放甚至零排放的环境保护目标。二是坚持从"线"上链接，积极构建服务行业"中循环"。通常以生态服务链或生态产业园区的形式出现，把不同的服务企业连接起来形成共享资源的产业共生组合。三是坚持从"面"上推进，积极构建社会"大循环"，以实现消费过程中和消费过程后物质与能量的循环。

（四）需要进一步改善生态环境

西部作为生态资源富集区，包括西南是奇山异水民俗风情生态旅游大区（包括四川省、贵州省、云南省、重庆市和广西壮族自治区），西北是大漠黄河丝路文化旅游大区（包括陕西省、甘肃省、新疆维吾尔自治区、宁夏回族自治区和内蒙古自治区），青藏高原是生态及文化旅游大区（包括西藏自治区、青海省）。这地区都是长江上游重要的生态屏障，是我国生态安全的大后方，需要发挥其生态泉眼的辐射功能，需要进一步改善生态环境，体现西部水域、林地、绿地等生态资源优势以及优美的人居环境。

二、金融危机对西部现代服务业发展形成影响

（一）金融危机对西部现代服务业造成直接影响

全球性金融危机发端于 2007 年春季爆发的美国次贷危机，次贷危机产生的主要原因是美国商业银行不良贷款规模的聚集，导致次级贷款违约率的大幅上升，加之金融衍生品市场导致的连锁反应，造成了许多美国金融机构的流动资金紧缺与信用危机，致使多家银行破产倒闭。由于美元的世界货币性质以及美国与其他各国间的紧密贸易联系，金融危机的范围不断扩展，从美国发展到欧洲和日本，然后从发达国家延伸到发展中国家，最终扩展至全球，发展成为全球性的金融危机。美国的房利美和房地美"两房"危机，雷曼兄弟申请破产，美国最大的保险公司 AIG 濒临破产，被注资 850 亿美元拯救，全美最大的储蓄及贷款银行华盛顿互惠公司倒闭，冰岛等国家濒临破产，再到全球股市持续下跌，到目前已经演化为席卷美国、影响全世界的金融危机[①]。

---

①　徐妍. 全球性金融危机对中国金融业改革与发展的借鉴［J］. 青海金融，2008（12）：11.

1. 对西部地区金融业的影响

众多研究学者普遍认为，中国现在未开放国内的金融市场，同时对国际金融市场的参与度相对较低，客观上筑起了一道屏障。加之西部地区经济发展水平相对落后，资本市场弱小，大部分贷款流向国有企业。传统存款、贷款和结算业务仍是西部金融业的主要业务，消费信贷品种和规模相对有限，西部地区金融业受到的冲击较低。本书认为，金融危机，可以从危险和机遇两个方面来进行理解，对金融业的影响，对西部来说，既有不利一面，也有有利一面。从不利的角度来说，"在 2007 年下半年，中国国投集团投资了 50 亿美元到摩根士丹利"。① "中国商业银行持有'两房'相关债券 253 亿美元；中国商业银行持有破产的雷曼兄弟公司相关债券约 6.7 亿美元；中国投资公司持有美国投行摩根士丹利 9.9% 的股份；雷曼对花旗集团香港子公司欠款额约为 2.75 亿美元；中国银行纽约分行也曾给雷曼贷款 5000 万美元。"② 美国金融业的损失，必定导致我国在海外的金融资产缩水。在国际金融形势的影响下，从中长期来看，国内有持续降息的预期，但是由于西部消费者的心理预期变更，将在短期内有更多的资金暂时回流到银行，这意味着西部投资、消费需求将会减少。

当然，美国金融危机给西部金融业发展也带来机遇。"民生银行投资 2 亿美元占有美国联合银行 20% 的股份，而中信银行投资 10 亿美元占有华尔街投资公司贝尔史登（Bear Sterns）6% 的股份。这些低位进入的股份性投资，在全球的救市计划实施的大形势下，前景比较乐观。目前，中国三大国有银行（工商银行、建设银行、中国银行）的市场资本价值位于全球七大银行之列。"③

2. 对西部房地产业的影响

在此次金融危机中，房地产业受到了很大的影响。首先，表现在对购房者信心的打击。如图 4 - 8 所示，从 2007 年 11 月至 2008 年 12 月，我国消费者信心指数呈明显下降趋势。受国际大势影响，加之国内经济现在出现一定程度的通货膨胀，西部房地产业难以独善其身，其发展明显受挫，老百姓不敢轻易买房，金融危机使人们的心理预警增强，打击了人们的购房信心，市场的观望气氛更加浓

---

① 《世界投资报告 2008》，第 23 页。
② 王必锋，王海兰. 全球性金融危机对我国服务业发展的影响探析 [J]. 现代财经，2009（1）：82.
③ 《世界投资报告 2008》，第 18 页。

郁。其次，金融危机使房地产企业资金更加困难。银行给房地产公司的贷款下降，已经上市的房地产公司通过债权和股权进行融资更加困难，而未上市的房地产公司想通过公开发行股票的方式进行融资也基本上行不通，从整体上看房地产业陷入了困境。"北京师范大学金融研究中心主任钟伟主持的一份名为《2008 年中国房地产行业资金报告》显示，预计 2009 年房地产行业的资金缺口为 6730 亿元。如果 2009 年房地产遭遇中期调整，资金缺口将达到 9290 亿元；如果遭遇短暂调整，资金缺口也将达到 4925 亿元。中国人民银行的数字显示，2008 年上半年银行对房地产企业的贷款锐减 30%，减至 3990 亿元。资金链的断裂对房地产经济是个致命的打击。可以预料，这种打击不会是短暂的而是长期的。①"总体说来，在西部地区，在金融危机影响下，房产发展处于低谷时期。西部房产企业信心指数明显受挫，房产企业生产经营受到严重影响。

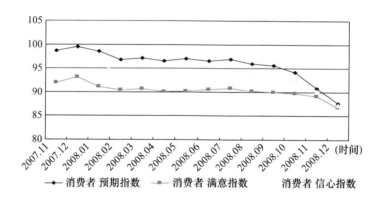

图 4-8 2007 年 11 月至 2008 年 10 月消费者的信心指数

资料来源：中国国家统计局官方网站。

（二）金融危机对西部现代服务业的间接影响

1. 金融危机给服务外包带来的机遇和挑战

发达国家跨国公司在经历大量制造业转移后，又开始将其非核心的服务职能向国外特别是新兴市场转移。我国《"十一五"规划纲要》提出：要"建设若干现代服务业外包基地，有序承接国际现代服务业转移"。针对这一目标，商务部

---

① 王必锋，王海兰. 全球性金融危机对我国服务业发展的影响探析 [J]. 现代财经，2009（1）：82.

启动了"千百十工程",2006 年 10 月,商务部、信息产业部、科技部共同认定了北京市、上海市、西安市、深圳市、成都市等 11 个具有服务外包发展基础和潜力的城市为中国服务外包基地城市,西部有成都市和西安市两个中心城市入围,西部中心城市在发展服务外包业方面与东部、中部站到了相对一致的起跑线上,在全国具有了一定的比较优势。

金融危机给西部服务外包带来机遇也带来挑战。一方面,从机遇来看,面对金融危机,西部地区服务外包企业成本优势依然存在,并且在国际金融市场动荡的形势下,逼迫国内外更多的企业寻求外包来降低成本,一些高技术含量、高利润的订单随之到来,行业领先企业将借助资本市场的力量,通过并购迅速扩大细分行业,扩大重点客户的覆盖范围。以陕西省为例,据陕西省商务厅软件出口合同在线登记统计,2008 年陕西省软件出口在线合同登记 473 份,出口额 9775. 75 万美元,软件出口同比增长 15. 07%。① 同时,金融危机为服务外包的发展提供给了难得的人才供给。金融界不少人才也已从华尔街转向我国西部等地区寻找工作机会,从而为西部金融服务外包业的发展提供了高素质的人才,也进一步增强了西部发展服务外包产业的信心。另一方面,金融外包行业接包量下降。就目前来看,虽然整体软件和信息业的出口仍然保持较高的增长,但就分类来说,金融产业和咨询产业的外包项目呈萎缩态势。此外,服务外包企业利润降低,如部分服务外包企业经营无利润,特别是部分中小服务外包企业,部分业务属于暂停阶段。跨国企业受其境外业务影响,在成本不变的前提下,表现为利润的损失与降低。

2. 金融危机影响服务产品的需求

服务产品的收入弹性较大,当收入水平较低时,服务商品需求量也较小,随着收入水平的提高,服务商品需求量会逐步增加:其一,金融危机影响生活性服务产品的需求。现代服务业的发展在很大程度上取决于可自由支配的收入,金融危机增加了人们未来收入的不确定性,居民从而会削减这方面的支出。金融危机使国内外许多企业的生产减少,大量的人员失业,人们的收入减少,从而减少生活性服务业产品,如社会服务、旅游及与旅游紧密相关的服务业的发展。其二,

---

① 资料来源:中国西部中心城市服务外包产业联盟网,http://www.xbbpo.org/newshow.asp? id = 1755.

金融危机影响生产性服务业的需求。金融危机导致世界国际贸易规模骤减，对西部进出口产生了影响，进而也影响了物流业、仓储业、商贸业等行业的发展。"据联合国贸发会议（UNCTAD）发布的'联合国海上运输回顾（RMT）'显示，用来预测全球未来经济活动的指标，波罗的海干散货指数（BDI）在 2008 年 5 月后的半年里下降了 90% 以上。①"这意味着金融危机对国际贸易产生了影响，同时也意味着对运输服务需求的下降。同时，金融危机使国内外地区对西部产品的需求下降，西部的出口也随之减少，迫使不少出口导向型企业减产，甚至倒闭。进出口业务的锐减，必然会减少对交通运输、仓储、信息等现代服务业的需求，从而使生产性服务业的发展受到影响。

金融危机包括了"危险"和"机遇"两个方面。本书认为，金融危机对西部现代服务业发展既带来机遇，也对西部现代服务业发展形成冲击。总体来看，是"机"大于"危"，本书基于以下考虑：第一，金融危机使大量金融资产缩水，给国内金融机构低位进入股份制投资带来了千载难逢的机遇。如"民生银行投资 2 亿美元占有美国联合银行 20% 的股份，而中信银行投资 10 亿美元占有华尔街投资公司贝尔史登（Bear Sterns）6% 的股份"②。这些低位的进入股份制投资及海外拓展业务，让国内部分有实力的金融机构迅速扩张，为进一步加速发展奠定基础，前景较为乐观。第二，为国际核心技术转让带来机遇。在当前国际社会面临金融危机的情况下，企业面临资金短缺，为了克服自身的困难，不得不以项目方式输出部分高新技术，即实施"交钥匙工程"，以获取更大的发展空间。因此，国内一些高技术含量的订单也会随之而来。2009 年 2 月，我国赴欧洲采购团获取德国工业巨头蒂森—克虏伯向中国出售的部分高速磁悬浮列车的核心技术，还有医疗器械行业病员加温系统，以及生产一次性心电电极的核心技术等。目前，高新技术贸易是世界服务贸易中技术含量最高、发展最快、最具生命力和竞争力的贸易形态，这将助推西部现代服务业发展。第三，金融危机助推西部服务外包发展。在国际金融市场动荡的形势下，逼迫国内外更多的企业提升核心竞争力，寻求服务外包来降低成本。企业将其非核心的业务外包出去，利用外部专业化团队来承接其业务，从而专注于核心业务，达到降低成本、提高效率、增强

---

① 王必锋，王海兰. 全球性金融危机对我国服务业发展的影响探析［J］. 现代财经，2009（1）：82.
② 世界投资报告，2008：18.

企业核心竞争力和适应环境的能力，可见，这些有利于西部服务外包业的发展。第四，金融危机为西部服务型优秀人才引进带来良机。受金融危机影响，金融危机导致国外企业趋于谨慎、收缩战线，在人才招募方面也变得保守，国外很多服务型人才纷纷回流。如金融界不少人才已从华尔街转向我国西部等地区寻找工作机会。与往年优秀人才只想留在北京、上海等沿海大城市不同，西部各地服务业工作岗位也开始受到"海归"青睐，这给西部服务企业吸引优秀人才带来良机。

三、汶川地震要求西部现代服务业在重建中发展

2008 年 5 月 12 日汶川特大地震灾害波及四川省、甘肃省、陕西省、重庆市、云南省等 10 省（区、市）的 417 个县（市、区），总面积约 50 万平方公里。极重灾区四川省、甘肃省、陕西省 3 省以及重灾区的 51 个县（市、区），总面积132596 平方公里。① 特大地震灾害对全国经济，特别是西部现代服务业的冲击尤为突出。

（一）对西部现代服务业载体造成损毁

经济繁荣、科教文化发达，交通、通信、金融设施完善，才能为现代服务业的发展提供便捷的条件和坚实的后盾。这次地震灾害发生在龙门山断裂带，几个主要灾区四川省、甘肃省和陕西省等地震灾害及其引发的次生灾害导致这些地区直接经济损失达 8437.7 亿元，经济、社会发展速度明显减缓，现代服务业载体资源元气大伤。根据《国家汶川地震灾后恢复重建总体规划》统计数据，"5·12"汶川大地震损毁公路 34125 公里，受损学校 7444 所，受损医疗卫生机构 11028 所。从交通方面来看，需要恢复国道约 1910 公里，22 条省道约 3323 公里，12 条其他重要干线公路约 848 公里，还包括高速公路、铁路和民航的设备设施的恢复。在通信方面，恢复重建固定通信网交换机 113 万线、宽带接入设备 56万线，业务用房 68.7 万平方米，重建邮政综合生产营业用房 57 处、邮政支局385 处、邮政设备设施 2178 台。从商贸设施来看，需要恢复重建批发市场 181个，零售百货店 39 个、超市 79 个、农贸市场 267 个。金融机构修缮加固网点2315 个，原址重建 789 个，异地新建 294 个。从旅游来看，需要恢复重建都江

---

① 汶川地震灾后恢复重建总体规划，国发〔2008〕31 号。

堰、青城山、九寨沟、黄龙、武都万象洞、成县西峡颂、康县阳坝、舟曲拉尕山、青木川古镇、定军山、宝鸡炎帝陵等景区景点。

（二）对西部现代服务业支柱行业造成影响

按照李江帆的现代服务业支柱行业的分类方法[1]，以现代服务业各个行业占现代服务业比重超过 10% 为标准，从整体上来看，构成西部现代服务业两个支柱的行业是交通运输、仓储和邮政业，批发和零售业，分别占现代服务业的 15.9% 和 19.0% 。现代服务业的交通运输、仓储和邮政业，批发和零售业的发展依托于地区的硬件建设，这就要求地区具备较为全面的配套设施，这些支柱行业在很大程度上依赖交通、通信的支撑条件。目前，交通通信商贸在逐渐恢复中，直接对西部现代服务业支撑行业发展形成冲击。以重灾区省份之一四川省为例，四川省的支柱行业既包括交通运输、仓储和邮政业，批发和零售业，也包括房地产业，分别占现代服务业产值的 13.8% 、16.6% 、10.3%[2]。根据四川省统计局的统计，2008 年第二季度四川省批发零售业发展受挫，批发业企业的企业家信心指数较上季度下降 6.7 点，降至 120.1 点；零售业企业的企业家信心指数较上季度下降 14.5 点，降至 129.8 点。企业景气指数同步下降，较第一季度大幅下降 10.4 点。地震对四川省房产影响明显，企业家信心明显受挫，企业生产经营陷入低谷。根据四川省统计局的统计，2008 年第三季度，全省企业景气调查的房地产样本企业中，有 13.61% 的企业家对行业发展持乐观态度，有 52.89% 的企业家对行业发展持一般态度，有 33.50% 的企业家对行业发展持不乐观态度。2008 年第三季度，在全省企业景气调查的房地产业样本企业中，有 13.73% 的企业生产经营状况良好；有 57.01% 的企业生产经营状况一般；有 29.26% 的企业生产经营状况不佳。据此测算的反映四川省房地产业企业生产经营状况的企业景气指数为 84.5 点，较第二季度下降 12.7 点。总体来说，汶川地震对西部现代服务业支柱行业形成了较大的冲击。

（三）西部现代服务业的有效需求直线下降

现代服务业需求收入弹性高，在地震灾害期间，对生活和生产、生产相关的现代服务业需求急剧减少。重灾区经济受到重创，居民生产生活受到严重影响，

---

① 李江帆. 中国第三产业发展研究［M］. 北京：人民出版社，2005：53.

② 资料来源：《中国统计年鉴 2007》。

居民对食品、用品需求量明显增加，对现代服务业产品的需求相对减少，企业对生产性现代服务业需求减少。地震灾害之后，居民的生产和生活开始恢复，在重建恢复期间，现代服务业的有效需求较地震灾害期间有所回升；但与 2007 年同期相比，有效需求仍然不足。在房产需求上，除了重灾区地震造成大量房屋倒塌、损毁，需要政府主导重修重建以外，西部其他地区由于地震带给居民的巨大负面影响（包括心理）及其对房屋安全性的考虑，将使部分购房者暂缓入市，持币待购，房产需求明显减少，从而使原本就低迷的房产市场更加下滑。在旅游需求上，大地震对西部的旅游需求形成较大的冲击，不仅重灾区居民的出游需求将会受到抑制，而且全国其他地方的游客出于安全考虑也将回避灾区景点，导致西部地区旅游业有效需求明显下降。

第五章

西部现代服务业发展的重点
行业选择及分析

　　丹尼尔·贝尔的三阶段理论指出，人类社会分为三个阶段，第一阶段是前工业社会，第二阶段是工业社会，第三阶段是后工业社会。后工业社会的"意图"是"人与人之间的竞争"，其主要经济部门是服务部门。后工业社会是以服务行业为基础的，信息和知识在社会中扮演重要角色，财富的来源不再是体力、能源，而是信息。在这种社会里，以信息为基础的"智能技术"同"机械技术"并驾齐驱。国内学者郑吉昌对服务业革命进行了讨论，分析了服务业和制造业的关系指出，知识密集型的生产性（中间投入）服务业正成为企业提高劳动生产率和商品竞争能力的关键。目前，还有诸多学者对现代服务业发展的趋势和前景等问题进行了研究，这些研究对西部现代服务业重点行业选择具有重要启示。

　　本书结合现代服务业发展的相关研究和西部鲜活的现代服务业发展实践，选择了西部服务行业中信息技术含量较高、发展潜力较大、行业带动较强、投资效率较高、发展基础较好的几个重点行业进行探索。本书主要分析了现代信息业、现代金融业、现代物流业、现代旅游业。本章在对各个行业进行分析探讨的基础上，提出了发展西部现代服务业的重点行业的对策建议。

第一节　现代信息业

随着信息科技取得的突破性进展，人类社会开始进入崭新的信息时代。现代信息业成为各国、各地区带动产业结构优化升级和促进国民经济发展的先导行业。党的十五大确定了以信息化带动工业化，以工业化促进信息化的新型工业化道路，《国民经济和社会发展第十一个五年规划纲要》再次强调了这一正确的道路，并在规划纲要中专题论述了"积极推进信息化"及"积极发展现代信息业"等重要内容。在西部"十一五"规划中明确提出"统筹网络基础设施建设，提高西部农村和边远地区的网络覆盖率，积极推进电子政务、电子商务、远程教育和医疗等信息综合应用"及"加快信息基础设施建设"的重要任务。现代信息业的发展，不仅加快了西部经济的发展步伐，也对其社会生产和生活方式产生了深远的影响。

一、现代信息业分类及其特征

（一）现代信息业的含义及其分类

对于现代信息业的界定，目前是仁者见仁，智者见智，没有一致的定论。一方面，由于现代信息业涉及面广，与诸多服务部门有着千丝万缕的联系；另一方面，随着电子信息技术的发展，新型服务类型不断涌现，这导致难以对现代信息业做出全面、准确的界定。在借鉴前人研究成果的基础上，本书对现代信息业作如下界定：现代信息业是以开发利用信息资源为基础，以现代信息技术为手段，对信息进行加工、采集、存储、处理、传递、检索和利用，并以信息产品的方式为社会提供服务的新型行业，是信息业的重要组成部分。根据信息业出现的时间先后，将现代信息业分为传统信息业和新兴信息业。传统信息业主要是指在电子计算机广泛运用于各个行业之前就已经存在的若干信息服务部门。如邮政、传统电信服务业，电视、广播等大众传媒业，等等。新兴信息业是与传统信息业相对应，主要是指在电子计算机广泛运用于各个行业之后涌现出来的信息业。主要包括信息处理、系统集成、网络服务等（见图 5 – 1）。

（二）现代信息业的主要特征

1. 现代信息业是高渗透性行业

迅速发展的信息业具有极高的渗透性，现代信息业迅速向第一产业、第二产业的各行业渗透，使三大产业之间的界限模糊，出现了第一产业、第二产业和第三产业相互融合的趋势。由此三大产业分类法也受到了挑战。学术界提出了"第

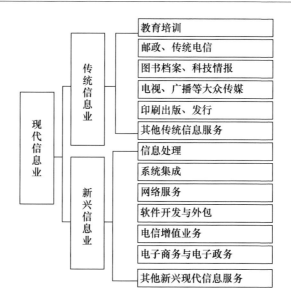

图 5－1　现代信息业分类

四产业"的概念，用以涵盖广义的信息产业。美国斯坦福大学博士马克·波拉特（M. V. Porat）在 1977 年发表的《信息经济：定义和测量》中，第一次采用四分法把产业部门分为农业、工业、现代服务业、信息业，并把信息业按其产品或服务是否在市场上直接出售划分为第一信息部门和第二信息部门。第一信息部门包括在市场中生产和销售的信息机械或信息服务的全部产业，诸如印刷、大众传播、广告宣传、会计、教育等。第二信息部门包括公共、官方机构的大部分和私人企业中的管理部门。除此之外，非信息部门的企业在内部生产并由内部消费的各种信息服务，也属于第二信息部门。① 目前，现代信息业已经广泛渗透到各个产业。

2. 现代信息业是知识密集型行业

知识密集型服务业就是知识的生产、储备、使用和扩散等服务的行业。知识密集型服务业是以信息技术和专业知识为基础，具有高增值性、高度顾客导向性的新兴服务产业。如教育、情报、咨询、新闻、广播、报刊、出版、图书馆等，

---

① 网络经济（Network Economy）：国际互联网引发的经济革命，http：//baike. baidu. com/view/11250. htm。

都是以知识、文化、智力的开发、研究、传播为职能的现代服务业。由于大多数的知识、技术和信息有利于模仿学习，这些服务产品可以提供给人们多种技能的训练机会，从而提高人力资本素质，使劳动生产的技术收益最大化。现代信息业主要依靠智力劳动向社会、个人或团体提供知识服务，它常表现为一种建议、点子、方法、技术方案以及对工作、决策和行动有用的知识、判断、工作流程等。由于信息业生产和传递的知识内容是一种客观上已认识的事物或者是客观存在的事物，是人类的精神财富，因此现代信息业的从业人员应该具有较高的专业水平，如科学家、工程师、经济师、医师、教授等。

3. 现代信息业对高素质人才和现代科技具有极大的依赖性

现代信息业是从事知识的生产、储备、使用和扩散等的服务行业。在信息生产和使用的任何环节，都是以人为中心来进行的。古代的人才是以通才为主，近代的人才是以专才取胜。而在信息时代背景下，现代的人才则是在专才基础上的通才。现代信息业不仅要积累和学习前人留下的知识遗产，更应该在掌握一定的现有知识的基础上，懂得如何寻找合适的工具以及寻找合适的方法去猎取自己所需的知识或信息，要懂得如何分解、合成、提取、加工日益膨胀的信息。在对信息进行生产、加工、处理的过程中，需要有创新，需要运用新的思维方法和借助新的科学技术来实现突破。整个过程要以现代通信、信息技术为支撑，以保障现代信息业知识生产的质量与实现信息的有效传播。

4. 现代信息业是边际成本递减、边际收益递增的行业

随着生产规模的扩大，信息业边际收益和边际成本显现出不同的变化。在工业社会产品生产过程中，边际效益递减是普遍规律，因为传统的生产要素——土地、资本、劳动力都具有边际成本递增和边际效益递减的特征，与此相反，现代信息业却显现出明显的边际效益递增与边际成本递减的特征。其主要原因是现代信息业成本主要由三部分构成：一是信息与技术的研发成本；二是信息的收集、处理和制作成本；三是信息传递成本。由于信息研发的成果可以长期使用，其边际成本为零，加之信息传递成本随着信息量的多少变化不大，因此平均成本都有明显降低的趋势。即使信息的收集、处理和制作成本会随着信息量的增加而增大，但其平均成本和边际成本都呈下降趋势。因此，现代信息业规模越大，总收益和边际收益就越大。

5. 现代信息业增长较快

自 20 世纪 50 年代开始，现代信息业在社会经济各方面都获得广泛的应用，全世界以年均 20% 的速度增长，形成了巨大的产业规模，并产生了巨大的经济效益。随着现代信息技术的飞速发展，中国现代信息业发展迅速，近年来，中国信息服务市场一直保持 20% 以上的增长速度，其中以互联网信息服务为主的数字内容服务增长速度明显快于其他信息服务的增长速度①。以印度为例，印度现代信息业的发展始终以软件业为核心，印度近年的软件产业在国际市场上每年都以 30% 以上的速度增长，软件业的飞速发展带动了印度现代信息业的蓬勃发展。

二、现代信息业在西部经济中的作用

（一）加强了西部和国内外其他地区的经济联系

西部地处我国内陆，近几年来，随着电话和计算机的普及，网络技术迅速发展，信息业正在以人们难以想象的速度改变着西部的面貌。西部通过各种通信手段与世界各地进行广泛的业务联系。人们可以足不出户就迅速了解世界各地的经济动向。随着东西部地区"数字鸿沟"逐渐缩小，来自各国（地区）的企业及其办事机构进驻西部。西部的各大银行、跨国公司等，除了有全球性信息管理系统外，绝大多数在互联网上设有网址和网页，有些公司还通过国际网络提供各类服务。目前，互联网已让西部地区逐步进入"信息高速公路"。

（二）提高了诸多行业的经营管理水平

随着信息化程度的逐步提升，西部各个行业的经营管理水平不断提高。信息资源在经营管理中起着至关重要的作用。信息化对制造业发展的促进作用体现在四个方面②：一是在产品上，通过信息技术与先进制造技术的融合，传统的产品融入信息、计算机、激光等高技术，使之成为机电一体化产品、现代技术集成产品，从而使产品的功能提升、智能化水平提高，以满足信息时代对机械产品的要

---

① 《北京市信息业发展报告 2004》。
② 《机械》杂志记者. 制造业信息化的促进作用对机械工业产生的影响［J］. 机械，2006（2）：65-66.

求；二是设计、制造过程的自动化和智能化，使设计周期大大缩短、设计成功率提高、设计成本降低、市场响应速度提高，使制造过程自动化、智能化程度提高，产品质量和一致性提高，劳动强度减低；三是在企业层面上，将企业的各类信息集成，形成资源共享，提高企业的管理水平、工作效率、经济效益，从而提高企业的市场竞争力；四是在企业间实现信息的互通互联，使不同企业的资源实现共享，大大改变了制造业的组织、研发、生产和经营模式，减少重复建设和资源的浪费，以适应经济全球化和网络化的要求，增强了产业的整体竞争力。目前，信息业广泛服务于各个行业，提高了各个行业的效率。如物流业，各个环节广泛应用信息技术，具体表现在物流信息的商业化、信息数据化、信息传递的标准化、信息存储的数字化，等等。目前信息业是物流行业发展重要的支撑和保证。如在医疗行业，应用信息系统后，医院的病人信息、药品物资信息及卫生经济信息均全部上网运行。充分利用系统信息，提高管理水平，现代信息业是管好、用好医院信息系统的重要内容。综上所述，现代信息业提高了诸多行业的经营管理水平。

（三）加速了居民生活的现代化进程

人类社会生活最终是由社会生产力决定的，当今社会科学技术是第一生产力，信息业作为现代化产业体系的前导要素，加速了城乡居民生活的现代化进程。由科学技术引领的社会信息浪潮迅速改变社会的面貌、改变人们的生产方式和生活方式，对社会生活产生了巨大影响。如移动电话的普及使亲人、朋友间的联系更加紧密，计算机和网络的出现真正实现了资源共享，虚拟商场带来了购物方式上的变化，网络银行成为家庭理财好助手，等等。西部一些公共服务机构也利用电脑进行管理，如到医院就诊、公用事业的收费等，诸多服务实现信息化管理，极大方便了居民的生活，提高了西部居民生活的质量。

（四）促进西部产业结构向高级化、科学化方向发展

信息化通过影响投资结构、需求结构、就业结构来影响产业结构，最终实现现代信息业引导产业结构的优化升级。信息化有利于西部产业结构向高级化、科学化方向发展。通过现代信息业，西部产业信息交换速度加快，西部产业信息能够迅速地对外传播，外部产业信息能够迅速获取。信息产业作用主要体现在以下方面：一是为政府、经济实体的产业优化决策提供引导；二是为西部内外资本拥有者的产业投资提供引导；三是为西部内外的产业联合与发展提供引导；四是为

从业者产业知识普及提供引导；五是为农村产业人口流动提供引导。通过有效的信息网络，帮助信息需求者了解国际、国内、区域产业结构现状，了解行业动态与走向，预测未来，引导使用者根据西部的禀赋条件进行相关分析，进行产业调整与优化。

三、西部现代信息业发展的现状与问题

（一）西部现代信息业发展的总体状况

随着经济信息化趋势的日益明显，现代信息业成为推动西部经济发展的助推器。根据统计显示，2014 年互联网上网人数 1.48 亿，占全国的 22.8%；2014年，全国电话普及率是 112.26 部/百人，除内蒙古自治区、宁夏回族自治区、新疆维吾尔自治区和陕西省外，其他地区的电话普及率不及全国水平；从平均每人每年发函件数看，2014 年全国平均发函件数 4.1 件，西部 12 个省市区均不及全国平均水平①。

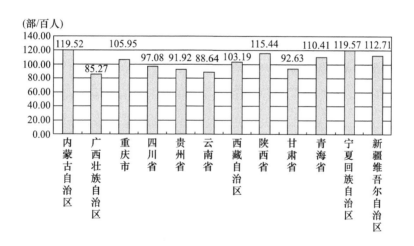

图 5-2 西部地区电话普及率

资料来源：《中国统计年鉴 2015》。

---

① 资料来源：《中国统计年鉴 2015》。

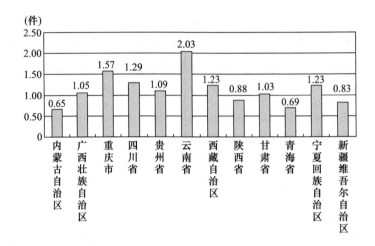

图 5 - 3　西部地区平均每人每年发函件数

资料来源:《中国统计年鉴 2015》。

(二)　西部现代信息业发展存在的问题

现代信息业越来越受到重视,无论是发达国家还是发展中国家,信息水平均已达到较高程度。目前,在西部现代信息业发展过程中,仍存在以下一些问题:

1. 西部信息产业分布较为分散,未形成集聚优势

高新技术企业的集中随之产生了高新技术研发信息、产品生产信息、市场需求信息等的汇聚,从而使高新技术企业可以在技术、信息等方面实现资源共享。信息产业在区位上邻近,能在一定程度上降低企业的运营成本,提高劳动生产和经营的效率。目前长三角、珠三角、环渤海湾地区已经形成了全国三大信息产业集聚带,北京中关村的软件业集群、苏州高科技园区的 IT 制造业集群和东部 IT 聚集带的格局已经形成。这些优势产业集群的形成不仅大大增强了其信息产业的区域竞争力和市场开拓能力,而且成为引领地方经济发展的重要引擎。而在广大的西部地区,虽然出现了西安市、成都市、重庆市等几个信息产业发展较快的区域,但都没有形成能够体现信息产业发展规模与区域优势的产业集群,无法充分发挥西部信息产业对前向、后向产业的辐射带动作用,在一定程度上影响了信息产业在西部经济中的贡献。

2. 地区和城乡发展不平衡,"数字鸿沟"明显

据国家统计局普查中心第二次基本单位普查资料显示,全国 31 个省市区的

现代信息业单位中，北京市、上海市、广东省、江苏省、浙江省五省市单位的总和已占全国单位总数的56.2%，而西部地区的宁夏回族自治区、青海省、西藏自治区、贵州省、甘肃省共有现代信息业单位3930个，只占单位总数的2%。由此可以看出现代信息业在区域分布上极不平衡。东部地区的现代信息业发展较快，成为"信息资源富集区"，而西部地区在信息技术掌握和运用方面与东部地区形成明显的差异，成为"信息资源匮乏区"。"数字鸿沟"在一定程度上制约了西部地区现代信息业的发展。从西部内部的城乡分布来看，西部现代信息业主要集中在城市，而广大的农村地区基本上处于"盲区"状态。

3. 现代信息业"技术装备"落后，研究开发人才匮乏

目前，西部地区信息化水平还比较落后。不仅门类不全，而且众多企业技术装备落后，信息技术研究相对滞后，特别是软件开发、系统集成、数据库建设、信息处理等方面均有待发展。信息基础设施是信息产业发展的基础，改革开放以来，国家不断加大对西部地区基础设施的投资规模，大力发展西部地区的交通、邮电、通信等事业，为西部地区信息产业的发展奠定了一定的基础。由于受总体经济实力的限制及西部地区自身财力的局限，用于西部地区信息基础设施建设的资金仍显不足，加之西部地区原有信息基础设施落后，导致目前西部地区信息基础设施大大落后于东部发达地区。当前，部分偏远农村地区至今仍不能收听到广播，收看到电视或者通上电话。从西部现代信息业从业人员的状况来看，现代信息业专业人才匮乏，从业人员素质普遍偏低，文化层次不高，构成不合理，在一定程度上导致西部不能有效抢占信息科技的制高点，构建区域信息高地。改革开放以来，东部地区经济发展迅速，由于能够为人才提供良好的工作环境及生活待遇，对人才的吸引较大。国内"孔雀东南飞"现象十分明显，西部地区人才大量外流，加重了西部地区人才匮乏状况。

4. 缺乏区域间的联动与合作

西部地区现代信息业都是在现行行政管理的框架下发展起来的。事实上，在现实的经济活动中，经济社会的发展已经突破了行政区的边界。过去区域间的联动与合作很少，导致了信息产业的区域布局与区域资源禀赋相脱节，信息产业结构雷同，从而大大降低了西部信息产业的竞争力。目前，在信息和科技的推动下，全球将变成一个地球村，经济全球化对区域经济的影响日益明显，区域缺乏联动和合作将给区域发展带来更大的负面影响。

四、促进西部现代信息业发展的对策

西部应当高度重视发展信息产业，无论是在农村还是在城市，现代信息业都是区域现代化建设的重要推动力，已广泛渗透到经济社会的各个领域。国务院西部开发办负责人曾说："现代经济发展规律告诉人们，以信息技术的广泛应用为核心，不断开发利用各类信息资源，加速发展信息产业，可以有效提高劳动生产率，明显降低资源消耗和生产成本，大幅度减少生态破坏和环境污染。"西部地区的发展是我国一项长期、艰巨的历史任务，全面落实科学发展观，需要大力推进西部信息化建设。

（一）加强现代信息业战略规划，彰显既有资源优势

西部要制订现代信息业战略规划，应突出现代信息业的既有优势。在政策上实行重点倾斜，用财政、信贷、税收等经济手段保证现代信息业的优先发展。首先，从西部地区信息资源建设的实际出发，现阶段应重点考虑大力加强各种媒体数据库的文献资源、专利等现代科技信息资源建设。其次，必须针对本地区社会发展及经济建设的重点、热点问题，加强对信息资源的综合处理，为西部现代化建设提供广泛的信息资源。再次，要积极挖掘现有资源的潜力，特别是具有西部特色经济的信息资源。最后，对软件开发、数据库维护、信息网络经营、信息加工处理和咨询服务等新兴知识和技术密集型行业，政府在财税政策上应给予特殊优惠。支持符合条件的现代信息企业进入资本市场融资，鼓励和允许上市公司以资产重组和增发新股方式进入现代信息业，并通过信息网络对之进行广泛宣传，以促进西部地区经济和社会的发展。

（二）统筹城乡和区域协调发展，缩小现代信息业发展的差距

迅速发展起来的信息革命和网络革命，既可能为落后地区的发展带来一次跨越式发展的机会，但也可能与发达地区的发展差距进一步加大。缩小信息差距是西部在新世纪实现新的追赶、缩小地区差距和城乡差距的重要内容。可以从如下几个方面考虑：①尝试全面开放电信增值服务业，形成有效竞争。由于移动电话资费不断下降以及新增用户多为利润率较低的低端用户等原因，传统话音业务每用户平均收入值的下降趋势十分明显。移动增值服务市场方兴未艾，其每用户平均收入值不断攀升，弥补了传统话音业务的下降，逐渐成为新的经济增长点。从

统计数据来看，西部人口占全国人口的28%，而西部地区电信业务量2006年仅占全国的19.7%。因此西部地区的电信市场业务比例不大。全面开放西部电信增值市场不会对整个电信业形成太大的冲击，反而有利于这些地区信息基础设施建设的发展，同时为中国电信业全面开放提供缓冲机会。②实现电信网、有线电视网和计算机互联网的"三网融合"。在西部，加快发展城乡有线电视网，并使之成为互联网信息传输的重要载体之一。综合利用既有基础网络资源，使公用电信网和各部门专线电信网互联互通，实现规模经济。③加大政府对西部城乡信息基础设施的投入，采用各种激励手段鼓励有实力的非电信企业、民营资本、外资普遍参与信息基础设施建设。

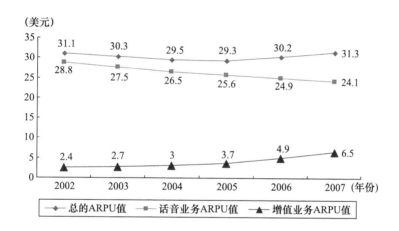

图5-4　全球电信用户每月收益

资料来源：电信行业专题报告（2008）。

（三）加快现代信息业人才培养，稳定现有队伍

信息人才是实现信息资源网络化高效管理的决定力量，在西部加强信息资源网络化的人才队伍管理迫在眉睫。西部应该在全面提高信息服务人员整体素质的同时，加强信息人才队伍管理和建设。坚持一流人才给予一流报酬，以高报酬激励人才在最佳工作年龄段充分发挥才干。知识管理专家玛汉·坦姆仆经过大量实证研究后认为，激励知识型员工的前四个要素依次是个人成长、工作自主、业务成就和金钱财富。区域吸引来的人才都是知识型人才，除了物质激励，更有精神层面的激励。应加强以下几个方面的工作：一是建立体现人才价值的分配机制，

建立市场工资机制。人才的价值是由市场供求关系确定，工资报酬按市场机制调节，建立以业绩为取向的分配机制。通过对优秀人才实行股权制、期权制，大力推进管理、技术等生产要素参与分配制度，使人力资本产权得以实现，这才能从根本上解决人才的分配问题，也才能从根本上留住人才。二是帮助人才做好职业生涯规划。提供富有竞争力的薪酬固然重要，但是如果不能提供成长的空间和发展的机会，人才迟早还是会选择离开。结合企业的发展方向和人才的意愿，帮助人才绘制职业发展蓝图，在促使人才个人发展和对企业的贡献上有效融合，搭建适合人才发展的平台，实现自我价值。三是重视区域领导者的作用。领导对人才的重视、选拔、使用是用好人才、留住人才的关键，各级领导应具备宽广的胸怀，以科学的人才观为指导，把品德、知识、能力和业绩作为衡量人才的主要标准，以留住优秀人才，用好优秀人才。

（四）各地区实施城市先行、区域联动战略

首先，城市先行战略。城市是区域经济社会能量高度聚集的空间载体，也是区域信息化集中与扩散的中心地带。中心主导的信息化模式确定了城市在区域信息化的突破口与切入点的功能，西部应该巩固重庆市、成都市、西安市核心地区信息产业的发展。重庆市是国家主要的光电子技术研究与生产基地，有国家级的光电子研究所、高等院校和一大批光电子人才，在光电子、微电子、通信、软件等领域具有国内相对优势。成都市是中国西部地区重要的中心城市，也是中国西部地区信息化水平较高、网络基础设施良好的城市，成都市软件业始终坚持技术创新，在网络的软件支撑平台、操作系统、智能数控系统、信息安全、数据通信等软件关键技术方面居于国内领先水平。西安市是我国科研教育、国防科技与高新技术产业的重要基地，形成了以集成电路设计、通信设备制造、计算机软件开发、电子基础材料及元器件等产品为主的产业集群。西部要推动信息化，要实施城市先行战略。其次，实施区域联动。西部应该充分利用这几个城市的先发优势，带动其他城市和地区的发展。西部的发展需要发挥西部"金三角"的辐射带动作用，以这些数字城市为信息化的增长极，推动大城市和中等城市的数字化、智能化建设，并与城市体系的构建相辅相成，提高城市的综合竞争能力，带动周围地区的信息化进程，是当前西部信息化的重要路径。

第二节　现代金融业

一、现代金融业的界定与特征

当前随着我国金融体制改革的不断深入，西部金融市场的竞争将进一步加剧。现代金融业是现代市场经济的血脉，是各种社会资源以货币形式进行优化配置的重要领域，关系到整个国家的经济安全。[①] 目前，西部现代金融业已经形成了与社会主义市场经济相适应的以银行、信托、保险为主的金融服务体系，要深入分析西部地区金融创新存在的问题，并采取积极有效的对策措施，促进西部现代金融业的发展，发挥其推进西部发展和支持西部经济建设的积极作用。

（一）现代金融业的界定与分类

理论界对现代金融业一直存在争议，到目前为止，尚无一个确切的、统一的定义。英国学者亚瑟·梅丹（2000）将现代金融业界定为"金融机构运用货币交易手段，融通有价物品，向金融活动参与者或者是顾客提供的共同收益、获得满足的活动"。美国国会1999年通过的《金融服务现代化法》认为，金融包括银行、证券公司、保险公司、储蓄协会、住宅贷款协会及其经纪人等中介服务。[②] 本书采用英国学者亚瑟·梅丹（2000）对金融业的界定。

按照《国民经济行业分类（GB/T4754—2002）》的界定，现代金融业包括银行业、证券业、保险业和其他金融活动四个大类，在银行业中分为中央银行、商业银行和其他银行；证券业包括证券市场管理、证券经济与交易、证券投资、证券分析与咨询；保险业包括人寿保险、非人寿保险、保险辅助服务；其他金融活动指的是银行、证券、保险以外的金融活动，包括金融信托与管理、金融租赁、

---

① 王守法. 现代服务业产业基础研究［M］. 北京：中国经济出版社，2007：68.

② 何德旭，王朝阳. 金融服务业的若干理论与现实问题分析［J］. 上海金融，2003（4）.

财务公司、邮政储蓄、典当和没有列明的金融活动①。

（二）现代金融业的特征

由于现代金融业的界定各不相同，因此在统计口径上存在较大的差异，国外学者富克斯和斯蒂格勒曾说过，"在服务行业的界定或者分类问题上，都不存在任何权威性的一致意见。"黄少军认为，现代金融业与传统金融业相比，具有如下一些显著特征②：首先，现代金融业的实物资本投入较少，其产出却难以确定和计量，而传统金融业则相反；其次，现代金融业与信息生产、传递和使用相关功能更为明显，金融信息成为经济活动的重要资源，而传统金融业的功能是资本融通的中介；最后，金融活动日趋复杂和高度信息化对现代金融从业人员提出了高要求，现代金融业逐步成为知识密集型和人力资本密集型产业。

邬爱其和张海峰认为，西方国家现代金融业主要有以下特点③："第一，中介机构多样化且对家庭的影响增强。各种基金管理公司不断涌现，各种基金占个人资金的比例呈上升趋势。第二，中介机构活动中心发生了变化，即由原来的降低交易费用和提供信息转向资本的风险经营。第三，中介机构与家庭的联系更趋广泛与紧密。高收入家庭由原来的直接参与市场运作转变为将资金交由中介机构运营，从而扩大了中介机构的交易对象。市场交易的商品增多、市场参与主体发生重大变化。市场中出现了品种繁多的金融衍生产品，如股价指数、期权、期货以及利率转换，丰富了交易者的选择方案；市场日益成为中介机构和大公司的市场，家庭直接进入市场交易的概率不断减小。"可见，现代金融业变革的实质就是中介机构与相关主体进行关系整合的过程。

就一般特性来说，现代金融业与其他行业相比有如下特性：其一，指标性：金融的指标数据反映了国民经济的状况。其二，垄断性：未经中央银行审批，任何单位和个人都不允许随意开设金融机构。其三，高风险性：其任何经营决策的失误都可能导致大的风险。其四，效益依赖性：效益取决于国民经济总体效益，受政策影响很大。其五，高负债经营性：相对于一般商业银行而言，其自有资金比率较低。

---

① 国家统计局，http：//www.stats.gov.cn/。

② 何德旭，王朝阳．金融服务业的若干理论与现实问题分析［J］．上海金融，2003（4）．

③ 邬爱其，张海峰．西方发达国家金融业的变革及其对我国的启示［J］．技术经济，2001（6）：33.

二、现代金融业发展的趋势

（一）混业经营是大势所趋，对金融风险控制提出更高要求

"金融业的混业经营，是指银行、证券公司、保险公司等机构的业务互相渗透、相互交叉，而不仅仅局限于自身分营业务的范围。"[①] 金融混业经营概念有狭义和广义之分。狭义的概念，它主要指银行业和证券业之间的经营关系，金融混业经营即银行机构与证券机构可以进入对方领域进行业务交叉经营。广义的概念是指所有金融行业之间的经营关系，金融混业经营即银行、保险、证券、信托机构等金融机构都可以进入上述任意业务领域甚至非金融领域，进行业务多元化经营[②]。西方发达国家的实践经验证明，混业经营是在防范金融风险、强化现代金融业监管的一种过渡时期的安排。混业经营的实质是通过调整和改进业务结构，满足客户对金融服务全方位、多层次的需求，将过去需要多家金融机构共同提供的多种金融产品和金融服务集中到一家机构集中提供，从而使客户能够得到质量与效率更高、成本费用更低的服务。混业经营风险过于集中，对金融风险控制提出了更高要求，目前现代金融业控制风险的能力还需要进一步加强。据研究表明，客户从同一个金融机构购买的商品种类越多，他离开这家机构转买别家金融商品的概率也就越低。目前混业经营成为现代金融业发展的趋势。

（二）网上交易规模逐渐扩张，成为金融增长的新亮点

以计算机和网络通信技术为特征的信息技术为现代金融业的网络交易搭建了新的交易平台。现代金融业传统经营方式及其业务开展都开始实现升级换代，各金融机构争先开展业务创新，参与世界的竞争。首先，网络交易平台的迅速扩大，拓展了现代金融业的辐射半径，覆盖了更为广阔的领域，在空间和业务量上都有新的突破。其次，网上交易有低成本的优势，对现代金融业提供商来说，开展网上交易不需要太多的投入。虚拟的网上机构让营业部的数量、经营面积、营业部工作人员都可以减少，从而降低成本。网上交易商可以为广大客户提供全新的服务。配合快速方便的信息服务，如现代金融业提供商可以将客户需要的各种

---

①　冯彬．我国金融业实行混业经营问题探究［J］．经济与管理研究，2002（1）：48-49.

②　徐磊．内地金融混业经营：渐进的改革［J］．经济学报，2005（5）：28.

市场信息和研究报告等定期发送到客户的电子信箱，客户也可根据需要设定关注的信息种类，系统自动帮助客户动态检索信息。这大大提高了金融市场信息流通速度，使客户获得信息的时间缩短，从而有效实现金融资源配置。最后，网上提供服务信息，让金融服务的内容更为透明，信息更易获得，也更为合理，有利于推动现代金融业的创新。

（三）金融衍生产品日益丰富

金融衍生产品日益丰富，传统投资方式越来越不能满足大众日趋增长的需求，理财产品日益丰富，市场上越来越多的产品可供投资者选择。金融衍生品是金融创新的成果，同时也存在诸多风险。为了提高理财产品的吸引力，银行等金融机构将目光投向更广阔的投资领域，利率、汇率、指数、石油、黄金、股票等各类金融指标都成了投资挂钩的对象。银行拥有金融超市的地位，可以根据市场环境转换营销重点，保持理财业务的持续增长。例如，2005 年银行保险产品的热销为银行贡献了大量手续费用收入，2006 年和 2007 年资本市场的繁荣令银行将营销重点转移到基金产品。伴随着居民理财观念不断深入，金融衍生产品将日益丰富。

（四）金融聚散效应日趋明显，区域带动效应不断放大

聚散效应在空间上表现为区域中的地域分化。由于社会经济条件不同，各地区将会出现具有比较优势的某些部门和产业，从而实现产业地域分化。"功能聚散效应包括两个基本效应，即类聚效应和异分效应。所谓类聚，即同类相聚；异分，即异类相分，它们是通过类聚元和异分群来实现其作用的。类聚元亦称类聚核，即空间集聚中初始微小条件出现的随机过程，一旦初始微小类聚元出现，也就是初始条件的具备，就会不断演化形成复杂形态。类聚极也称类聚极限，指类聚是有限度而不是无限增大的。当类聚达到一定程度，就要开始内部分化，为异分作准备。类聚达到一定程度，会发生形态的'崩塌'转向异分，这时异类空间分异，出现异分群。但在异分的同时，仍然进行着类聚，在类聚中亦存在异分。"[①] 在过去的几十年发展中，金融高度集中在国际性大都市，如美国纽约、英国伦敦、日本东京及我国香港等。据统计，目前外汇交易量的 60%、国际银行贷款的 40%、国家债券发行的 30% 以上集中于纽约、伦敦、东京这三大国际

---

① 张宇星，韩晶. 城镇空间的演替与功能聚散效应研究 [J]. 新建筑，2005（1）：45.

金融中心。① 金融机构与金融业务集中于国际大都市的金融中心，目前金融机构的合作更为广泛，其辅助产业，如广告业、传媒业等实现了资源共享，这正是聚集效应和外部规模经济带来了现代服务业的良性发展。

三、西部现代金融业的现状与问题

（一）西部现代金融业状况

现代金融业是经济发展的血液，但也是西部现代服务业最薄弱的环节。大力发展现代金融业，关键是要不断完善金融服务的手段，通过银企合作等方式实现创新，营造良好的投资环境，丰富金融服务产品，拓展投资的渠道和领域，降低投资的门槛，加强金融监管和建设金融安全区，要规范和提升证券交易市场，培育和引进保险企业，形成良性的行业竞争态势。

西部地区总体经济基础差，产业结构不合理，农业比重偏大、工业基础脆弱、第三产业发展还不健全。2014 年西部地区生产总值为 690570.78 亿元，占全国国内生产总值的 20%②；相对西部 GDP 在全国 GDP 中所占的比重，现代金融业的发展更为滞后，有待于以后现代服务业发展规划中加大现代金融业的发展力度。在 2014 年，西部金融产值占地区产值的比重仅占 6%，西部现代服务业从产业规模总体来看，在整个区域经济中发展的比重偏低，但相比过去有了很大的发展。

（二）西部金融业发展存在的问题

现代金融业是区域经济发展的引擎。随着经济全球化的进一步推进，西部地区既面临国内发达地区金融机构和金融市场的竞争，也面临国外金融机构和市场的压力。西部面对国际国内金融业的挑战，实现地区金融跨越式发展，需要找到地区金融业存在的问题。就目前来看主要存在以下问题：

1. 金融市场管理体制不完善

首先，由于国内管制体制方面的一些因素，金融服务领域对内资仍然实行严格的行政性准入限制，使内资企业与外资企业不能展开公平竞争。其次，随着我国宏观经济体制改革和各个地区改革的不断深化，从现行的管理内容和管理方式上看，

---

① 王守法. 现代服务业产业基础研究 ［M］. 北京：中国经济出版社，2007：100.

② 国家统计局. 中国统计年鉴 ［M］. 北京：中国统计出版社，2007.

过多地采用了行政干预的方式，金融市场带有浓厚的人为推动的痕迹，现代金融业容易受到政策因素的影响，使市场随着政策的变动而发生较大的波动。再次，我国对外资金融机构基本上实行直接管理，整体功能协调性弱化，优势发挥不够，管理的效率较低。最后，在金融法制建设方面也存在着较多问题，如现行的法规落后于金融市场发展的需要，甚至某些领域没有受到应有的规范和约束，等等。

2. 现代金融业发展的总体水平较低，区域发展结构不协调

2014 年西部现代金融业产值在全国产值中的比重为 19%，现代金融业发展的总体水平较低。西部各个省市区金融业产值如下：第一梯队，四川省和重庆市的金融产值较高，年产值超过 1000 亿元，分别为 1828.09 亿元、1225.27 亿元；第二梯队，年产值超过 500 亿元，包括内蒙古自治区、广西壮族自治区、云南省、陕西省、新疆维吾尔自治区，金融产值分别为 724.16 亿元、876.47 亿元、860.98 亿元、948.93 亿元、536.94 亿元；第三梯队，包括贵州省、西藏自治区、甘肃省、青海省和宁夏回族自治区，金融产值分别为 491.65 亿元、55.58 亿元、364.84 亿元、175.21 亿元、230.16 亿元（如图 5 - 5 所示）。现代金融业发展水平与西部服务发展水平测评的结果趋势一致，在西部服务发展水平测评中名次靠前的地区，在现代金融业发展水平总量上较为突出。如四川省和重庆市，现代服务业发展整体水平较高，在现代金融业的产值上，产出也较高；宁夏回族自治区、青海省和西藏自治区，现代服务业发展整体水平相对较低，在现代金融业的产值上，产出也较低。

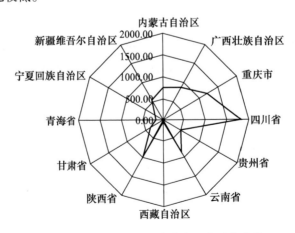

图 5 - 5　2014 年西部各个省市区金融业产值

资料来源：西部各个省（市、区）2015 年的统计年鉴。

3. 金融机构的业务创新能力不强，处于被动模仿的地位

一方面，国外金融工具种类繁多，能够为客户提供全方位的金融服务，而且对新型金融产品的开发能力相当强，在金融业务上不断超越、创新；另一方面，目前西部金融机构的金融开发技术比较落后，电子化程度较低，金融工具和品种单调，受到信息技术及其资金支持力度的限制，缺乏自主创新能力，在金融创新中处于被动模仿的地位，对于涉及的新技术、新方法都应接不暇，难以在目前的发展状况下实现金融机构业务能力的创新发展，利用金融创新获取利润和占领市场主动权的能力较差。

4. 金融监管存在"监管真空"

在监管体制方面，我国金融监管主要依靠"三会"（银监会、证监会和保监会），社会监管层基本还处于空白状态，而且监管内容大都以合规性监管为主，对预防性监管的关注不充分。随着金融创新的发展，新的金融产品不断涌现，混业监管不能适应金融机构业务相互交叉的新形势，容易因为领域界限不清和责任不明而出现"监管真空"，尤其是对场外进行的金融衍生产品交易，很难对其监管责任做出明确的规定。在有利可图时，监管机构可能相互争管理，其结果可能是多头管理，一旦出现监管不力，各监管机构则相互推卸责任。

四、促进西部现代金融业发展的对策

（一）健全金融管理体制，深化金融体制改革

金融体制改革，不仅是西部的课题，也是全国性的课题。继续深化金融体制改革，建立现代金融服务体制，这是一个破旧立新的过程。目前，西部金融服务领域对内资仍然实行严格的行政性进入限制，使企业不能展开公平竞争，竞争主体不充分。首先，必须打破国有经济的垄断格局，引导和鼓励民间资本进入，加强现代金融业中各种所有制的竞争力度，提高市场机制的调节作用，从而形成良好的金融竞争环境。其次，要建立现代金融企业制度，在国家控股前提下对国有商业银行实行规范的股份化改造，将国有独资商业银行改造成股份有限责任公司，从而实现国家作为出资者的所有权和商业银行作为独立法人的财产经营权分离，实现银行产权主体的多元化，将经营者的利益和其工作绩效联系在一起，真正建立银行追求利润最大化的内在运行机制。最后，从体制层面，积极发展金融

主体，如西部地区性投资开发银行、发展保险公司、证券公司、基金管理公司等非银行金融机构，加快信托投资公司、财务公司、金融租赁公司等非银行金融机构的发展。鼓励金融企业间相互兼并，实施资产重组，整合资源，盘活存量，实现金融主体低成本扩张。支持有条件的商业银行建立银行控股公司，参股其他非银行金融机构，实现混合业务，以提高其核心竞争力。

（二）进一步完善金融政策体系，推动西部金融业发展

在推动西部大开发的过程中，可以学习借鉴国外的经验。美国在设置商业银行的资本金时对不同地区有不同的要求，而这种由于地区差异对商业银行资本金所做的不同规定，对促进经济欠发达地区的金融发展十分有利。对不同地区，应根据实际情况，采取不同的区域金融政策（如图 5 - 6 所示）。中央政府根据不同的行政区进行分类，制定区别化的金融政策；地方政府根据本地的实际情况，选择和采用适宜本地区发展的金融政策。"不同的功能区在国民经济运行中所承担的任务不同，经济行为选择的方向不同。"[1] 根据地区不同，考核的指标有所差异，这样就可以突破异质行政区实施的同质化管理的模式，因地制宜，推动区域现代金融业的发展。

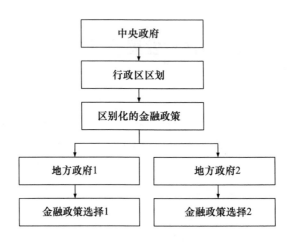

图 5 - 6　区域金融政策运行

---

① 杜黎明. 主体功能区区划与建设——区域协调发展的新视野 [M]. 重庆：重庆大学出版社，2007：81.

针对西部经济发展的资金短缺及金融市场基础薄弱问题，可考虑在财政和金融政策上给予相应支持。一是利用财政投融资体系，向西部注入资金。二是实行地区差别式法定准备金制度，提高西部货币乘数，可以考虑在东部发达地区的存款准备金率高一些，而西部欠发达地区低一些，使中央银行能集中部分发达地区的资金支持欠发达地区，从而达到支持区域经济协调发展的目的。三是实行地区差别式利率政策。在全国统一基准利率的前提下，可赋予中央银行各大地区分行不同程度的利率浮动权，并最终使西部实际贷款利率低于基准利率，以达到资金的吸收效应。四是降低西部地区设立金融机构的标准，增加区域性股份制金融机构。

　　（三）稳步发展综合类金融服务

　　金融衍生产品是金融创新的成果，部分专家学者认为目前金融危机在很大程度上都是这些复杂衍生产品过度创新所导致，因此金融创新、衍生产品就有了"坏"的名声。总体来说，很多主流的学者认为，金融创新成果——金融衍生产品只是一个工具，出了问题不能怪工具，因此，人们还得发展这些工具。长江商学院教授、康奈尔大学金融教授黄明认为，金融衍生品分为简单金融衍生品和复杂金融衍生产品，区分标准是按照衍生品的定价以及它代表的风险计算模型是否复杂来确定。他认为简单的金融衍生产品对社会有益，它的风险监管层和企业知道怎么理解，怎么控制，要鼓励发展，而复杂的金融衍生品对企业有害。基于前人的研究，本书认为，这次金融危机，对国外部分发达国家和发达地区而言，在一定程度上是由于金融产品创新过度所致，但是从我国西部金融发展状况来说，金融创新发展还相对滞后，需要进一步发展，进行适度创新，稳步发展综合类金融服务。

　　西部地区应该抓住科技对金融创新产生重大影响的契机，从战略高度研究，制订出抢占竞争制高点的有前瞻性的科技发展规划。总体来说，西部地区要坚持效率、效益的原则，以技术原创性为主，加大金融科技投入的力度，并突出创新特色。首先，在现有的基础上，加快电子化和网络化建设的步伐，要以信息网络技术为载体，发展网上金融服务。其次，大力开发科技含量高的产品与服务，重点推广和完善以网上银行、手机银行、个人电子汇款、个人外汇买卖等为代表的电子网络金融产品，重点开发系统上线后的各类延伸个人银行新产品。最后，构建金融网络安全系统，建立健全现代化的支付清算系统，以提升银行电子化、信息化、网络化技术水平。

（四）灵活安排监管，消除"监管真空"

随着金融创新的发展，新的金融产品不断涌现，混业监管体制之下，容易因为界限不清和责任不明而出现"监管真空"。金融监管与金融创新之间既相互博弈又相互促进，规范监管是创新的制度保障，富有生机的金融创新是节约监管资源和提高监管效率的重要途径。就目前来看，首先，要实现以下两个转变：一是实现从管制为主向监督为主的转变；二是实现从"只要超出业务经营范围就不予审批或予以查处"向"只要不是法律法规明令禁止的业务就可以审慎办理"的转变，从而把国有商业银行的创新与违规经营区分开来。这样既可以促进国有商业银行的金融创新，又提高竞争能力，而且可以提高监管部门的监管能力。其次，加强和改进监管方式，建立健全银行业、保险业和证券业的分行业监管体制和制度规范，形成从市场准入、业务规范、风险控制到市场退出的全方位配套的监管体系。最后，强化银监会、证监会和保监会联席会议制度，充分发挥银监会、证监会和保监会的作用，目前金融业混业经营的趋势非常明显，有必要在这三大监管机构实现兼容合并，避免在管理过程中出现的"人人都在管，结果无人管"的混乱局面，形成与国际接轨的金融监管体制，达到有效监管的目的。

（五）构建以成都市为核心的金融网络，辐射带动西部地区金融业的发展

一个区域金融中心的产生与形成有赖于一系列相应的条件①：一方面，就区域的内部条件而言，包括良好的金融业务基础；自由灵活的金融政策和货币制度，以便投资者的权益能够得到保护；健全的法规、条例，能维持稳定的政治社会环境；低廉的经营成本；现代化的基础设施和快捷的通信；一流的金融管理人才等。另一方面，就外部条件而言，只有在银行业国际化的繁荣发展中才能找到自己的准确位置，同时优越的地理位置和时差条件也是必不可少的因素，一个地处南北两极的城市，无论如何也难以发展成为国际金融中心。

金融中心的形成对周边地区经济发展具有极强的带动作用。成都市地处西部中心地带，是通向西部的门户，是西部重要的经济中心。同时，成都市金融产业基础较好，不仅是银行，成都市的保险、信托、产权交易等其他金融工具和手段也正在作用于西部经济建设。目前，成都市的保险公司承保了多项西部重大产业

---

① 李红梅. 香港经济的主导产业 [M]. 北京：首都师范大学出版社，2001.

项目；证券投资机构为西部企业提供上市融资服务；在满足本地需求的同时，信托资金也开始涉足西部其他省份电力资源项目的建设。总体来说，成都市金融产业基础较好，基础设施、通信相对发达，金融人才聚集，可以作为西部金融发展的中心。建设以成都市为核心的西部金融网络，充分发挥成都市对西部各个省市区的经济辐射带动作用，以推动西部现代金融业的发展。

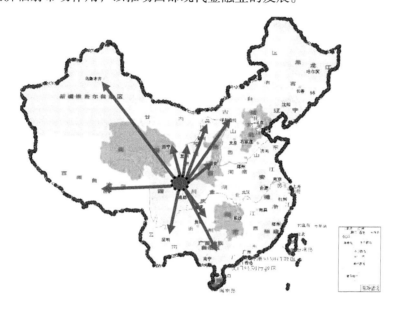

图5-7 以成都市为核心的西部金融网络分布示意图

第三节 现代物流业

一、现代物流业的界定与分类

国家标准《物流术语》将物流定义为"是物品从供应地到接收地的实体流动过程，根据实际需要，将运输、储存、装卸、搬运、包装、流通加工、配送、信息处理等基本功能实施有机结合"。物流是将物资由供应者向需要者做物理性移动的过程。现代物流不仅单纯地考虑从生产者到消费者的货物配送问题，而且还要考虑从供应商到生产者对原材料的采购，以及生产者本身在产品制造过程中的运输、保管和信息等各个方面，全面地、综合地提高经济效益和效率的问题。

根据物流对象与目的不同，形成了不同类型的物流分类方法。现代物流可以分为如下类别[1]：其一，从宏观和微观的角度，可分为宏观物流和微观物流。宏观物流是指社会再生产总体的物流活动。宏观物流主要研究的内容是，物流总体构成，物流与社会之间的关系，物流与经济发展的关系，社会物流系统和国际物流系统的建立和运作等。微观物流是指消费者、生产者企业所从事的实际的、具体的物流活动。在整个物流活动中的一个局部、一个环节的具体物流活动也属于微观物流。其二，从空间范围的角度，可以分为国际物流和区域物流。国际物流是现代物流系统发展很快、规模很大的一个物流领域，是伴随和支撑国际间经济交往、贸易活动和其他国际交流所发生的物流活动。区域物流是指一个国家范围内的物流。一个城市的物流，一个经济区域的物流都处于同一法律、规章、制度之下，都受相同文化及社会因素影响，都处于基本相同的科技水平和装备水平之中。其三，根据物流性质不同，分为一般物流和特殊物流。一般物流是指物流活动的共同点和一般性，其物流活动的一个重要特点是涉及全社会、各企业，因此，物流系统的建立、物流活动的开展必须有普遍的适用性。特殊物流是指专门范围、专门领域、特殊行业，在遵循一般物流规律的基础上，带有特殊制约因素、特殊应用领域、特殊管理方式、特殊劳动对象、特殊机械装备特点的物流。

二、西部发展现代物流业迫在眉睫

（一）现代物流是西部企业的第三利润源泉

在 20 世纪 60 年代，美国经济学家彼得·杜克拉就预言：物流业是每个国家经济增长的"黑大陆"，是"降低成本的最后边界"，是降低资源消耗、提高劳动生产率之后的"第三利润源"，是"一块未被开垦的处女地"。日本早稻田大学西泽修教授认为，物流是一块冰山，人们只看到了水面上的冰山，实际水下面

---

[1] 互动百科，http：//www.hudong.com/wiki/%E7%89%A9%E6%B5%81。

的冰山更大。实际上，物流无处不在，无时不在。① 在新一轮的产业转移中，制造业由发达国家向发展中国家转移，发达地区向欠发达地区转移，面临很多的机会，西部企业应该抓住产业转移的时机，发展物流业，延伸开拓物流利润空间。

（二）提升西部地区物流水平，有利于西部发展外向型经济

西部地区经济长期处于落后状态，根据上海证券交易所统计数据，2007 年，交通运输、仓储业类的上市公司共计 47 个，西部地区仅有西藏天路股份有限公司、重庆长江水运股份有限公司、重庆路桥股份有限公司、重庆港九股份有限公司、广西五洲交通股份有限公司 5 家上市公司，西部交通运输、仓储业类上市公司占全国的 11%②。西部地区企业竞争力较弱，应该加大力度发展外向型经济。外向型经济是地区为推动该地区的经济发展和增长，以国际市场需求为导向，以扩大出口为中心，根据比较优势原则，积极参与国际分工和国际竞争所建立的经济结构、经济运行机制和经济运行体系。随着外资向中国西部梯度转移的趋势越来越明显，突破物流瓶颈已成为西部各省（区、市）发展外向型经济和吸引外资的当务之急，西部应根据比较优势原则，以物流为突破口，积极发展外向型经济。

（三）传统产业优化升级的重要支撑

物流费用在生产成本中占有很大的比重，传统的大而全、小而全企业经济模式逐步由专业化经营所替代。通过物流，企业可以利用有限的人力、物力等资源，着力打造企业的核心竞争力。物流渗透在生产、分配、交换等各个环节，其运用信息技术和供应链管理技术，对分散的运输、储存、装卸、搬运、包装、流通加工、配送、信息处理等基本功能进行资源整合和一体化运作，达到降低成本、提高效率、优化服务的目的。随着经济全球化和信息技术的发展，现代物流业对于推进经济结构调整和转变经济增长方式，拓展新的经济增长空间，提高经济运行质量，推进西部跨越式发展等具有重要意义。

三、西部物流业的现状与问题

（一）西部物流业发展的现状及条件

西部现代物流业发展于 20 世纪 90 年代，起步相对较晚，但发展势头强劲。

---

①　马桂琴. 发展物流业，提高西部地区企业竞争力［J］. 物流科技，2005（122）：39.

②　上海证券交易所，http：//www. sse. cn/sseportal/ps/zhs/home_ c1un. html.

目前，现代物流业逐渐成为西部现代服务业的重要支柱和区域经济新的增长点。国内高度重视物流业的发展，国务院 2014 年 9 月制定的《物流业发展中长期规划（2014～2020 年）》提出，"按照加快转变发展方式、建设生态文明的要求，适应信息技术发展的新趋势，以提高物流效率、降低物流成本、减轻资源和环境压力为重点，以市场为导向，以改革开放为动力，以先进技术为支撑，积极营造有利于现代物流业发展的政策环境，着力建立和完善现代物流服务体系，加快提升物流业发展水平，促进产业结构调整和经济提质增效升级，增强国民经济竞争力，为全面建成小康社会提供物流服务保障。"这些意见为西部物流业加快转型升级，开创西部物流业发展新格局指明了思路和方向。

1. 物流基础设施逐步完善，形成了综合交通运输体系

据统计，2014 年，西部地区铁路营业里程 43604.6 公里，占全国的 39.0%；内河航道 33109 公里，占全国的 26.2%；公路里程 1793824 公里，占全国的40.2%；等级公路 1456995 公里，占全国的 37.4%；高速公路 38272 公里，占全国的 34.2%①。西部地区主要的铁路干线包括成昆线、宝成线、贵昆线、成渝线、青藏线、兰新线、南疆线、青藏线、包兰线等，如图 5 - 8 所示。

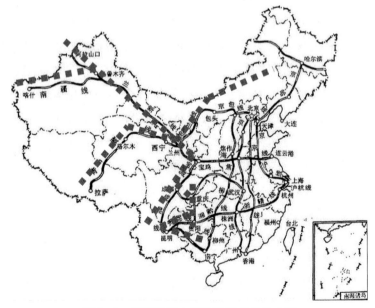

图 5 - 8 西部地区主要的铁路干线示意图

---

① 资料来源：《中国统计年鉴 2015》。

根据西部民用机场布局规划分布图（见图5-9），2011~2020年将新增机场52个。目前西部已初步形成了以铁路干线、国省道公路为主导、航空和水运为辅助的综合交通运输体系，初步实现了航空、铁路、航运、公路四路齐通的口岸立体开放布局，为西部经济和现代物流业的发展打下了坚实的基础。

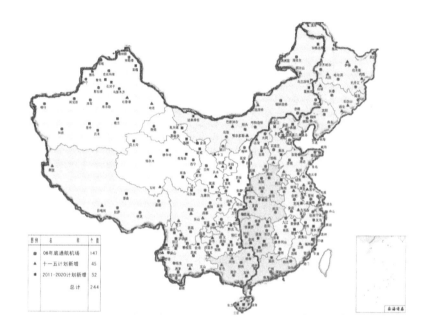

图5-9　2020年西部及全国民用机场布局规划分布示意图

资料来源：中国民航局，www.caac.gov.cn（2008）。

2. 物流企业快速成长，构成了特色各异的物流企业群体

西部地区已经形成了以大企业为龙头，中小企业协调发展的物流企业格局。目前，西部地区有交通运输、仓储业类的上市公司共计5个，其中重庆市3家，广西壮族自治区1家，西藏自治区1家。

西部地区一批原有的国有物流企业通过重组改制和业务转型，向现代物流发展，已成为西部物流市场的中坚力量。一批全国较为知名的物流企业和外资大型物流企业在西部各个省市省会城市设立办事机构、分公司，物流网点逐步延伸至各省主要城市。多种所有制、不同经营规模和各种服务模式的物流企业，构成了各具特色的物流企业群体。

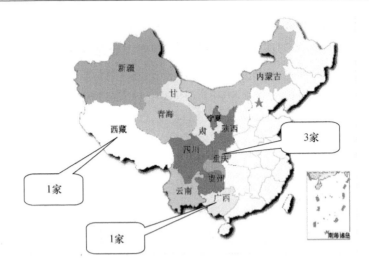

图 5－10　西部地区交通运输、仓储业类的上市公司分布示意图

资料来源：上海证券交易所。

3. 物流产业初具规模，物流空间布局进一步优化

2014 年，西部地区货物周转量 25880.18 亿吨公里，其中铁路货运周转量为 9741.52 亿吨公里，公路货运周转量为 13057.74 亿吨公里，水运 3080.92 亿吨公里。① 西部物流服务市场基本形成，全社会物流总费用占 GDP 的比率逐渐减少，物流增加值稳步上升，物流产业初具规模。根据市场需求、产业布局、商品流向、资源环境、交通条件、区域规划等因素，国务院的《物流业调整和振兴规划》明确提出西部重点发展两大物流区域、四大物流通道、六大国家级物流节点城市。两大物流区域指以西安市、兰州市、乌鲁木齐市为中心的西北物流区域及以重庆市、成都市、南宁市为中心的西南物流区域。四大物流通道包括东部沿海与西南地区物流通道、西北与西南地区物流通道、西南地区出海物流通道、长江与运河物流通道。六大国家级物流节点城市包括重庆市、成都市、南宁市、西安市、兰州市、乌鲁木齐市。西部地区物流空间定位更加清晰。

4. 市场需求旺盛，物流市场前景广阔

西部拥有 3.6 亿人口，具有广阔的市场容量，是我国重大的消费市场和物流

---

①　资料来源：《中国统计年鉴 2007》。

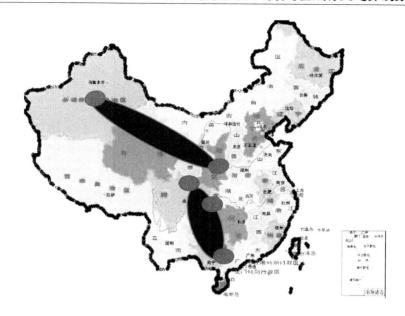

图 5 – 11　西部地区两大物流区域示意图

资料来源：《物流业调整和振兴规划》。

中心。近年来，西部发展势头好，综合经济实力不断增强。2006 年，西部地区生产总值 39527.1 亿元，较 2005 年增长 26.6%；社会消费品零售总额 13335.8 亿元，较 2005 年增长 15.2%；工业增加值 14993.3 亿元，较 2005 年增长 18%。2010 年，西部生产总值超过 76000 亿元，"十一五"期间年均增长 18% 左右；社会消费品零售总额达到 23000 亿元，"十一五"期间年均增长 15%；工业增加值达到 38558 亿元，"十一五"期间年均增长 26.6%。随着国民经济发展对物流的依存度进一步提升，西部地区的综合实力进一步增强，将给西部现代物流业的发展带来前所未有的机遇，西部地区物流前景将更加广阔。

（二）西部物流发展中的问题

西部地区物流在近年来已取得较大的发展，但仍有待进一步加快发展的速度，加大发展的力度。在发展的过程中，西部地区物流仍呈现以下问题：

1. 物流基础设施投入不足

西部地区的物流基础设施在很大程度上制约着现代物流乃至地方经济的发展。随着东部地区出口大幅度回落，西部的部分省市（如四川省）在市场、能源、劳动力等方面的比较优势逐渐显现，跨国公司及其沿海企业对西部越来越感兴趣，一方面非常希望充分利用西部的丰富资源，占领这片潜力巨大的新兴市场；另一方面却又受制于物流瓶颈，难以大显身手。目前物流基础设施是国内外物流公司挺进西部时遭遇的最大矛盾，主要表现如下：

（1）西部交通基础设施总体规模很小，而且质量不高。以公路①为例，西部地区公路通车里程 145.7 万公里，占全国的 37%，而在西部地区公路通车里程中，西部地区等外级公路 33.7 万公里，占西部地区公路通车里程的 59.8%。西部地区高速公路只占全国的 34.9%。西部等外级公路占比较高，这严重影响着物资集散乃至商品流通效率的提升。

（2）现代物流中心小且分散，物流集散和储运设施较少，各种物流设施及装备的技术较低，物流作业效率不高，很多地方还是靠人手提肩扛，作业水平低。

2. 信息化、网络化程度较低

西部地区物流各环节的信息管理和技术手段都比较落后，缺乏必要的公共物流信息交流平台。不健全、不完善的信息系统和网络系统制约着西部地区现代物流的服务水平和服务质量。其中，现代物流发展需要畅通的市场信息，否则将导致交易成本的上升、优势的丧失，发展受阻。不少物流企业提供的服务缺乏动态查询功能，尚没有足够的吸引力让企业乐意把自营物流外包。即使部分企业具有货物跟踪系统，但功能仍不完善，实际使用中往往出现信息实用性不高、信息定位不精确、信息获取不方便、由于货物经过不同部门而导致信息中断等问题。

3. 对物流经济定位偏低，政策势能不足

西部地区物流发展速度与规模相对滞后，与西部地区各个省（市、区）政府对物流在区域经济结构中的定位休戚相关。地区政府对物流产业重视，该行业发展的政策势能充足，发展速度必然就快，发展规模大；反之，则发展规模小。西部地区近年来对物流业的重视与扶持力度不足，使得流通业发展速度偏缓，物流发展水平落后于整个经济的增长速度，西部地区物流的发展整体较低。究其原因，与近年来各个地区的产业政策有直接关系。西部地区重农工业、抑商业的传统观念根深蒂固，商品意识、市场意识、投资意识、效益意识相对缺乏，造成区

---

① 资料来源：《中国统计年鉴 2007》。

域物流政策势能偏低。

4. 自我服务的自营模式制约物流发展

西部地区大多数工业企业、流通企业，仍习惯于过去长期的"大而全，小而全"，肥水不外流，自己搞物流的生产方式。据有关方面的调查，工业企业和流通企业这种以自我服务为主、自成体系的自营物流模式，是制约西部地区现代物流业快速发展的最为不利的因素。历史上开发较晚，商品经济不发达，市场信息不灵。一直以来，西部地区商业发展的主要任务之一是要保证城市人民生活需要。这就造成了很多主力商家，都将主要目标锁定在满足城市居民生活需要的简单重复的商业形态，因此导致专业化程度低，物流发展受阻。

四、促进西部物流业发展的对策

（一）加大物流基础设施的投入

加强物流基础设施建设具体采取以下措施：第一，加强西部地区交通建设，改善通往各个大中型超市、商场、主要工业区、批发市场的交通状况，以提高物流效率。第二，要与周边地区合作，改造通往周边城市的公路，使其通达性得到进一步提高和改善。第三，加强航空运输的发展，随着产业结构的变化，航空运输也越来越成为重要的运输方式，尤其是对于食品或者高附加值的产品，航空运输已经成为主要运输方式。第四，加强物流信息系统和平台建设。建设完善、顺畅的物流信息系统是西部地区发展现代物流一项迫切的任务。

（二）提高信息化水平

对于西部地区分散的物流经济来讲，信息化有十分重要的现实意义。信息流在发展现代物流中扮演重要的角色，可以影响甚至决定资金流、人流和物流的流向。要大力改善信息产业的硬件设施，为物流的信息化提供技术支撑。重点建设以电信、联通、移动和网通为主体的骨干网络工程、信息交互网和公共信息服务网络工程。提高西部地区信息化水平，主要从以下几个方面入手：第一，西部地区要加快大中型超市、商场、交易市场和银行、信用认证中心、物流中心、商品集散地等的联网工程建设。第二，要有机组合资源，加快创建科学实用的西部地区流通电子商务信息平台，作为收集、传递、处理信息的主要手段，及时提供各种产、供、销信息和运输信息。第三，要把握着力点，着眼电子商务的实际应用，发挥其对物流业的功能，对生产与需求的引导功能，对企业经营的决策功能，形成高效、通畅、可调控的商务信息网络。第四，要重视培养和引进兼具信息网络技术和商务物流知识的复合型人才，确保信息化在实际应用中发挥最佳作用。第五，将西部地区建成重要的信息资源中心、信息网枢纽、信息化人才中心和信息技术应用中心。

（三）调高政府对物流业的定位，增强物流的政策势能

西部地区物流业要健康发展，需要政府转变重加工轻流通、重农抑商的观念，将对物流业的支持从口头落实到实际行动上。世界上发达国家，如日本在20世纪60年代、韩国在20世纪七八十年代都曾由政府提出规划，大力发展流通产业。西部地区在鼓励本地物流业向外扩张时也应该有一定的政策优惠和扶持。西部地区要以培育现代品牌企业、发展第三方物流的现代企业为重点，推进现代批发零售业的聚集。通过政策倾斜和加大投入，通过物流技术和组织方式的创新，有效整合社会资源，加快功能集聚，初步建立起功能较完善的现代物流服务体系。充分利用产业和区位优势，建设一批与区域经济发展水平相适应的高效率的区域化物流园区和中心。

（四）整合物流资源，发展连锁经营

连锁经营、物流配送对西部地区现代物流发展至关重要。西部地区应大力发展连锁经营，要发展现代物流配送，主要从以下几个方面入手：第一，以市场为导向，以企业运行为主体，以产业发展为基础，以信息化建设为平台，以储存运输基础设施建设为支撑，以提高综合效益为根本，以提高商务物流服务水平和降低成本为目标，精心打造"物流中转基地"和"跨区域物流配送中心"。第二，在完善和新组建集散中心区的基础上，实现连锁经营的跨越式发展，并从城镇逐步向农村拓展延伸。按照组织规模化、管理规范化、信息网络化、物流配送化、服务系列化的要求，发展连锁经营，整合供应链。以优化价值链，广泛采用经营连锁、特许连锁等形式有重点地建立一批仓储式连锁超市，同时，积极引导那些规模小、实力弱、单体发展困难的物流企业加盟连锁公司，逐步把分散的大量个体私营物流网点纳入以连锁经营企业为核心的区域性经营网络中心。

第四节　现代旅游业

一、西部现代旅游业概述

（一）现代旅游业概述

1. 旅游业的界定

旅游业的发展依赖于诸多客观条件，旅游资源的开发和利用是旅游发展的前提条件，旅行社、旅游交通和旅游饭店等是旅游业发展的重要保障，工农业、商业、通信、文教和卫生环境等为旅游业发展提供客观环境。旅游业涉及的范围广泛，是一个界限模糊而又客观存在的产业，由于旅游业的综合性和多样性的特征，目前，在学术界还没有被普遍接受的定义。世界旅游组织（World Tourism Organization）认为："旅游业指为游客提供服务和商品的企业的总和，包括接待、住宿、餐饮、交通、旅行社、景点等。"日本学者钱田勇在《观光概论》一书中认为，"旅游业就是为适应旅游者的需要，由许多不同的独立的旅游部门开展的多种多样的经营活动。"国内部分学者认为，旅游业就是以旅游资源为依托，以旅游设施为条件，以旅游者为服务对象，为旅游者的旅游活动、旅游消费创造便利条件并提供其所需商品和服务的综合性产业。到目前为止，旅游业在学术上还没有一个被普遍接受的定义，但是世界旅游组织的定义被广泛运用，我国旅游统计基本按照上述统计口径进行，因此，本书借用世界旅游组织对旅游业的界定。

2. 旅游业的特征

旅游业与其他产业相比有较多的特殊性，在运行过程中显示出自身的特征，概括起来如下：

（1）综合性和公益性。旅游业具有综合性。旅游业是集吃、住、行、游、购、娱等服务于一体的综合性产业，其综合性是由旅游活动的综合性所决定的。由于旅游者从离家外出直至返回，整个期间由多项活动构成。同时，旅游业必备的人文资源或自然资源都属公共资源，因而，即便以民间资本形态运营的景区景点，都包含着一定的公共成分；若由政府投资的旅游景区景点，公共特性就更为突出。事实上，旅游活动本身有利于地方的精神文明建设，通过旅游活动，可以丰富人们的业余生活，有利于营造良好的治安秩序。因此，旅游业公益性较强。

（2）服务性和劳动密集性。旅游业不像其他物质生产部门那样，其他物质生产部门常通过采掘自然财富，对原材料进行加工生产制造，为社会提供初级产品和加工产品。旅游提供的是旅游服务产品，其通过商业活动，将生产和消费联系起来，旅游服务的生产过程，也是旅游服务的消费过程，同时还是旅游服务的交换过程，在旅游活动中，其服务特性十分明显。同时，旅游业能够吸纳较多的就业人口，劳动力工资在全部运营成本中占较大的比重，因此旅游业属于劳动密集性产业。

（3）高效益性与高风险性。旅游业具有较高的经济社会综合效益，同时旅游业也是风险较高的产业。一方面，旅游具有多重经济社会效益，具有信息传播功能，可以展示地方形象；旅游具有经济带动功能，可以刺激消费需求，营销产品，促进经济发展；旅游具有教育功能，能提高人们的素质，有利于人的全面发展。另一方面，旅游业经营风险较高，旅游容易受到各方面的影响，包括政治、经济、文化及其自然的影响。如2003年突如其来的"非典"，让西部的旅游收入直线下降，一些小型旅游公司宣告破产，在2008年"5·12"地震中，西部旅游受到的冲击更大。

（4）竞争性与人文性。随着世界经济一体化的发展，旅游行业的竞争越来越激烈。国内旅游业不仅面临国内同业的竞争，也面临着外资旅行社争夺市场的压力。事实上，外资已经开始涉足出境旅游市场。旅游行业的竞争日趋激烈，由此也推动了旅游的人文化进程。如当今旅游名城，在景区设计上强调为大众服务，注重人性化与生态性。强调以人为本，强调人的参与和体验；在服务上将人作为旅游的本质、本体和本源，推出个性化服务。

（5）脆弱性和收入弹性大。旅游发展受到各种因素的影响和制约。首先从内部来看，旅游的部门、行业之间，旅游的六要素吃、住、行、游、购、娱之间，必须保持比例协调关系，任何一个环节的问题，都可能影响到区域旅游产品价值的实现。其次从外部因素来看，外部的各种自然、政治、经济和社会的变化，都会对旅游发展产生影响。旅游产业的收入弹性大，当经济景气的时候，旅游需求将会增加，而经济相对萧条的时候，旅游需求下降幅度较大。

（二）西部现代旅游业产业规模

西部地区旅游资源富集，名胜古迹和秀丽山川数量众多。西部对旅游业的依赖程度远远大于其他地区。西部旅游资源从类型、质量与数量上都具有相当优势，西部共拥有国家级重点风景名胜区44处，自然保护区41处（列入联合国教科文组织保护名录的6处），森林公园52处，旅游度假区以及全国重点文物保护单位199处，国家第一批历史文化名城34座。另外，西部有13处旅游景区列入了联合国世界遗产名录，占我国总量（28处）的46.43%[①]。近年来，西部旅游产业发展迅速，产业规模不断扩大，本书将从国际旅游收入、接待入境旅游人数、星级饭店数量、旅行社单位几个方面来进行分析西部旅游产业的规模。

1. 各地区国际旅游（外汇）收入

国际旅游（外汇）收入指入境旅游的外国人、华侨、港澳同胞和台湾同胞在中国大陆旅游过程中发生的一切旅游支出，对于国家来说就是国际旅游（外汇）收入。从国际旅游（外汇）收入可以看到地区旅游的开放程度，在全国的国际旅游（外汇）收入排名中，西部地区排在前16位的区域包括云南省、陕西省、广西壮族自治区、内蒙古自治区和四川省，西部各个省市区国际旅游（外汇）收入及在全国的排名如表5-1所示。

表5-1　西部国际旅游（外汇）收入及在西部的排名　　　单位：万美元

地区	国际旅游收入	按收入高低排名	地区	国际旅游收入	按收入高低排名
内蒙古自治区	1002.96	5	西藏自治区	144.69	9
广西壮族自治区	1572.07	3	陕西省	1768.73	2
重庆市	1354.44	4	甘肃省	10.17	12
四川省	857.68	6	青海省	24.74	11
贵州省	188.80	8	宁夏回族自治区	18.48	10
云南省	2420.65	1	新疆维吾尔自治区	497.04	7

资料来源：《中国旅游统计年鉴2015》。

---

① 邓清南. 西部旅游资源的困境与保护 [J]. 资源开发与市场, 2003 (5)：350-352.

2. 各地区接待入境旅游人数

从各地区接待入境旅游人数来看，2014 年，全国共接待入境旅游人数为 9106.39 万人次，西部地区合计接待 1539.61 万人次，占全国的 16.9%。2014 年西部各个省市区的接待入境旅游人数如图 5－12 所示。其中，内蒙古自治区为 167.31 万人次，广西壮族自治区为 295.76 万人次，重庆市为 126.36 万人次，四川省为 240.17 万人次，贵州省为 65.31 万人次，云南省为 286.56 万人次，西藏自治区为 24.44 万人次，陕西省为 266.3 万人次，甘肃省为 4.88 万人次，青海省为 5.15 万人次，宁夏回族自治区为 3.37 万人次，新疆维吾尔自治区为 54.01 万人次。

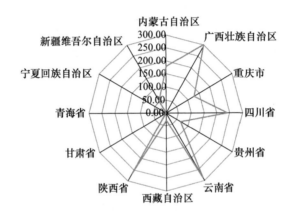

图 5－12 2014 年西部各个省市区入境旅游人数

资料来源:《中国统计年鉴 2015》。

3. 各地区星级饭店数量统计

为了促进旅游业的发展，保护旅游者的利益，便于饭店之间有所比较，国际上曾先后对饭店的等级做出规定。从 20 世纪五六十年代开始，按照饭店的建筑设备、饭店规模、服务质量、管理水平，逐渐形成了比较统一的等级标准。通行的旅游饭店的等级共分五等，即一星、二星、三星、四星、五星（或称四星豪华）饭店。按照《中国旅游统计年鉴》的统计，全国共有星级饭店 12751 个，西部地区星级饭店 3459 个，占全国的 27.1%。星级饭店在西部各个省市区的分布如图 5－13 所示，西部地区星级饭店居于前三位的是云南省、四川省和广西壮族自治区。云南省的星级饭店有 867 个，四川省有 485 个，广西壮族自治区有 374 个。

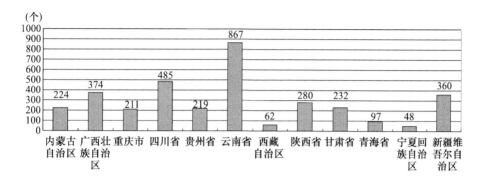

图 5 - 13　西部地区星级饭店数量分布

资料来源：《中国旅游统计年鉴 2007》。

4. 旅行社单位数量统计

旅行社是旅游信息中心，旅游者可以从这里获取旅游信息，旅游景区景点可以从这里发布信息。旅行社的规模在一定程度上反映出区域旅游产业的发展规模，西部旅行社分布如图 5 - 14 所示。西部地区国内旅行社的数量较多，国际旅行社增长较快，尤其是四川省和内蒙古自治区。现代网络技术给旅行社的业务发展创造了更多的机会，又使旅行社的传统经营方式受到了极大的挑战，一方面，旅行社可以从网上轻而易举地获取大量的信息，可加强旅行社与旅游供应商和旅游者之间的联系，也可使旅行社的传统经营运作方式信息化、简单化、科学化，促进旅行社经营管理现代化；另一方面，互联网也会把旅游供应商和旅游消费者聚集在一起，互通信息，以致抛开旅行社中介机构，不必依靠旅行社所提供的信息，就可以直接进行旅游活动。

二、西部现代旅游业存在的问题

（一）缺乏整合西部旅游资源的规划

目前，虽然西部各个省市区都制订了旅游相关规划，但各个规划之间协调不够，导致各景区、景点联动仍然较少，每个景区景点的开发都各行其是。就目前

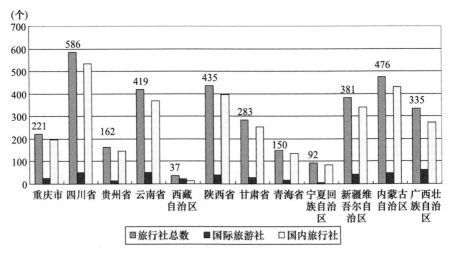

图 5－14　西部各类旅行社分布

资料来源：《中国旅游统计年鉴2007》。

西部旅游发展的状况看，各个景区景点都注重开发自己的核心旅游资源，没有对周边旅游资源实行综合开发或联合开发。事实上，西部需要有整合西部旅游资源的相关规划，否则，盲目投资上项目，将会致使西部旅游无法形成特色，没有市场吸引力和竞争力，还会导致各个景区景点硬件设备差、基础设施不配套、服务内容单一等问题。

（二）资金投入不足

从星级宾馆的数量、基础设施等硬件设施来看，西部地区旅游业资金投入远远滞后于国内其他地区。西部地区开放程度不高，优惠政策不配套，竞争和激励机制不健全，缺乏良好的投资环境，加之西部旅游业仍处于起步阶段，未形成一定的市场与规模，吸引外资内资发展旅游业较为困难。这些导致发展旅游业的资金短缺将直接影响旅游产业的发展。西部地区旅游业还处在初级阶段，旅游业的发展不仅需要自身的投入，还要背负很多基础设施的投入，财力有限，投入严重不足，加大了发展旅游业的困难。

（三）交通发展滞后

交通落后严重制约着西部地区旅游的发展，也成为西部地区旅游业发展的瓶颈。西部地区的旅游交通总体情况较差，不但铁路航空不能很好适应旅游淡、旺季客流的变化，而且各省市区之间、各景区之间道路状况都较差。交通的缺陷不但影响了景区的可进入性，还延长了旅途时间，增加了不安全性。

（四）宣传促销力度不够

目前西部地区除了九寨沟、泸沽湖等部分景区景点进行了较多的宣传促销之外，很少见到西部的旅游宣传促销活动。在一些报纸杂志、网站虽然也有一些对西部地区旅游资源的宣传介绍，但通常宣传形式单一，未形成长期的轰动效应。由于目前的宣传促销工作不足以提升西部旅游业的美誉度和知名度，所以不能从根本上保证旅游客源稳定增长和旅游业的持续发展。

（五）旅游人才缺乏，旅游业服务水平较低

西部地区旅游人才严重不足，各职能管理机构人员配备不足，而且人员结构也不合理，很多管理人员都是由其他行业转入旅游管理机构，旅游管理水平不高。同时西部地区的旅游服务人员很多不具备专业知识和服务技能，文化水平和专业素质总体偏低，现有培训机构与培训能力又严重不足，所以旅游行业总体旅游服务质量和服务水平都较低。

三、促进西部现代旅游业发展的对策措施

旅游业是关联带动性强、经济效益高的产业，旅游产业对促进经济社会发展都具有重要作用。本书认为，西部旅游发展的对策措施，主要包括如下几个方面：

（一）注重旅游的规划和管理，变旅游资源优势为发展优势

高水准的规划是旅游资源综合开发的前提和保障，要按照科学、可持续的原则，制订切实可行的旅游规划。充分发挥旅游规划在促进旅游精品建设、加快旅游产业发展中的导向作用，按照科学发展观的要求，始终坚持把保护历史文化遗产和自然生态环境放在首位，实现保护与开发的有机统一，促进人与自然的和谐发展。第一，旅游发展要对区域内旅游发展的空间结构进行总体策划。要在更大区域范围内考虑和思考，跳出西部看西部，分析西部旅游在全国乃至世界的地位和作用。以四川省世界遗产为例，四川省有世界遗产5处，数量居全国第二位，其中自然遗产有3处（九寨沟、黄龙、四川大熊猫栖息地），自然和文化双重遗产1处（峨眉山—乐山大佛），文化遗产1处（青城山—都江堰）[1]。这些宝贵的

---

① 资料来源：《四川年鉴2007》。

资源具有唯一性，需要进行科学的分析和定位，在规划中突出其特色，构思出优势互补、互不雷同的旅游格局。第二，相关部门应该按照规划逐步实施开发工作。开发时景区既要注重相关设施与环境和资源的协调，也要体现独特风格和超前意识，将西部的旅游资源优势变为西部旅游发展优势。加强旅游规划管理，进一步规范旅游规划市场，充分发挥规划对旅游业发展的指导作用。各地的旅游发展规划、跨区域旅游片区发展规划必须按规定程序报批后才能实施，凡没有批准规划的旅游项目，一律不得擅自开发建设。

（二）加强政府、企业和协会的协作，构建无障碍旅游体系

西部旅游要以市场需求为导向，以"互信、互补、互动、互利"为原则，巧妙地运用现代信息手段，构建"无障碍旅游体系"。这其中包括三大部分：信息旅游体系、消费旅游体系、保障旅游体系。信息旅游体系满足旅游客户的知情权，以三网络（互联网、有线电视网和移动通信网）为主要载体，以传统宣传方式为辅助，让旅游客户充分享有旅游信息的知情权。从吃、住、行、游、购、娱六个方面来构建消费旅游体系，以满足旅游客户的自由选择权。构建游客度假保障旅游体系，提高游客的满意度和旅游质量。旅游行业经营管理体制需要充分发挥政府、企业和行业协会的作用，最大限度地利用市场机制来促进和完善旅游行业的管理和运营，让政府、企业和行业中介组织的作用在市场上充分融合并发挥最佳集合效应。

构建旅游"无障碍旅游体系"，联系沟通是前提，协调规范是手段，最终推动行业自律，市场规范。政府、企业和协会要协同完成如下工作：第一，政府宏观指导。政府在旅游产业发展中的功能定位应当是宏观指导、政策扶持、条件提供、市场培育。政府的主要职能体现在对旅游业进行宏观管理，为旅游业的发展营造宽松的产业环境，为旅游经济发展提供公共服务、加强基础设施建设和硬件配套设施建设等方面。第二，行业协会确保旅游的沟通与协调。通过广泛的联系，如促进合作，加强与有关政府部门、研究机构、大专院校的沟通与联系，促进旅游理论政策的研究和专业人才的培养，营造更为有利的发展环境；加强城市兄弟协会中介组织间的联系与合作，建立一种联系沟通机制，定期交流。将业内企业团结在自己的周围；与政府沟通，帮助政府对行业进行全面了解和支持；进行行业规范和协调。没有业内企业的信任和政府的支持，行业自律和规范很难推行。第三，旅游企业自主经营与规范经营，真正成为市场主体。在市场经济条件

下，企业是市场的。企业市场主体地位的确立、现代企业制度的完善和企业发展的成熟与规范运作是市场经济建设的重要组成部分和必要前提条件。旅游企业的培育及其市场主体地位确立任务更为繁重。社会各界要重视旅游企业的培育，要花大力气加强旅游企业的制度建设；旅游企业本身要十分重视自己能力建设，增强旅游意识，提高旅游水平，加强核心竞争力培育。经过一段时间的努力，培育和形成一批自主经营，具有一定竞争实力，能够在国内市场接受挑战，可以到国际市场驰骋的旅游企业。只有旅游行业的经营主体成长壮大起来，所谓旅游市场化、产业化、国际化和品牌化的目标才能真正实现。

（三）建立有序投资机制，打造拳头型旅游组合

从景区景点、星级宾馆数量和基础设施等硬件条件来看，西部旅游业资金投入较为滞后，行业发展还处在初级阶段。旅游业的发展需要加大自身的投入，还要背负很多基础设施的投入，财力有限，投入严重不足，西部旅游相关部门应进一步深化改革，大力改善投资环境，制定优惠政策，积极引导多元化社会资本参与旅游投融资。第一，加速招商引资和开发建设进程，采取合资、合作、兼并、参股、出售、转让租赁等具体方式，多渠道引进国内外资金，实行多元化投资。第二，通过经营旅游城市、旅游项目招商等方式，进一步拓宽旅游投融资渠道，扩大融资规模。第三，依法建立和完善旅游产业融资担保体系，为旅游企业贷款提供担保。推进重点旅游企业上市融资、发行企业债券。鼓励采取 BOT、TOT 等融资方式，加快旅游基础设施建设。着力搞好招商引资工作，策划、包装一批优势旅游项目，以项目为载体，吸引国内外知名的大企业、大财团参与西部旅游资源的综合开发。第四，要大力鼓励和支持民营经济投资旅游业，对于旅游设施、旅游项目以及基础设施的建设，应鼓励各行业和个体参加项目投资，减轻政府投资压力，加速旅游业的开发。因此，通过建立有序投资机制，促进旅游企业建立信用意识，取得金融部门的有力支持，多方筹措资金，改变西部旅游的被动局面，打造包装一批旅游产品。拳头型旅游组合将能极大地推动区域旅游的发展。

（四）加大旅游宣传力度，塑造西部"旅游天堂"形象

"在旅游市场流通领域活动的不是商品，而是有关旅游产品的信息传递引起旅游客户的流动。"就实质来讲，旅游业的核心是信息。西部必须高度重视旅游形象的宣传工作，塑造西部"旅游天堂"形象。其一，充分利用常规手段加强宣传。用常规手段制作西部旅游风光专题片，邀请新闻媒体记者采风报道、媒体

广告，同时采用报纸、杂志，大力宣传西部的旅游景观和风土人情，邀请目标市场的重要客户实地考察，等等。参加旅游展销会也是另一项重要的常规措施。其二，充分利用网络传播。网络传播具有传播及时、直观、全天候、信息量大等特点。西部旅游业的网站网页建设才起步，信息量小，不能让游客有效了解西部的旅游资源特色、旅游业发展现状。因此，加快建设，积极加入国家旅游局的"金旅"工程系统是近期的一项重要工作。其三，利用特殊手段传播西部旅游形象。有计划、有重点地组织旅游企业和相关部门参加各类旅游交易会，组织民族艺术团到各地巡回演出，扩大影响。联合西部各个省（市、区）外事、文化、商务、新闻、出版、体育、邮政、通信等部门参与旅游宣传促销工作，把宣传西部旅游作为重要工作内容。加强与国内外旅行商、旅游企业和媒体及航空公司的沟通、交流与合作，加强对客源地旅游市场的宣传促销。鼓励和引导旅游景区、旅行社、星级饭店、旅游运输企业主动开展宣传促销工作，积极参与西部旅游宣传促销活动，加强与国内外同行业的交流合作。

（五）加强与周边地区的区域联动，打造旅游品牌整体形象

区域联动开发和综合开发是旅游资源开发的趋势，所以应树立区域旅游整体发展意识，走合作开发之路。通过与邻近区域的合作，或以产品组合、线路组合形成旅游区域的合作开发，实现旅游资源的合理配置，集约开发，在最大限度上吸引市场消费者，产生聚集效应和联动效应，促进旅游业的发展。不仅是省会城市和周边地区的合作，而且，还要推动整个西部片区各个省市区旅游的合作。继长三角、珠三角和环渤海三个旅游区域合作组织之后，国内第四大旅游合作组织——西部旅游区域合作组织在西安市宣告正式成立，兰州市借助西部旅游这个大舞台，充分宣传和展示了兰州市旅游城市形象。力推以兰州市为中心的6条精品旅游线路，即西线——兰州至武威、张掖、酒泉、嘉峪关、敦煌丝绸之路大漠风情游，延伸至吐鲁番、乌鲁木齐；南线——兰州至临夏、甘南、郎木寺回藏民俗风情、草原风光游，延伸至九寨沟、黄龙；东线——兰州至天水丝路胜迹、寻根访祖游，延伸至宝鸡、西安、洛阳；北线——兰州至白银黄河奇观、石林探险游，延伸至银川、包头；东北线——兰州至平凉道教圣地、黄河风情游，延伸至庆阳、延安、西安；东南线——兰州至陇南自然风光天池溶洞游，延伸至广元、

成都。① 具体来讲，还可以通过如下方面合作：首先，通过打造旅游大环线，实现竞争合力。其次，加强在信息、人才、技术等的共享，互通有无，取长补短，加速西部旅游的发展，将西部旅游做大做强，形成合理的地域分工体系。

（六）引进和储备专业旅游人才，提供优质高效服务

人力资源是旅游发展的第一资源。在人才方面，应着力培育、吸引和集聚一批旅游领军人才和一大批旅游管理、技术专业人才，建成一支梯次合理、充满活力、适应旅游产业发展需要的专业人才队伍。在人才的培育上，西部地区一是可以依靠高等院校培育毕业生保证人才的供给；二是发挥科技机构中科技人员与工程师的科研优势，对于这类人才，不求所有，但求所用；三是政府依靠民办或私营的旅游人才培训机构对社会急需人才进行培训。在人才的吸引和集聚上，制定吸引旅游高级人才集聚西部、支持西部大开发的政策措施。建立旅游企业博士后工作站吸引海外人员回国创业制度；加大对旅游企业聘请国际化高层人才的补贴力度，吸引国际、国内软件高级人才聚集西部。加强从业人员在职轮训和继续教育工作，落实从业人员持证上岗和资格认证培训工作，不断强化从业人员的职业道德、职业技能和职业纪律，把旅游人才的培养和人力资源的转化放在优先发展的战略地位，充分调动和发挥旅游人才的积极性和创造性，实现旅游人力资源市场化配置和资本转化，为推进西部旅游产业跨越式发展提供强有力的人力资源保障和人才支撑。

（七）推动生态文明建设，注重旅游可持续发展

"生态文明"已从学术理论研究和建设实践的层面上升到国家的执政兴国战略的高度，将会对西部旅游业产生很大的影响。西部旅游业发展，首先，要注重在对旅游资源开发的过程中，依托自身的景观资源和生态资源，尽可能减少对不可再生资源的占用和消耗，减少对景区环境可能造成的负面影响。其次，在旅游资源的开发时，要保护和维护其自然资源的生物多样性、生态系统的平衡性和人文资源的完整性，降低开发破坏性，以保证景点设计生态化。最后，旅游景区、景点在管理运营的过程中，应运用清洁生产技术，通过提供绿色旅游产品、倡导绿色旅游消费等制度加强保护。

---

① 西部旅游区域聚合兰州推出 6 条精品旅游线路［EB/OL］. 新华网，http：//www. xinhuanet. com/chinanews/2009 - 03/15/content_ 15955985. htm.

第六章
西部现代服务业发展的
区位选择和空间布局

现代服务业的区域选择具有明显的城市依存性和交通干线依存性特征，首先表现为规模服务企业主要在城市中心或交通干线周边布局，其次现代服务业产值主要在城市和交通便捷的地区。现代服务业区域选择的实质是对区域发展要素的选择，不同服务行业对城市资源的丰度和要求各不相同。本书对西部地区现代服务业各个行业发展水平的专业化程度进行研究，对西部现代服务业的空间布局进行了较深入的分析，指出西部以城市为载体，以交通干线为依托，西部现代服务业将形成"一片、三核、三带"的空间格局，呈现出"漏斗型"的空间形态。在分析的基础上，本书指出了各个省市区现代服务业中具有比较优势的重点行业。

第一节　西部地区现代服务业发展专业化程度研究

一、现代服务业发展专业化程度的研究方法

本书采用以下方法来测量现代服务业及其分行业（或分部门）的地区集中度。[①] 先计算出现代服务业及其分行业（或分部门）中各地区的经济活动（产出

---

① 程大中，黄雯．中国服务业的区位分布与地区专业化［J］．财贸经济，2005（7）：73－81.

或就业）比重，其公式为：

$$v_{ai}(t) = x_{ai}(t) / \sum_{i=1}^{N} x_{ai}(t) \qquad (6-1)$$

式中，$x_{ai}(t)$ 表示在 t 时期 a 地区的 i 行业的经济活动水平（产出或者就业）；$v_{ai}(t)$ 表示行业 i 在 a 地区全部经济活动中的比重。

如果经济活动水平用就业量来表示，那么上述指标就变成了"区位指数"，即 LQ 指数（Location Quotient）。区位指数表示某地区某行业就业比重与全国某行业就业比重之比。即：

$$LQ_{ai}(t) = \frac{v_{ai}(t)}{V_i(t)} = \frac{e_{ai}(t) / \sum_{i=1}^{N} e_{ai}(t)}{E_i(t) / \sum_{i=1}^{N} E_i(t)} \qquad (6-2)$$

式中，$v_{ai}(t)$ 表示在 t 时期 a 地区 i 行业的就业比重；$V_i(t)$ 表示在 t 时期全国的 i 行业的就业比重；$e_{ai}(t)$ 表示在 t 时期 a 地区 i 行业的从业人数；$\sum_{i=1}^{N} e_{ai}(t)$ 表示在 t 时期 a 地区 i 行业的全部从业人数；$E_i(t)$ 表示在 t 时期全国的 i 行业的从业人数；$\sum_{i=1}^{N} E_i(t)$ 表示在 t 时期全国 i 行业的全部从业人数。若区位指数 $LQ_{ai}(t) > 1$，则表示在全国的范围内，行业 i 在地区 a 内相对集中。

经济活动的指数同样可以用产出来表示，则上述指标可以用 Balassa（1965）的"显性比较优势"指数即 RCA 指数（Revealed Comparative Advantage）来表示，即：

$$RCA_{ai}(t) = Q_{ai}(t) / Q_i(t) \qquad (6-3)$$

式中，$RCA_{ai}(t)$ 表示 t 时期在 a 地区的 i 行业的显性比较优势指数；$Q_{ai}(t)$ 表示 t 时期内在 a 地区 i 行业产出占总产出的比重；$Q_i(t)$ 表示 t 时期 i 行业产出在全国总产出中所占的比重。如果 $RCA_{ai}(t) > 1$，则表明 a 地区在 i 行业的生产上在全国范围内具有比较优势。

二、现代服务业发展专业化程度的统计数据

第一，在对现代服务业及其各个行业的区位分布和专业化程度进行分析时，

本书计算了 LQ 指数和 RCA 指数，并将二者进行对比，本书采用的数据是现代服务业及其各个行业的从业人员数据和现代服务业各个行业的增加值数据，由于各个行业的数据统计不尽完善，现代服务业从业人员的数据依据各个行业从业人员数据加总所得。

第二，在本书中所讨论的现代服务业的行业分类按照我国第三产业在《国民经济行业分类》（GB/T4754—2002）的方法，服务业分为 14 个门类。因此，本书对现代服务业的 14 个门类进行分析。包括：A. 交通运输、仓储和邮政业；B. 信息传输、计算机服务和软件业；C. 批发和零售业；D. 住宿和餐饮业；E. 金融业；F. 房地产业；G. 租赁和商务现代服务业；H. 科学研究、技术服务和地质勘查业；I. 水利、环境和公共设施管理业；J. 居民服务和其他现代服务业；K. 教育；L. 卫生、社会保障和社会福利业；M. 文化、体育和娱乐业；N. 公共管理和社会组织。本书的数据均来自 2006 ~ 2007 年的《中国统计年鉴》、《中国劳动统计年鉴》、《中国第三产业统计年鉴》，部分数据来自相关省（市、区）的统计年鉴。

第三，党的十六大提出了"支持东北地区等老工业基地加快调整和改造"，随后又做了促进中部地区崛起的策略，在"十一五"规划中，我国形成了四大板块的区域格局，即西部十二省（市、区），包括重庆市、四川省、贵州省、云南省、广西壮族自治区、陕西省、甘肃省、青海省、宁夏回族自治区、西藏自治区、新疆维吾尔自治区、内蒙古自治区；东北三省，包括辽宁省、吉林省、黑龙江省；中部六省，包括山西省、河南省、湖北省、湖南省、安徽省、江西省；东部十省（市、区），包括北京市、天津市、河北省、上海市、江苏省、浙江省、福建省、山东省、广东省、海南省。本书按照此划分方法对西部及其现代服务业的区位分布和专业化水平进行分析。

三、西部现代服务业的空间分布和专业化水平

LQ 指数和 RCA 指数分别从就业与增加值两个层面来衡量地区现代服务业专业化程度。对于同一地区、同一服务部门，这两个指数并不必然完全相同。其主要原因如下：现代服务业的就业统计数据比产出统计数据更为完整，目前学术界普遍认为，中国现代服务业增加值可能被低估（许宪春，2004；岳希明和张曙

光，2002）。同时，LQ 指数和 RCA 指数衡量的结果具有一致性，一般来说，LQ 指数较高的地区，RCA 指数也较高，LQ 指数较低的地区，RCA 指数也较低。LQ 指数和 RCA 指数不仅仅考虑地区行业发展水平的绝对数量的多少，同时，也考虑地区从事某一行业的机会成本的因素。若某地区某行业 LQ 指数和 RCA 指数都较高，那么在此地区此行业具有比较优势，从事此行业的机会成本就比较低；若某地区某行业 LQ 指数和 RCA 指数均较低，那么此地区从事此行业生产的机会成本就比较高。区域在行业选择的时候，应该选择那些 LQ 指数和 RCA 指数较高的行业作为区域的主导产业。

本书采用 LQ 指数和 RCA 指数，对东部地区、中部地区、西部地区、东北地区现代服务业专业化程度进行衡量，在此基础上，对西部各个省市区现代服务业的专业化水平进行探索。

（一）东部地区、中部地区、西部地区和东北地区四大板块划分的角度

本书 LQ 指数依据现代服务业各个行业的从业人员来进行测算，LQ 指数是一个相对指标，考虑了区域从事生产的机会成本，因此与绝对指标所衡量的结果有所差异。通过 LQ 指数的计算，西部地区 LQ 指数大于 1 的行业有 9 个，包括交通运输、仓储和邮政业，住宿和餐饮业，水利、环境和公共设施管理业等行业，尤其在水利、环境和公共设施管理业，西部比较优势较为突出，这可能与全国的地质与水利资源大多集中于西部地区的因素相关。东部区位 LQ 指数大于 1 的行业包括金融业，房地产业，租赁和商务现代服务业，科学研究、技术服务和地质勘查业四个主要的门类。在全国范围内，此类行业在东部地区相对集中。中部地区 LQ 指数大于 1 的行业有 8 个，包括信息传输、计算机服务和软件业，批发和零售业等行业；东北地区 LQ 指数大于 1 的行业有 5 个，包括住宿和餐饮业等行业。在样本时期内，从我国四大地带来看，各个区域均有集中度较高的行业；西部地区在消费性服务业上比较优势较为明显，在生产性服务业上发展相对滞后。

现代服务业产出在我国四大区域差异非常明显。从绝对指标来看，2006 年，西部地区现代服务业产出为 15251.44 亿元，东部地区现代服务业产出为 52451.63 亿元，中部地区为 15645.26 亿元，东北地区为 7318.35 亿元。东部、中部、西部和东部地区现代服务业总产值分别占全国的 57%、17.26%、16.82%、8.07%。从相对指标 RCA 指数来看，我国四大地带的分布状况如下：东部地区在金融和房地产业的 RCA 指数超过 1；中部地区在交通运输、仓储和邮

表 6 - 1　2006 年我国现代服务业及分部门的区位分布与专业化

行业	地区			
	东部	中部	西部	东北
A	0.8829	0.9890	1.0110	1.4797
B	0.9648	1.1364	0.9454	0.9718
C	0.8313	1.3485	0.9877	0.9808
D	0.8428	1.0450	1.2366	1.0469
E	1.0536	0.9642	0.9341	0.9959
F	1.0721	0.9617	0.9112	0.9729
G	1.1585	1.1973	0.6715	0.6307
H	1.0160	0.8302	1.1345	1.0078
I	0.8662	1.0493	1.0716	1.2921
J	0.8462	1.1842	1.0983	1.0320
K	0.9472	0.9902	1.1660	0.8424
L	0.9118	1.0909	1.0892	0.9799
M	0.9833	0.9959	1.0757	0.9166
N	0.8264	1.1902	1.2119	0.8595

注：A. 交通运输、仓储和邮政业；B. 信息传输、计算机服务和软件业；C. 批发和零售业；D. 住宿和餐饮业；E. 金融业；F. 房地产业；G. 租赁和商务现代服务业；H. 科学研究、技术服务和地质勘查业；I. 水利、环境和公共设施管理业；J. 居民服务和其他现代服务业；K. 教育；L. 卫生、社会保障和社会福利业；M. 文化、体育和娱乐业；N. 公共管理和社会组织。

资料来源：根据《中国第三产业统计年鉴 2007》、《中国统计年鉴 2007》整理所得。

政业的 RCA 指数超过 1；西部地区在交通运输、仓储和邮政业，住宿和餐饮业的 RCA 指数超过 1；东北地区在批发和零售业的 RCA 指数超过 1。根据 2005 ~ 2006 年的数据计算出 RCA 指数，同样可以得出如下结论：东部地区在房地产和金融业具有比较优势；中部地区在交通运输、仓储和邮政业具有一定的比较优势；西部地区在住宿和餐饮业具有一定的比较优势；东北地区在批发和零售业具有一定的比较优势。从变化的趋势来看，东部地区的交通运输、仓储和邮政业发展较快，东北地区的金融和房产等新兴服务业发展较快。在样本年间，中部和西部地区在现代服务业各个行业发展均较慢。

表6－2 我国现代服务业及其分部门的区位分布及变化

地区		A				B			
		东部	中部	西部	东北	东部	中部	西部	东北
RCA	2005 年	0.8444	1.0454	1.0247	0.9930	0.9863	0.7819	0.8337	1.0287
	2006 年	0.8579	1.0026	0.9882	0.9213	0.9734	0.7660	0.8170	1.0293
	增长率（%）	1.60	-4.09	-3.56	-7.22	-1.31	-2.03	-1.99	0.06

地区		C				D			
		东部	中部	西部	东北	东部	中部	西部	东北
RCA	2005 年	0.8442	1.0013	1.1101	0.9234	1.1380	0.5561	0.8368	0.5406
	2006 年	0.8376	0.9939	1.0755	0.8978	1.1328	0.5573	0.7640	0.5535
	增长率（%）	-0.78	-0.74	-3.12	-2.77	-0.46	0.22	-8.69	2.37

地区		E				—			
		东部	中部	西部	东北	—	—	—	—
RCA	2005 年	1.0795	0.7306	0.7731	0.6610	—	—	—	—
	2006 年	1.0749	0.6982	0.7405	0.6698	—	—	—	—
	增长率（%）	-0.43	-4.44	-4.21	1.34	—	—	—	—

注：A. 交通运输、仓储和邮政业；B. 批发和零售业；C. 住宿和餐饮业；D. 金融业；E. 房地产业。
资料来源：《中国统计年鉴2007》、《第三产业统计年鉴2007》。

（二）西部各个省市区的比较

在全国范围内，东部、中部、西部、东北四大地带现代服务业发展差距非常明显，在西部内部的各个省（市、区），现代服务业发展的差距同样较大。为了分析西部各个省（市、区）与全国其他省（市、区）现代服务业发展的差距，各地区 LQ 指数和 RCA 指数采用的样本总量为全国的数据，将西部各个省市区现代服务业在全国范围内进行比较。以下采用 LQ 指数和 RCA 指数综合测评的方法，对现代服务业各个行业的空间分布及其发展状况进行进一步分析。

在交通运输、仓储和邮政业上，LQ 指数和 RCA 指数均大于 1 的地区有内蒙古自治区、重庆市、陕西省、甘肃省。在这些地区，行业的集中度较高，比较优势较为明显。内蒙古自治区属于投资拉动型经济，投资需求对经济增长起着至

表6-3 西部各地区的LQ指数

地 区	A	B	C	D	E	F	G	H	I	J	K	L	M	N
内蒙古自治区	1.1860	1.0804	0.6853	0.6877	1.0956	0.4358	0.5339	0.8118	1.5198	1.5808	1.0649	0.9728	1.2371	1.1852
广西壮族自治区	1.1782	1.1277	1.0263	1.0890	0.8881	0.8788	1.0679	0.9510	1.1781	0.5490	1.5151	1.3795	1.0863	1.1547
重庆市	1.1465	0.9294	1.0305	0.9140	0.9936	1.0963	0.4226	1.1292	0.7995	0.5716	1.1368	0.9399	0.8617	0.8875
四川省	0.8457	0.8251	0.7822	0.6047	1.0026	0.7016	0.5559	1.0981	0.9467	0.7901	1.2070	1.1579	0.8050	1.1351
贵州省	0.7707	0.5935	1.2935	0.8555	0.7560	1.4227	0.6010	0.8616	0.8130	0.7486	1.4324	0.9867	0.8631	1.4566
云南省	0.9539	1.0892	1.0145	1.0686	0.8867	0.6566	0.6834	1.1259	1.0498	0.4223	1.4709	1.1359	1.2325	1.4589
西藏自治区	0.7628	1.3192	0.7519	1.2715	1.0833	0.0000	0.1860	1.4289	0.5689	0.0000	1.3897	1.6033	2.9764	3.3868
陕西省	1.1262	0.8442	1.2393	0.9650	0.9501	0.5872	0.4272	1.8678	1.0074	1.2934	1.1891	0.9858	1.0946	1.1791
甘肃省	1.0856	0.7424	0.8802	0.7054	0.9571	0.5807	0.6346	1.2592	1.3258	0.6858	1.1943	0.9055	1.1013	1.3619
青海省	1.4582	1.5820	0.8135	0.6068	1.0722	0.3478	0.7972	2.0508	1.1164	1.4007	1.1308	1.2961	1.4307	1.5421
宁夏回族自治区	0.9454	0.7320	0.7324	0.7096	1.3748	0.7594	0.7718	0.9681	1.9754	0.2125	1.0063	1.0233	1.3539	1.1739
新疆维吾尔自治区	0.8650	0.6577	0.7087	0.7325	0.7764	0.6220	0.9877	0.8995	1.1039	0.2945	1.0408	1.0250	0.9655	1.1585

注：A.交通运输、仓储和邮政业；B.信息传输、计算机服务和软件业；C.批发和零售业；D.住宿和餐饮业；E.金融业；F.房地产业；G.租赁和商务现代服务业；H.科学研究、技术服务和地质勘查业；I.水利、环境和公共设施管理业；J.居民服务和其他现代服务业；K.教育；L.卫生、社会保障和社会福利业；M.文化、体育和娱乐业；N.公共管理和社会组织。

资料来源：《中国统计年鉴2007》、《第三产业统计年鉴2007》。

表6-4　西部各地区的RCA指数

地区	A	B	C	D	E
内蒙古自治区	1.4328	0.9117	1.5086	0.4777	0.5429
广西壮族自治区	0.8712	1.0169	1.1373	0.5949	0.8465
重庆市	1.1977	1.0061	0.9404	0.7955	0.9636
四川省	0.8414	0.7008	1.2756	0.9037	0.8277
贵州省	0.9504	0.7253	0.8482	0.9504	0.8108
云南省	0.7075	0.8540	0.8580	0.9370	0.8951
西藏自治区	0.7539	0.9247	2.2409	0.3851	0.8594
陕西省	1.0026	0.8340	0.8186	0.6607	0.5516
甘肃省	1.1999	0.7161	1.1121	0.5783	0.6839
青海省	0.8856	0.6776	0.7375	0.9210	0.5257
宁夏回族自治区	1.1436	0.6240	0.7800	1.3176	0.7391
新疆维吾尔自治区	0.8760	0.5987	0.7227	0.8495	0.4812

注：A. 交通运输、仓储和邮政业；B. 批发和零售业；C. 住宿和餐饮业；D. 金融业；E. 房地产业。

资料来源：《中国统计年鉴2007》、《第三产业统计年鉴2007》。

关重要的作用，固定资产投资的大幅度增长，扩大了内蒙古自治区的经济总量①。近几年来，内蒙古自治区现代服务业投资加快增长，增强了现代服务业发展的后劲。2006年，内蒙古自治区在交通运输、仓储和邮政业上投资达到397.6亿元，居于西部第二位。重庆市依托区位优势，交通运输、仓储和邮政业发展非常迅速，在西部地区行业中比较优势较为突出。陕西省"十一五"期间，力争在交通运输动态信息的采集和监控、交通信息资源的整合、交通运行综合分析辅助决策和交通信息服务四个方面实现重点突破，2006年在交通运输、仓储和邮政业投资达到355.2亿元，居于西部第四位，同样属于服务业投资拉动了交通运输、仓储和邮政业的发展。2003~2006年甘肃省基础设施投入持续扩大、建设成效较为显著，四年间，以电力、交通、仓储、水利、通信、公共设施等行业为主的基础设施建设累计投资1096.70亿元，占全社会投资的33.13%。大量投资改善了交通运输和邮电通信网络，为甘肃省交通运输、仓储和邮政业的快速发展

① 国家统计局，http://www.stats.gov.cn/tjfx/dfxx/t20080121_402459605.htm。

奠定了较好的基础。从西部交通运输、仓储和邮政业相对发达的四个区域来看，投资对提升区域行业竞争力起到了重要作用。

在批发和零售业，LQ 指数和 RCA 指数均较大的区域包括广西壮族自治区和重庆市。广西壮族自治区环北部湾沿岸是中国古代最早的对外开放的沿海地区，是我国西南出海的门户。区位条件优越，加之商贸文化源远流长，广西壮族自治区注重批发和零售业的发展，注重加强商品市场建设，2007 年，广西批发和零售业城镇固定资产投资额达 36 亿元，发展迅速。重庆市批发和零售业基础较好，区位优势明显，批发和零售业发展较快。2008 年 1 月，重庆市亿元以上市场达 110 个，全年成交额为 1300 亿元，同比增长 18%。其中被市政府命名表彰的 20 个大型交易市场实现成交额 757.53 亿元，增长 30%。目前全市限额以上商贸流通企业 2042 家，全年新增 253 家，实现商品销售额 1938.97 亿元，同比增长 30.7%，增幅同比提高 12.3 个百分点，占全市商品销售总额的 50.1%。①

在住宿和餐饮业，发展较好的有广西壮族自治区、西藏自治区、云南省、内蒙古自治区、四川省。2006 年，广西壮族自治区、西藏自治区、云南省、内蒙古自治区和四川省的住宿和餐饮业城镇单位从业人员分别是 4.8 万人、0.6 万人、4.3 万人、2.6 万人和 4.9 万人，行业增加值分别是 129.18 亿元、15.34 亿元、80.87 亿元、170.03 亿元和 259.18 亿元。从绝对数量看，四川省在住宿和餐饮业产值与从业人员上具有绝对优势。由于 LQ 指数和 RCA 指数是一个相对指标，指数在参考绝对优势的基础上，考虑了行业的比较优势，因此在西部各个省市区中，根据 LQ 指数和 RCA 指数，最具有绝对优势的地区是西藏。

从金融业来看，在西部，LQ 指数大于 1 的地区有内蒙古自治区、四川省、西藏自治区、青海省和宁夏回族自治区；RCA 指数大于 1 的地区仅有宁夏回族自治区。LQ 指数和 RCA 指数呈现的结果并非完全一致，这是由于 LQ 指数是根据行业从业人员作为指标来进行计算的，而 RCA 指数是根据地区行业产出来进行量化的。

从房地产业来看，LQ 指数大于 1 的地区包括重庆市和贵州省，西部 RCA 指数小于 1 的地区，是由于西部各个省市区房地产业在全国范围内比较优势不明显。在西部内部各个省市区中，相对具有比较优势的区域如广西壮族自治区、重庆市、四

---

① 重庆市政府公众信息网，http://www.cq.gov.cn/zwgk/zfxx/92295.htm。

川省、贵州省、云南省、西藏自治区。这些地区的 RCA 指数均在 0.8 以上。

从信息传输、计算机服务和软件业来看，LQ 指数大于 1 的地区有青海省、西藏自治区、云南省、广西壮族自治区和内蒙古自治区，这些地区从事信息传输、计算机服务和软件行业的人员相对较多，在全国范围内具有一定的比较优势。

从租赁和商务现代服务业来看，租赁和商务现代服务业是西部各个地区行业发展的"短板"，租赁和商务现代服务业与区域信息化程度直接相关，在西部 12 个省市区中，只有广西壮族自治区租赁和商务现代服务业的 LQ 指数大于 1，其他省市区发展规模和集中度与全国其他地区相比，不具有比较优势。

从科学研究、技术服务和地质勘查业来看，西部具有一定的发展基础和比较优势，在西部 12 个省市区中有 7 个省市区与全国相比具有一定的比较优势，其 LQ 指数均大于 1，即重庆市、四川省、云南省、西藏自治区、陕西省、甘肃省和青海省。2006 年青海省 LQ 指数高达 2.0508，比较优势较为突出，其他六个省市区 LQ 指数均比较高。

在水利、环境和公共设施管理业方面，我国水利管理业环境建设主要集中于西部，而且该部门在此地区的集聚速度也是最快的[①]。这可能与全国的地质与水利资源大多集中于西部地区有关。2006 年，西部地区各个省市区水利、环境和公共设施管理业主要集中在内蒙古自治区、广西壮族自治区、云南省、陕西省、甘肃省、青海省、宁夏回族自治区和新疆维吾尔自治区。

在居民服务和其他服务业上，内蒙古自治区、陕西省和青海省的 LQ 指数大于 1，在全国范围内，西部的这三个地区，行业的集中度相对较高，具有一定的比较优势。

在教育业方面，西部各个地区的 LQ 指数均大于 1，在西部，教育行业的行业集中度很高，西部为我国其他地区输送了大量的人才。2006 年，西部地区教育城镇单位就业人员为 419.8 万人，全国教育城镇单位就业人员为 1504.4 万人，西部教育城镇单位就业人员占全国的 28%。西部教育业在全国范围内比较集中，具有较强的比较优势。在既有人才方面恰好相反，根据胡鞍钢的研究认为，"西

---

① 程大中，黄雯. 中国服务业的区位分布与地区专业化 [J]. 财贸经济，2005 (7)：73 – 81.

部人才综合知识发展水平仅相当于东部的35%"①。在西部，高级专业技术人才占13.6%，两院院士占8.3%，工程技术和科学研究人员分别占15.4%和8.8%，只有东部地区所占比例的一半多一点②。很大程度上，这是由于西部人才流失所致。近年来"孔雀东南飞"是西部人才状况的真实反映，西部地区的各类人才，都流向沿海地区。这对推动沿海地区经济社会发展起着重要作用，但对西部发展十分不利。

在卫生、社会保障和社会福利业，文化、体育和娱乐业，公共管理和社会组织上，西部各个省市区的LQ指数均比较高，这些行业与人们生活紧密相关。在卫生、社会保障和社会福利业，西部有7个省市区LQ指数大于1，在文化、体育和娱乐业，西部有8个省市区LQ指数大于1，公共管理和社会组织有11个省市区LQ指数大于1，行业集中度非常高。在西部地区，现代服务业总体水平不发达，可在这些行业却相对集中，这是什么原因造成的呢？是服务需求推动了这些行业的发展。西部地区较多人才流向沿海地区，留下来的居民，部分是热爱西部建设的人才，还有较大部分是受到这样或那样限制的居民，如老、弱、病、残等，他们大多数是享用公共服务的居民。因此，居民公共服务需求推动了这些行业的发展。

第二节　优化西部现代服务业的空间布局

西部各地区要因地制宜发展现代服务业，有条件的大中城市要加快形成以服务经济为主体的产业结构；经济发达地区和交通枢纽城市要强化物流基础设施整合，形成区域性物流中心、物流枢纽；选择辐射功能强、服务范围广的特大城市和大城市建立西部金融中心，优化服务业空间布局。

---

① 徐国弟、陈玉莲．西部大开发战略的理论基础和实施对策［M］．北京：中国计划出版社，2002：22.

② 江世银．西部大开发新选择——从政策倾斜到战略性产业结构布局［M］．北京：中国人民大学出版社，2007：332－334.

一、西部现代服务业发展的整体空间布局

本书对古典区位理论进行了梳理，杜能的农业区位理论认为，在其他条件既定的情况下，农业生产空间的合理布局取决于农产品生产地和消费市场的远近，其理论对服务产品具有重要启示意义。服务产品的生产地和消费地具有同一性，辐射半径相对较小，因此，要布局服务业，其条件是服务的供给方和服务需求方在空间上临近。韦伯在工业区位论中提出了集聚论和运费指向理论，所谓运费指向是指某些工业部门向某特定地域集中所产生的成本降低的效应。一般来说，运营费用随着线路延长而增加，站场费用则固定不变。因此，处于交通起讫点的地方，这些地区常常成为工业的聚集点，并由此成长为工业城市，常常是最小运费的区位所在。西部现代服务业要集聚发展，应该在交通成本最低的地方布局。克里斯塔勒认为，有三个条件或原则支配中心地体系的形成，它们是市场原则、交通原则和行政原则。年轻的国家与新开发的地区，交通原则占优势，交通线对居民来讲是"先锋性"的工作。西部地区现代服务业发展，交通具有"先锋性"作用，应在交通便捷的地方布局发展。

运用古典区位理论，本书遵循聚集性、交通便捷性、成本指向性原则，考虑到西部现代服务业发展的基础，本书认为，西部在市场和政府的共同作用下，现代服务业发展以城市为载体，以交通干线为依托，在西部将形成"一片、三核、三带"的空间布局，呈现出"漏斗型"的空间形态（如图6-1所示）。

"一片"即云贵川服务经济片区；"三核"即三大服务中心，包括成渝经济区、关中—天水经济区、环北部湾经济区；"三大服务经济带"包括"青海西宁—西藏拉萨"服务经济带，"甘肃兰州—新疆乌鲁木齐"服务经济带和"甘肃兰州—宁夏银川—内蒙古呼和浩特—内蒙古通辽"服务经济带。由此，西部各个地区应充分发挥市场的推动作用，各级政府在规划管理上加以适度引导，积极推动形成"漏斗型"服务业空间格局，发挥其对西部现代服务业的辐射带动作用。

（一）打造云贵川服务经济片区

借助云贵川三地经济联系较多的区域优势和相对完善的交通体系，着力发展云贵川片区的比较优势产业，如住宿和餐饮业，金融业，房地产业，信息传输、计算机服务和软件业，科学研究、技术服务和地质勘查业。

（二）推动形成三大服务中心

以区域内关中—天水、环北部湾（广西）等重点经济区为载体，将西部三大重点经济区作为带动西部现代服务业发展的战略高地。

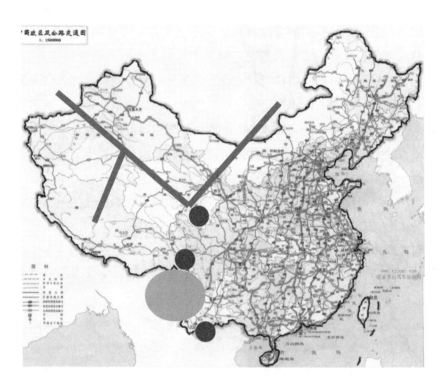

图6-1　西部现代服务业发展的"漏斗型"空间布局

1. 成渝经济区

依托重庆和成都两个特大城市，重点发展物流、金融业、特色旅游产业，加快建设研发设计、信息咨询等公共服务平台和服务中心，加快建设长江上游生态屏障。进一步发挥成都市和重庆市辐射带动的功能和作用。

2. 关中—天水经济区

依托西安、咸阳、宝鸡、天水等城市，重点发展高技术、特色旅游业，加快建设西（安）咸（阳）经济一体化示范区。

3. 环北部湾（广西）经济区

依托南宁、北海、钦州、防城港等城市，连接周边广东、海南等地区，重点发展商贸、物流等现代服务业，探索建立泛北部湾的区域经济合作机制。

（三）引导三大服务经济带

以西北地区的交通干线为依托，考虑到青藏高原浑然一体，不可分割，由此，构建"青海西宁—西藏拉萨"的青藏服务经济带，重点发展特色旅游、住宿餐饮、信息传输、计算机服务和软件业；依托西北的古代丝绸之路，依托国道312、兰新线等公路和铁路干线，构建"甘肃兰州—新疆乌鲁木齐"服务带，发展物流业，水利、环境和公共设施管理业，教育业，公共管理和社会组织等现代服务业。在"甘肃兰州—宁夏银川—内蒙古呼和浩特—内蒙古通辽"服务带上，以兰州—呼和浩特高速公路、包兰铁路等干线为载体，重点发展住宿和餐饮业，金融业，水利、环境和公共设施管理业，教育业，公共管理和社会组织等现代服务业。

二、服务行业空间优化的依据及空间落实

美国经济学家曼昆（N. Gregory）认为[①]，一个人在两种物品中都拥有绝对优势是可能的，但是一个人在两种物品生产上都拥有比较优势是不可能的。因为一种物品的机会成本是另一种物品机会成本的倒数，如果一个人生产一种物品的机会成本比较高，那么他生产另一种物品的机会成本必然比较低。比较优势反映了相对机会成本。因此，比较优势原理说明，每种物品应该由生产这种物品机会成本较低的国家（地区）生产。运用曼昆的比较优势理论本书认为，西部现代服务业发展一定要充分发挥地区资源优势及行业发展的优势，优化现代服务业空间布局。本书将西部各个省、市、区优势服务行业落实到空间，主要依据如下：

其一，通过 LQ 指数和 RCA 指数的测算，在交通运输、仓储和邮政业方面，LQ 指数和 RCA 指数均大于 1 的有内蒙古自治区、重庆市、陕西省、甘肃省。在批发和零售业，LQ 指数和 RCA 指数均大于 1 的有广西壮族自治区。在住宿和餐饮业，LQ 指数和 RCA 指数均大于 1 的有广西壮族自治区、西藏自治区。从金融业看（金融业带动性较强，对其 LQ 指数和 RCA 指数均进行考察），LQ 指数大于 1 的地区有内蒙古自治区、四川省、西藏自治区、青海省和宁夏回族自治区；

---

① 曼昆. 经济学原理 [M]. 北京：北京大学出版社，2006.

金融业 RCA 指数大于 1 的地区仅有宁夏回族自治区。从房地产业来看，LQ 指数大于 1 的区域包括重庆市和贵州省。从信息传输、计算机服务和软件业来看，LQ 指数大于 1 的地区有青海省、西藏自治区、云南省、广西壮族自治区和内蒙古自治区。从租赁和商务服务业来看，只有广西壮族自治区 LQ 指数大于 1。从科学研究、技术服务和地质勘查业看，其 LQ 指数均大于 1，大于 1 的省市区包括重庆市、四川省、云南省、西藏自治区、陕西省、甘肃省和青海省。在居民服务和其他现代服务业上，内蒙古自治区、陕西省和青海省的 LQ 指数大于 1。在水利、环境和公共设施管理业方面，内蒙古自治区、广西壮族自治区、云南省、陕西省、甘肃省、青海省、宁夏回族自治区和新疆维吾尔自治区 LQ 指数大于 1。

其二，服务行业上市公司的空间分布状况。现代服务业上市公司的分布状况在一定程度上反映出地区行业基础和行业发展的成熟度，上市公司对各个地区发展的重点行业实现空间落地具有一定的启示意义。上市公司是所发行的股票经过国务院或者国务院授权的证券管理部门批准在证券交易所上市交易的股份有限公司，现代服务业中的上市公司是区域服务行业中实力较为雄厚和发展基础较好的公司。一般说来，一个地区某行业基础较好，该行业上市公司极有可能在这个地区布局；而一个地区某行业基础不好，很难吸引此类上市公司。根据上海证券交易所得到的数据，2008 年西部现代服务业上市公司分布格局如下：

从图 6-2 可以看出，重庆市地处我国的中西结合部，承东启西，依托长江主干道，充分发挥了其地缘优势，在交通运输、仓储业行业形成了气候，形成了三家交通运输和仓储业类上市公司。四川省和陕西省在信息技术业、传播与文化业方面的比较优势较为突出，分别有此类上市公司。批发和零售贸易行业类上市公司主要集中在区域性大城市，如四川成都市、重庆市、广西壮族自治区南宁市、新疆乌鲁木齐等地区。金融、保险业具有较强的区域经济的选择性，西部仅有云南太平洋证券股份有限公司一家金融保险类上市公司，国内大多数金融保险类的上市公司分布在东部沿海地区。新疆维吾尔自治区有房产上市公司。广西壮族自治区、西藏自治区和陕西省分布有社会服务业上市公司。云南省和广西壮族自治区分别有综合类上市公司。从上市公司的分布状况来看，服务行业上市公司的分布状况与区域特色优势行业紧密关联。

为了促进西部各个省市区形成错位竞争、优势互补、差异发展的分布格局，促进区域共同繁荣，本书运用曼昆的比较优势理论，根据 2008 年西部上市公司

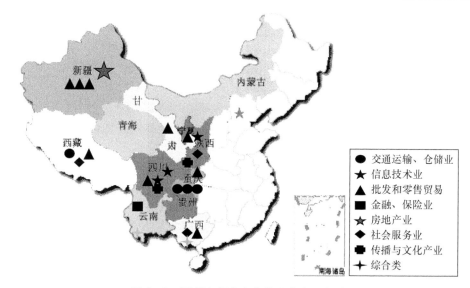

图 6 - 2　西部各行业上市公司分布示意图

资料来源：根据上海证券交易所（http：//www.sse.com.cn/sseportal/ps/zhs/home_clun.html）资料数据绘制。

的分布格局，结合地区行业的专业化指标 LQ 指数和 RCA 指数，本书采用定量分析和定性分析相结合的方法，将西部现代服务业应发展的重点优势行业落实到空间。由于 LQ 指数的基础数据较为完整，西部各地区现代服务业的 14 个行业均有完整的统计，而 RCA 指数的基础数据缺失，本书只对交通运输、仓储和邮政业，批发和零售业，住宿和餐饮业，金融业，房地产业五个行业的 RCA 指标进行了测算。选择区域的现代服务业的优势行业，按 LQ 指数或 RCA 指数选取，若两个指数均有的行业，本书选择 RCA 指数和 LQ 指数均大于 1 的作为重点优势行业（除金融业和房地产业外，考虑到金融业和房产业带动性较强，只要 LQ 指数大于或者 RCA 指数大于 0.8，均作为地区的重点优势行业）；若仅有 LQ 指数的，本书选择 LQ 指数大于 1 的为西部的优势行业。同时，在重点优势行业的选择上，考虑到上市公司的分布状况，一般说来，只要有服务类的上市公司在区域内布局，也将该服务行业列入区域的重点优势行业的范畴。西部各个省市区在"十一五"规划纲要中提出了发展的重点行业，本书依据西部现代服务业各行业专业化水平和上市公司分布的格局，提出了各个省市区的重点优势服务行业，为各级政府决策提供参考。

表6-5　西部各地区现代服务业发展的重点行业

地区	各地区"十一五"规划中的重点行业①	本书建议发展的重点行业
内蒙古自治区	商贸流通业；物流业；旅游业；房地产业；社区服务业；金融业；信息中介业；市政公用服务业	交通运输、仓储和邮政业；住宿和餐饮业；金融业；信息传输、计算机服务和软件业；水利、环境和公共设施管理业；居民服务和其他现代服务业；教育；公共管理和社会组织
广西壮族自治区	旅游；现代流通业；会展；金融房地产等；社区服务；教育培训文化体育；餐饮；家政服务；零售商业等	批发和零售业；住宿和餐饮业；房地产业；信息传输、计算机服务和软件业；租赁和商务现代服务业；水利、环境和公共设施管理业；教育业；卫生、社会保障和社会福利业；文化、体育和娱乐业；公共管理和社会组织
重庆市	商贸；物流；金融；房地产；信息和中介；旅游和文化等	交通运输、仓储和邮政业；批发和零售业；房地产业；教育业
四川省	旅游业；流通业（连锁经营，现代物流业，电子商务）；金融；信息；商务服务业；房地产；餐饮；社区服务业和其他生活服务业	住宿和餐饮业；金融业；房地产业；科学研究、技术服务和地质勘查业；教育业；卫生、社会保障和社会福利业；公共管理和社会组织
贵州省	商贸流通；餐饮服务；交通运输；公用事业等传统服务业；连锁经营；物流配送；电子商务等新型业态；旅游；信息服务；现代物流；金融保险；咨询服务；房地产；教育培训等	金融业；房地产业；科学研究、技术服务和地质勘查业；教育业；公共管理和社会组织
云南省	旅游业；现代物流业；信息业；金融业；房地产等	住宿和餐饮业；金融业；房地产业；信息传输、计算机服务和软件业；科学研究、技术服务和地质勘查业；水利、环境和公共设施管理业；教育业；卫生、社会保障和社会福利业；文化、体育和娱乐业；公共管理和社会组织
西藏自治区	邮政通信；金融保险；中介服务；法律服务；信息业；房地产业；文化娱乐；教育培训；体育健身；卫生保健等服务业；社会化养老服务；社区服务；家政服务；商贸餐饮等行业	住宿和餐饮业；金融业；房地产业；信息传输、计算机服务和软件业；教育业；卫生、社会保障和社会福利业；文化、体育和娱乐业；公共管理和社会组织

---

① 资料来源：西部各个省市区的"十一五"规划纲要。

续表

地区	各地区"十一五规划"中的重点行业	本书建议发展的重点行业
陕西省	旅游业；文化产业；现代物流业；商贸业；房地产；社区服务；信息；会展；中介服务等；餐饮；运输等	交通运输、仓储和邮政业；科学研究、技术服务和地质勘查业；水利、环境和公共设施管理业；居民服务和其他现代服务业；教育业；文化、体育和娱乐业；公共管理和社会组织
甘肃省	旅游业；商贸流通业；餐饮服务业；交通运输业；社区服务业；现代物流业；电子商务；咨询评估；会计审计；工程设计；广告和市场信息等中介服务业；房地产业	交通运输、仓储和邮政业；科学研究、技术服务和地质勘查业；水利、环境和公共设施管理业；教育业；文化、体育和娱乐业；公共管理和社会组织
青海省	旅游业；现代流通业；金融保险业；中介服务业；社区服务业	金融业；信息传输、计算机服务和软件业；科学研究、技术服务和地质勘查业；水利、环境和公共设施管理业；居民服务和其他现代服务业；教育业；卫生、社会保障和社会福利业；文化、体育和娱乐业；公共管理和社会组织
宁夏回族自治区	信息产业；特色旅游业；现代流通业；房地产业；社区服务业	金融业；水利、环境和公共设施管理业；教育业；卫生、社会保障和社会福利业；文化、体育和娱乐业；公共管理和社会组织
新疆维吾尔自治区	旅游业；现代流通业；社区服务；金融服务；中介服务业；信息业；房地产业和物业管理业等	水利、环境和公共设施管理业；教育业；卫生、社会保障和社会福利业；公共管理和社会组织

第七章
西部现代服务业发展
环境的优化与分析

国外学者尼克利特和斯卡尔皮塔（Nicoletti and Scarpetta，2003）认为，政府在制定服务部门规章制度的时候，应当基于经济增长的框架来考虑问题，在制定产业政策时应结合地区实际情况相机而择。国内学者江小涓（2004）认为，我国服务业发展相对较慢有体制方面的问题和政策方面的问题，政府要有所作为，需要从改变观念、规范行为、促进竞争、扩大开放和适当扶持等方面努力。国务院发布《关于加快发展现代服务业的若干意见》和《国务院办公厅关于加快发展服务业若干政策措施的实施意见》，为西部现代服务业发展指明了方向，主要任务包括如下方面：一是努力扩大现代服务业规模，不断提高现代服务业在国民经济中的比重，逐步形成服务经济为主、三次产业协调的产业格局；二是坚持市场化、产业化、社会化的方向，创新现代服务业管理体制，破除阻碍现代服务业发展的体制障碍，充分发挥市场配置资源的基础性作用，为现代服务业发展营造环境；三是强化各级政府的公共服务职能，不断加大中央和地方财政投入，提高公共服务的覆盖面和社会满意水平，逐步实现公共服务的均等化；四是进一步扩大对外开放，吸取发达国家的先进经验、先进技术和管理方法，提高现代服务业的国际竞争力。

西部现代服务业发展是一项长期而紧迫的重大战略任务，既要充分发挥市场配置资源的基础性作用，又要加强政府的规划、管理和政策引导。一方面，要构建完善的现代服务业的市场机制，包括供需机制、价格机制、风险竞争机制；另一方面，要进一步加大政策扶持力度，加快推进现代服务业领域的改革，加强现代服务业规划和产业引导，扩大对外开放，优化环境，加强服务基础工作，积极应对西部现代服务业发展面临的新形势，以实现西部现代服务业又好又快发展。

第一节　构建完善的现代服务业市场机制

现代服务业的市场机制就是服务市场运行的实现机制。它作为一种经济运行机制，是指市场机制体内的供求、价格、竞争、风险等要素之间互为因果、互相制约的联系和作用。现代服务业市场机制在调节经济生活和资源配置方面有如下作用：一是有利于微观主体活力的发挥，在市场机制正常发挥作用的条件下，服务经济活动由无数分散的企业和消费者自发运行。二是有利于服务经济运行效率的提高，在市场机制作用下的竞争可以使服务企业优胜劣汰。三是现代服务业在市场机制下，不需要庞大的行政管理队伍，有利于节省管理费用，降低管理运行成本。

一、完善服务产品供需机制

服务产品供需机制是指通过商品、劳务和各种社会资源的供给和需求的矛盾运动来影响各种生产要素组合的一种机制。通过价格、市场供给量和需求量等市场信号来调节社会生产和需求，最终实现供求之间的基本平衡。服务生产与消费的同时性、不可储存性等特征决定了服务供给对需求的依赖，尤其是信息、技术等服务。从消费性服务业的需求看，目前我国西部地区是城乡收入差距最大的地区，西部 12 个省市区中，有新疆维吾尔自治区、宁夏回族自治区、青海省、甘肃省、陕西省、西藏自治区、云南省、贵州省、四川省和重庆市 10 个省市区城乡收入差距位于全国前十位。收入差距过大，导致一部分人处于最基本生活需求的边缘，这部分人，不能达到现代服务业需求相应的临界点，现代服务业的有效需求不足。从生产性服务业的需求来看，在西部地区，工业和农业发展相对滞后，生产性服务业的需求受到限制，西部不能纯粹依据发达国家和地区的标准来发展现代服务业。从供给方面，要依托西部地区的产业优势和资源优势，发展西部地区现代服务业的特色优势产业，如旅游业，教育业，住宿和餐饮业，科学研究、技术服务和地质勘查业，水利、环境和公共设施管理业等产业。

完善西部现代服务业产品的供需机制：一是建立安全、有信誉保证的服务产品供需体系。需要整顿服务市场，规范各种服务组织，疏通服务产品供需通道。二是建立劳动力供求信息的收集、分析评估和发布制度。要下大力气搞好服务产品供给需求的信息收集工作，建立服务产品供需信息库，由此构建西部现代服务业的供需信息平台，以减少企业和个人信息寻找成本，引导服务产品的生产与消费。三是构建现代服务产品供需的法律法规的支持机制。法律具有明示作用和预防作用，法律以法律条文的形式明确告知人们，什么是可以做的，什么是不可以做的。可以大大节省行政管理成本，因此，在现代服务业产品的供需机制构建上，需要法律法规提供保障。

二、调整服务产品价格机制

价格机制是市场机制的核心，价格机制是要素流动与市场竞争的"引导者"。价格机制通过市场价格信息来反映供求关系，并通过这种市场价格信息来调节生产和流通，从而实现资源最优配置。

在市场价格机制的作用下，服务的供求变化呈现明显的规律性。一方面，服务需求量随服务价格的下降而增大。服务价格的降低诱使消费者购买更多的服务产品，而服务价格的提高使消费者倾向于购买服务的代用品，从而购买更少的服务产品。此外，收入水平、消费人口的状况、相关产品的状况及消费偏好等因素也影响服务需求。另一方面，服务供给量随服务价格的上升而增大。较高的服务价格使服务生产者的收益增加，引起服务供给增加；服务价格的降低使服务生产者收益减少，甚至无利可图，引起服务供给的减少。影响服务供给的还有服务成本、相关产品的收益状况、相对收入水平以及技术水平等因素。在市场经济中，价格机制不断调节着服务的供求矛盾，使服务的供给量和需求量趋于平衡，在服务供求均衡点的服务价格成为服务的均衡价格。

完善西部现代服务业价格机制体系要确保：竞争性服务产品由市场价格机制在符合市场法律法规的前提下确定其市场价格；垄断性服务产品由政府或公共管理机构参照市场正常盈利水平制定其管制价格；属于公共产品和准公共产品的服务产品，由政府从社会公平、社会效益的目标出发，直接制定其非经济价格。三种价格应当参照服务市场运行指标保持有序的动态变化，要求做到：第一，根据现代服务业发展的内在要求和市场供求状况，尽可能减少非市场定价，推进市场定价，完善和强化现代服务业市场价格机制。第二，对某些必须管制的服务价格，要提高定价的透明度，应当允许一些差别化定价或有指导性的市场定价，既要防止这些服务的自然垄断或行政垄断转化为经营性垄断，损害消费者利益，同时也要保证现代服务业的合理收益。第三，在公共服务或准公共服务方面，政府定价的重点是提高现代服务业内部效率和相对收益水平，促进社会公平和社会效益。第四，加强对服务价格的管理，建立符合市场化改革要求的现代管理制度。①

三、推动现代服务业公平的风险竞争机制

风险机制是市场机制的基础机制。风险竞争是市场经济的基本特征，是优化资源配置、促进科技创新、促进企业优胜劣汰的有效手段，它能够形成企业的活力和发展动力，促进生产，使消费者获得更大的实惠。在市场经营中，任何企业从事生产经营都会面临着亏损和破产的风险。价格机制能影响风险机制，价格上涨能推动企业敢冒风险，去追逐利润。风险机制是市场运行的约束机制，鞭策市场主体努力改善经营管理，增强市场竞争实力，提高自身对经营风险的调节能力和适应能力。风险与竞争密不可分，没有竞争就不会有风险，没有风险也不需要竞争。竞争存在着风险，风险预示着竞争，两者密不可分。现代服务业范围十分广泛，不仅包括工业与农业的许多服务活动，而且包含与人们日常生活密切相关的一切生活性服务活动，这就使现代服务业的影响深远而广泛。目前来看，西部现代服务业乃至全国风险竞争机制不是很完善，还有部分现代服务业受到政府垄断因素的不利影响，尚未真正建立起开放经济条件下的企业风险竞争机制等，在整体上缺乏参与国际现代服务业竞争的优势。公平的风险竞争机制是保障西部现代服务业良性运行的前提条件，需要进一步推动。

按照《国务院关于加快发展服务业的若干意见》（国发〔2007〕7号）和《国务院办公厅关于加快发展服务业若干政策措施的实施意见》（国办发〔2008〕11号），在西部地区，深化服务领域改革，包括如下方面：第一，进一步放宽服

---

① 李志平. 完善我国服务业价格机制的几点思考［J］. 价格理论与实践，2008（10）：38－39.

务领域市场准入。建立公开、平等、规范的现代服务业准入制度。鼓励社会资金投入现代服务业，提高非公有制经济在现代服务业中的比重。严格执行"凡是法律法规没有明令禁入的服务领域，都要向社会资本开放；凡是向外资开放的领域，都要向内资开放"。打破市场分割和地区封锁，推进全国统一开放、竞争有序的市场体系建设，西部各省（市、区）凡是对本地企业开放的服务业领域，同样向外地企业开放。开放服务领域，尤其在重要公共产品和服务领域，如电信、铁路、民航等服务行业，切实推行投资主体多元化。第二，服务主体内部实施改革，区别对待不同类别服务主体。按照其性质不同，对服务主体进行分类：政企分开、政事分开、事业企业分开、营利性机构与非营利性机构分开。加快事业单位改革，将营利性事业单位改制为企业，并尽快建立现代企业制度。第三，实施政府机关、事业单位后勤服务社会化改革。政府机关、事业单位要继续深化后勤体制改革，推进后勤管理职能和服务职能分开，推动由内部自我服务为主向主要由社会提供服务的转变。实现后勤管理科学化、保障法制化、服务社会化。创新后勤服务社会化形式，引进竞争机制。对后勤服务机构改革后新进入的工作人员，应实行聘用制等新的用人机制。

第二节　改善西部现代服务业发展环境的途径

一、加强服务业规划和产业政策引导

首先，西部各个地区应抓紧制订或修订现代服务业发展规划。西部各地区要根据国家现代服务业发展的主要目标，因地制宜制订本地区现代服务业发展规划。西部各级政府应明确提出发展目标、发展重点和保障措施。西部服务经济较发达的地区如成都市、重庆市和西安市等特大城市应根据当地现代服务业发展情况，适当提高发展目标，推动形成以服务经济为主导的产业结构。部分服务经济欠发达的地区，应该针对不同的消费群体，开发一批富有特色的大众化项目，适应群众多层次的消费需求，激活现代服务业的潜在市场。其次，西部地区尽快研究完善服务产业政策。根据现代服务业跨度大、领域广的实际，分类调整和完善相关产业政策，推动产业分工、服务外包等相关规定，逐步形成有利于现代服务业发展的产业政策体系。各地区要立足现有产业优势和资源优势，突出区域特色，制定相应的政策措施。

二、扩大西部现代服务业对外开放

"经过 20 年的对外开放，东部地区已经形成了利用'两个市场、两种资源'的经济发展模式，通过参与国际分工，最大限度地谋求经济发展。西部地区如果不能在对外开放、利用外经贸发展上迎头赶上，仅利用'一个市场、一种资源'，依然在较封闭状态下进行开发，那么，东西部地区对外开放和经济发展水平的差距就会越拉越大。"① 西部地区要提升西部现代服务业的全球化水平：第一，扩大服务领域利用外资的范围。按照加入世贸组织服务贸易领域开放的各项承诺，鼓励外商投资西部现代服务业。鼓励国内外大型服务企业在西部设立研发中心、采购中心、分销中心和配送中心，促进现代服务业的外向型发展。积极参与国际现代服务业分工和承接国际产业转移，大力引进外资投向金融保险、现代流通、旅游设施、文化教育、医疗体育等服务领域，同时鼓励外商投资设立各类中介咨询机构，吸收国外先进技术和管理经验，进一步提高现代服务业的国际化水平。第二，大力发展服务贸易。充分发挥西部区位既有优势，大力发展面向东盟的国际服务产业，发挥新亚欧大陆桥的作用。新亚欧大陆桥所经路线中很大一部分是经原"丝绸之路"，所以人们又称作现代"丝绸之路"。进一步加快中西部地区中心城市的口岸建设，发挥新亚欧大陆桥对中西部地区经济和社会发展的促进作用。积极承接信息管理、数据处理、财会核算、技术研发、工业设计等国际服务外包业务。第三，支持有条件的服务企业"走出去"建立服务平台，扶持出口导向型服务企业的发展，积极参与国际竞争，扩大互利合作和共同发展。经济全球化的过程是一把"双刃剑"，那些在全球具有比较优势的服务部门容易通过对外输出服务得到充分发展，而具有比较劣势的现代服务业部门在全球化竞争中会面临排挤。西部的发展，部分产业具有一定的比较优势，如高新技术产业

---

① 周可仁. 扩大西部地区对外开放要有新思路 ［J］. 国家行政学院学报，2000（6）：17－22.

和旅游与文化产业方面，这种优势需要进一步加强和凸显出来。因此，要支持西部服务企业走出国门，走向世界，凸显西部产业的比较优势，推动西部现代服务业的全球化进程。

三、优化法制环境，加强现代服务业基础工作

1. 优化西部现代服务业发展的法制环境

加快法制建设，为现代服务业发展提供良好的法律环境。制定和完善规范现代服务业市场主体行为和市场秩序的法律法规，应尽快出台《中华人民共和国反垄断法》等维护市场公平竞争、完善市场体系、保护生产经营者合法权益的法律法规。同时调整和修改现存有缺陷的法律法规，使现代服务业相关法律法规条款本身更加严谨，更好地发挥维护现代服务业公平竞争的市场环境的作用。

2. 加强基础工作

主要包括构建现代服务业标准体系和加强现代服务业的统计工作两个方面。有关部门抓紧制定和修订物流、电信、邮政、快递、运输、旅游、体育、商贸、餐饮、社区服务等服务标准，继续推进国家级现代服务业标准化试点，鼓励和支持行业协会、服务企业积极参与标准化工作。加强和协调各部门及行业协会的现代服务业统计工作。统计局要协同有关部门加快建立科学、统一、全面、协调的现代服务业统计调查制度和信息管理制度，完善现代服务业统计调查方法和指标体系，建立政府统计和行业统计互为补充的现代服务业统计调查体系。

第八章
提升西部现代服务业
发展水平的对策措施

提升西部现代服务业发展水平是西部地区现代服务业发展的需要，也是西部实现现代服务业可持续发展的前提。本章针对西部现代服务业存在的问题和发展影响的制约因素及其面临的新形势、新任务，从政府规划管理和实施引导的角度，提出了提升西部现代服务业发展水平的对策措施。

第一节　提高西部现代服务业发展水平的措施

提升西部现代服务业发展水平，要努力构筑"四个结合"的产业发展体系，即坚持促进新兴服务与传统服务相结合、生产服务与消费服务相结合、外向服务与内向服务相结合、城区服务与郊区服务相结合。着力推动资源配置市场化，提升西部现代服务业的全球化水平，促进服务内涵知识化、发展环境法制化，加快服务技术升级和产业融合发展，提高西部现代服务业综合服务能力。

一、提高城乡居民收入消费水平

党的十七大报告中提出，要"深化收入分配制度改革，增加城乡居民收入"。注重提高居民收入在国民收入分配中的比重，是贯彻落实十七大精神，着力保障和改善民生，促进社会公平正义，推动建设和谐社会的重要一环。随着我国经济不断发展，在收入分配上，我国由最初的"效率优先、兼顾公平"到十六大报告的"初次分配注重效率、再分配注重公平"，再到十七大报告提出的"初次分配和再分配都要处理好效率和公平的关系"和"逐步提高居民收入在国民收入分配中的比重，提高劳动报酬在初次分配中的比重"，明显体现了国家对居民收入分配的高度关注。十七大报告提出要提高劳动报酬在初次分配中的比重，就确保了在初次分配中劳动者的劳动报酬就能随经济发展而逐步提高。目前，居民收入差距主要体现在如下方面：其一，西部收入悬殊主要体现在农村的对比上，根据 2008 年的《中国统计年鉴》，西部地区城镇居民可支配收入为11309 元，而农村仅有 3028 元。农村中农民的收入太低，在现代服务业上"有需求无购买力"的现象主要体现在农民身上，而西部地区农村人口约占总人口的63%，约有 2.3 亿，西部农村有广阔的潜在市场。事实上，西部农村的服务消费增长很慢，幅度很小。在西部地区，通过坚持支农惠农政策，加快农业科技投入，调整优化农业经济结构，加大对西部农村的扶持力度，促进农业不断增收，农村加快发展，农民持续增收，以缩小城乡收入差距，实现城乡互相促进，协调发展，共同繁荣。其二，西部地区的收入差距还体现在部分城镇居民上。如部分下岗工人、失业人员及弱势群体，他们获得工作岗位和资金等生产要素的渠道不畅。针对这种情况，西部应该大力推动共享式增长。通过高速、有效和可持续的增长来创造机会，并保证机会平等，以惠及全体民众①。在政策、制度安排、覆盖范围和服务上要实施区别对待，进一步加强减贫力度。

二、构建西部农村服务体系

在当前国际金融危机的影响下，现代服务业需求呈现萎缩的态势。在西部农村，现代服务业发展还处于十分落后的状态。落后的农村现代服务业，不仅阻碍了西部农村劳动力的转移和农村经济的发展，还影响了西部地区现代服务业的提升。

西部农村地区要按照需求导向和适度超前的原则，构建农村现代服务业体系，可从如下几个方面来着手：第一，健全西部农业技术支持体系。一方面，培

---

① 亚洲开发银行. 共享式增长对中国缩小收入差距至关重要［J］. 国际融资，2008（12）：68.

育多元化农技主体，引导支持以龙头企业、农民专业合作组织、农村科技示范户、农产品行业协会等为主体的社会化科技服务体系建设；另一方面，加大国家对西部地区农村的财政支持力度，建立健全政府主导的农业公共科技服务体系，有效发挥其对西部农村产业的支撑作用。第二，发展西部农资连锁经营。农资是农业的重要生产要素，目前，适合开展连锁经营的产品主要包括种子（种苗）、肥料、农药、农膜、农机具、饲料及添加剂等。农资连锁规模化的营销网络，有利于规范服务，确保控制农资商品质量。第三，完善农副产品流通体系。国务院①明确提出，"加快完善农产品流通网络"。西部地区应该结合区域自身情况，加强农副产品的流通体系建设：首先，在重点销区和产区再新建或改造一批农产品批发市场和农贸市场，加强冷藏保鲜、卫生、质量安全可追溯、检验检测、物流等设施建设。其次，促进产销衔接，积极推动"农超对接"，支持大型连锁超市、农产品流通企业与农产品专业合作社，建立农产品直接采购基地，提高流通效率。第四，推进西部农村经济信息服务。加快构建农业经济信息服务体系，逐步形成连接国内外市场、覆盖生产和消费的经济信息网络，推进农业经济信息服务的社会化。按照国务院通知②要求，逐步推进农村地区金融机构准入政策试点工作，培育小额信贷组织，建立符合农村特点的担保机制。逐步扩大农业保险范围，做好政策性农业保险试点工作。

总体说来，构建西部农村现代服务业，资金保障十分重要。因此，进一步明确政府公共服务责任，健全公共财政体制，把更多财政资金投向西部农村服务领域，提高农村公共服务的覆盖面和社会满意水平。首先，中央财政要继续增加对西部地区社会保障、医疗卫生、教育、节能减排、住房保障等方面的支出，重点提高对农村、欠发达地区居民的公共服务水平，支持医药卫生体制等重大改革。其次，国家财政新增教育、卫生、文化等事业经费和固定资产投资主要用于西部农村，积极支持农村现代服务业发展，提升西部农村现代服务业发展水平。

----

① 《国务院办公厅关于搞活流通扩大消费的意见》，国办发〔2008〕134 号。
② 《国务院办公厅转发发展改革委关于 2008 年深化经济体制改革工作意见的通知》，国办发〔2008〕103 号。

三、加大西部服务领域的投资力度

西部现代服务业投资与其增加值之间存在着显著的正相关关系。西部地区现代服务业长期投入不足，制约了其发展规模和速度，加大西部现代服务业投资、推动其快速发展已刻不容缓。推动西部现代服务业发展，需要从以下几个方面着手：

1. 切实转变投资观念

从偏重于抓制造业投资，向一手抓先进制造业、一手抓现代服务业投资转变；从偏重于抓传统服务业，向重点抓文化创意产业、旅游、信息、社区服务、中介服务等新兴服务业转变；从偏重于抓生活性服务业，向重点抓现代物流、金融服务、商务服务等生产性现代服务业转变，紧紧围绕西部地区制造业发展需求和国际现代服务业加速转移带来的机遇，发挥区域比较优势，推进生产性服务向专业化、市场化方向发展，为提升制造业的国际竞争力提供有力支撑。

2. 强化政策保障，利用好金融和财政两个工具

（1）加大财政对现代服务业发展的支持力度，根据财政状况及现代服务业发展需要，重点支持现代服务业的关键领域、薄弱环节和提高自主创新能力，建立和完善农村服务体系。加大对规划内重点现代服务业项目的投入，同等情况下优先支持现代服务业项目。西部各级地方政府也要根据需要安排现代服务业发展专项资金和引导资金，有条件的地方要扩大资金规模，支持现代服务业发展。

（2）加大金融对现代服务业发展的支持力度。人民银行、金融监管机构等要引导各类金融机构开发适应服务企业需要的金融产品，积极支持符合条件的现代服务业企业。积极搭建中小企业融资平台，国家中小企业发展专项资金和地方扶持中小企业发展资金要给予重点资助或贷款贴息补助。

3. 加强区域分类指导，突出地方特色，统筹现代服务业发展

区域经济是特色经济，现代服务业发展必须结合区域特点，立足自身优势，扬长避短，以比较优势取得差异化竞争优势。西部地区根据工业还不发达、现代服务业发育程度较低的特点，围绕提高城市服务功能，向特色优势的现代服务业产业重点投资，大力发展旅游、商业、农业服务、交通运输等特色优势服务产业。

四、培育龙头型现代服务主体与知名品牌

当前，IT 及互联网革命有力推动了现代服务业的技术进步和广泛应用，使现代服务业创新更为频繁和密集，现代服务业成为知识经济的典型代表。为了推动"中国制造"向"中国创造"转变，必须顺应时代潮流，加快现代服务业发展与创新。这不仅是西部提高自主创新能力、建设创新型西部的战略选择，也是我国整体现代化战略的重要选择。现代服务业企业尤其是龙头型现代服务业企业是现代服务业创新的主体，在现代服务业发展过程中要充分发挥龙头型企业的带动示范效应，形成知名品牌。首先，要加快培育服务贸易龙头企业。大力促进现代服务业规模化、网络化、品牌化经营，形成一批拥有自主知识产权和知名品牌、具有较强竞争力的现代服务业龙头企业。其次，支持企业开展自主品牌建设，鼓励企业注册和使用自主商标。鼓励流通企业与生产企业合作，实现服务品牌带动产品品牌推广、产品品牌带动服务品牌提升的良性互动发展。培育发展现代服务业知名品牌，符合国家有关规定的，商务部等部门应将其纳入中央外贸发展基金等国家有关专项资金扶持范围。充分发挥政府现代服务业引导资金的作用，调动地方和企业发展现代服务业的积极性，引导多渠道资金加大现代服务业投入，用好引导资金，营造龙头型服务企业发展环境。

五、加快西部城市化进程，培养服务型人才

西部地区应该从实际情况出发，推进城市化进程。首先，进行产业结构调整，大力发展劳动密集型制造业和第三产业。加强城市产业对劳动力的吸纳能力，把大中城市的扩张作为西部城市化的主渠道，通过工业化带动城市化。在西部城市化进程中，与城市化率上升联系密切的不是产出结构的转变，而是就业结构的转变，正是就业结构的非农化直接带动了乡村人口向城市的迁移和集中。其次，西部在城市化进程中，需要完善城市结构，实现大、中、小城市协调发展。一些学者认为，西部缺乏足够的大城市带动整个区域经济的增长，所以有人提出西部应发展大城市。本书认为这种发展模式不适合西部地区的实际情况。因为大城市的建设需要大量的物力、财力，而西部经济的发展状况满足不了这个条件，

并且仅有大城市也难以吸纳大量过剩的农村劳动力。西部地区的城市化适宜走大城市带动中小城市和小城镇协同发展，城镇包围农村的新道路。一方面充分利用重庆市、成都市、西安市等大城市的优势，提高对周边地区经济的辐射带动作用；另一方面加强中小城市的建设，大力发展小城镇。在中小城市的建设过程中，可以根据本土自然资源状况，加速中小城市的工业化进程。西部的经济落后和人口众多的现实，决定了选择发展相当数量和质量并重的小城镇是势在必行。因为小城镇投资少、规模小、覆盖面广，这符合西部的经济现实。同时小城镇能够吸收大量的农村剩余劳动力，从而解决了西部城市化进程中就业结构转变的一个重要问题。小城镇是大中城市和农村连接的纽带，一方面与农村紧密联系，另一方面与大中城市紧密联系，小城镇发展数量和规模直接关系着城乡一体化的实现与否，是城市化进程中不可缺少的重要环节。

美国思科系统公司总裁约翰·钱伯斯曾形象地指出：现代社会"不是大鱼吃小鱼，而是快鱼吃慢鱼"的时代，如果不改变观念落后的状况，一切举措都将会落空。因此，首先要加快发展中西部地区科学教育事业，加快现代服务业人才培养，造就一批政治强、业务精、懂经营、善管理的开放型人才，为西部发展现代服务业提供智力支持。其次要继续做好人才交流和人才流动工作。要结合中西部地区的实际，采取积极优惠政策，支持和鼓励优秀服务人才到中西部地区工作。在东部沿海和中西部地区的服务系统之间进行人才交流，让他们把东部开放开发中好的思想观念、工作思路、工作方法和经验带到中西部地区去，同时也要为中西部地区的干部到沿海地区吸取经验提供条件，相互学习、共同提高。要创造有利于服务型人才发挥作用的政策环境，吸引那些有志于中西部地区服务的人才参与西部大开发。最后要通过多种形式，增加中西部同国内外同行的交流机会，扩大他们对国内外先进管理经验的了解，掌握信息，更新观念，提高现代服务业人员工作的能力和水平。

改革创新现代服务业人才机制，保障服务人才供给的环境。服务活动的日趋复杂与分工更为精细对现代服务业从业人员提出更高的要求，从业人员的素质决定了行业发展的规模、水平与发展速度。从目前来看，服务人才缺乏成为制约西部现代服务业发展的因素之一。改变服务人才的培养模式，坚持以就业为导向的机制和办学模式。培养不同层次的人才：战略规划人才，即制定企业外部宏观调控与内部战略规划的人才；策划经营人才，即对现代服务业活动总体策划和市场推广的项目性经营人才；实施技能人才，即管理人才和专业服务型人才。建立学校和社会之间的联系桥梁，如建立院校与企事业单位合作进行人才培养的机制，根据用人单位的"订单"，进行教育与培养，而不是由学校闭门造车。努力造就一批高层次、高技能、熟悉现代经营和管理的现代服务业专门人才。

六、完善危机事件预防监测体系

美国学者 Rosenthal（1989）的定义得到较多学者的认同。他认为，危机是指"对一个社会系统的基本价值和行为准则架构产生严重威胁，并且在时间压力和不确定性极高的情况下必须对其做出关键决策的事件"。危机事件具有较强的突发性、模糊性和扩散性，对现代服务业影响较大，需要做好危机事件的预测和监测工作：第一，设立监测机构。需要建立一个政府主导的、多个职能部门配合联系的监测机构。以加强各部门统计资源的整合，逐步将社会发展的各类可获得指标统一纳入统计口径，使决策部门能够通过统计渠道及时、准确地获得经济社会发展指标。第二，确立监测的内容。经济社会发展宏观监测体系构建不能局限于部门职能，而必须树立大社会的观念，既要加强对文化、教育、卫生、体育等社会事业行业发展状况的监测，又要考虑当前加强社会管理和经济建设的需要，加强对社会保障、就业服务、公共安全等事关民生的重要领域的监测。第三，确立监测试点区。选择不同类型、具有代表性的监测点，形成覆盖城市和农村，以省（市、区）、地市、区县为空间单元的监测体系，发挥社会动态监测点的作用，及时获取反映基层的第一手信息、有针对性的社会发展状况报告，为社会发展宏观调控提供及时、准确、全面、充足的信息支撑，从而预防突发性危机事件的发生。

第二节　积极应对危机事件的对策

积极有序应对既发危机事件，本书主要讨论金融危机及汶川地震对西部现代服务业发展提出的新要求和新形势，西部地区应采取如下应对措施。

一、积极应对全球性金融危机

由于我国金融的相对独立性，金融危机对西部现代服务业的直接影响不是很大。但因为国际大部分服务产业呈萎缩态势，现代服务业 FDI 减少，现代服务业有效需求不足造成了危机影响的放大。因此，应对金融危机，注重以下几个方面：

（一）支持国内有条件的金融企业开展跨国经营

目前，由于受金融危机的影响，国外很多金融企业受到严重影响，我国金融行业应根据自身条件积极应对。国务院①曾指出："有条件的金融企业应在严格控制风险的基础上，开展跨国经营，为我国企业参与国际市场竞争提供金融服务，为服务企业'走出去'和服务出口创造良好的金融环境。"在支持企业国际化发展过程中，我国已设立了中央外贸发展基金、援外优惠贷款、援外合资合作项目基金、对外承包工程保函风险专项资金等。② 但在实施的过程中因资金有限，不足以成为支撑西部服务企业参与国际市场竞争的资金后盾。因此，需要对西部地区资金密集型的"走出去"项目和西部金融企业给予特殊优惠贷款或贴息的资助，设立海外投资风险基金，提供更多为西部地区现代服务业融资的渠道。

（二）抓住服务业投资新机遇

根据联合国贸易和发展会议（UNCTAD）调查，"中国拥有世界最优的投资环境，其次是印度、美国、俄罗斯和巴西等国家。"③ 同样，《世界投资报告2008》表明，在金融危机下，中国是世界上最优投资国。从国内来看，东部相对于西部地区，服务业资金相对饱和，大量资金流向西部地区，这为西部现代服务业发展带来了机遇，抓住机遇，实现西部现代服务业优化升级和更新换代。同时国内应加大金融对现代服务业发展的支持力度，乘势而上，为现代服务业发展提供必要的融资途径和金融支持，推动现代服务业的发展。中央财政适度增加现代

① 《国务院办公厅关于加快发展服务业若干政策措施的实施意见》，国办发〔2008〕11 号。
② 《中国企业国际化战略报告——2007 蓝皮书》，"中国企业国际化战略"课题组。
③ 《世界投资报告 2008》，第 33 页。

服务业发展专项资金和现代服务业发展的引导资金，重点支持现代服务业发展的关键领域、薄弱环节，如农村服务体系构建方面。

（三）抓住机会，发展服务外包

在国际金融危机的形势下，迫使国内外更多的企业寻求外包来降低成本，一些高技术含量、高利润的订单也随之到来。西部服务外包业必须根据自身特点，发挥产业的优势，承接国际服务外包业务。"一方面要发挥企业的积极主动性，另一方面也要有赖于政府出台相应政策措施鼓励企业承接跨国公司外包业务。因此，政府设立服务外包产业发展专项基金，鼓励扶持服务外包企业的发展，支持服务外包企业开发研究，为西部企业提供必要的信息和咨询服务，开拓国际市场，提升企业承接国际外包业务的能力。"①

（四）发展农村现代服务业，扩大现代服务业的有效需求

在金融危机影响下，西部现代服务业的有效需求明显降低。西部广大农村是西部现代服务业发展的潜在市场，随着西部地区农村居民收入水平进一步提升，对现代商贸服务、经济信息服务、现代物流服务的需求进一步增强，面向现代农业要求，在广大西部农村地区重点发展以下几个方面：首先，发展面向生产的服务业，如发展科技推广服务，发展农产品质量安全保障服务；其次，围绕提升农民生活质量，大力发展生活服务业；最后，围绕统筹城乡发展，大力发展公共现代服务业，推进公共服务均等化。

二、利用灾后重建带来的新机遇

汶川"5·12"特大地震及其次生灾害给西部现代服务业发展造成重创，同时也为现代服务业产业结构调整和空间布局及现代服务业投资带来了新的机遇。西部现代服务业充分利用新的机遇，以实现西部现代服务业持续、健康、快速的发展。

（一）利用西部现代服务业空间布局的非自愿选择机会

大地震破坏了西部地区现代服务业部分载体，这为现代服务业优化空间布局带来了非自愿选择的机遇。在修复重建的过程中，西部现代服务业以可持续发展

---

① 匡后权，邓玲. 服务外包助推西部服务业发展 ［J］. 经济导刊，2007（12）：48.

为指导，遵循主体功能区规划原则，依据生态维、产业维、城市维"三维协调"原理，充分发挥区域资源优势，促进生产性现代服务业集聚化、消费性现代服务业均衡化。目前，西部是产业转移的重要承接地，原来工业基础较好的重庆、成都、西安和广西等地区，将其变为西部重点的生产性现代服务业集聚区，发展以研发、采购、储存、销售、售后服务为代表的生产性现代服务业；在消费性服务业方面，结合区域优势，将消费性现代服务业在空间上实现均衡布局，以实现消费性现代服务业的公共服务均等化。

（二）灾后重建为西部服务投资带来的新机遇

根据《国家汶川地震灾后恢复重建总体规划》，恢复重建资金总需求经测算约为1万亿元。灾后重建坚持创新机制，协作共建，建立"政府主导、社会参与、市场运作、多元投资"的重建机制，把自力更生、生产自救与多方支持、对口支援结合起来。目前主要通过中央财政、地方财政、对口支援、社会募集、国内银行贷款、资本市场融资、国外优惠紧急贷款、城乡居民自有和自筹资金、企业自有和自筹资金等多种方式筹措资金，广泛吸引了社会各界参与灾后重建。现代服务业投资应主要集中在重建恢复各类景区，建设重点旅游区，打造精品旅游线；恢复重建商贸网点；恢复重建银行业、证券业和保险业金融分支机构，重建营业用房、金库、金融网络信息系统等方面。地震灾害在对西部现代服务业造成重创的同时也为巨大投资将拉动服务经济增长带来前所未有的机遇。抓住服务投资的新机遇，实现西部现代服务业可持续发展。

（三）充分利用西部现代服务业创新发展的新机遇

目前，现代信息技术与科技成果广泛运用，现代服务业创新发展是大势所趋。传统跨国公司日益向服务型跨国公司转型，通过掌控研发和市场营销等核心环节，在国际分工中支配力、影响力不断提高，在国际产业链、价值链和创新链中处于高端。西部现代服务业发展必须顺应时代潮流，抓住机遇。灾后重建的大环境给西部现代服务业创新发展带来了如下机遇：一是灾后重建为现代服务业发展带来新的技术和信息。如国家科技部专门组织编制了《"四川地震灾区灾后重建现代服务业科技专项行动"建议》，四川省政府积极与国家科技部衔接，共同实施开展现代服务业科技行动，充分利用863计划与现代服务业领域科技支撑计划已取得的成果，建设灾区现代服务体系，提高灾区现代服务业重建效率。二是现代服务业中的先导产业为现代服务业创新发展带来的机遇。现代服务业中的诸多行业是灾后重建的先导产业，同时又是特色优势产业，如会展、旅游业，这些行业能汇聚巨大的人流、物流、资金流和信息流，促进区域经济贸易合作，带动相关产业发展。汶川大地震灾后西部经济要全面复苏，需要发挥这些产业作为区域先导产业的积极作用，实现西部服务经济持续健康发展。三是发达国家、发达地区聚焦西部，给西部带来机遇。面临新一轮现代服务业转移浪潮，发达国家产业向发展中国家转移，东部产业向西部产业转移，在汶川特大地震的影响下，让世界目光聚焦中国，聚焦中国西部，关注西部服务产业发展，为西部现代服务业发展注入更多资本，也带来了较多新的机遇。西部现代服务业在重建中，应充分利用这些机遇，推动西部现代服务业跨越式发展。

第九章
实现西部现代服务业可持续发展

可持续发展是现代服务业发展的内在要求，是西部现代服务业发展的结果。本章运用可持续发展理论，在分析西部现代服务业可持续发展与区域可持续发展关系的基础上，针对西部现代服务业发展的问题和趋势，提出了西部地区推动现代服务业可持续发展的保障和途径选择。

第一节　现代服务业与区域可持续发展的关系

现代服务业与区域可持续发展互相促进，共同发展。区域为现代服务业的发展提供载体和条件，现代服务业是区域可持续发展的助推器。本节重点分析了区域可持续发展的内涵，并对现代服务业与区域可持续发展的互动效应进行探讨。

一、区域可持续发展的内涵

区域经济发展不仅是指经济发展的共同性问题在特定区域的表现，而且由于区域经济运行的空间特性和联系，还涉及区域内部的空间发展问题。"区域经济发展，既指区域经济产出的总量增长，又意味着区域经济结构、区域空间结构、制度安排等方面的优化和进步。"① 区域可持续发展概念是可持续发展在具体区域经济发展的具体体现，"它既有可持续发展概念的一般意义，即可持续发展强调经济系统与社会系统和环境系统的耦合，又区别于全球层次和国家层次的可持续发展，即区际之间能协调互进。"② 本书所研究的区域可持续发展，是指区域地域环境持续优化，区域生产能力不断增强，区域社会平等程度不断提高，区际关系不断融洽的发展。"区域可持续发展包括区域经济可持续发展、区域社会可持续发展和区域生态可持续发展。在这三个子系统中，区域生态可持续发展是区域可持续发展的载体，区域经济可持续发展是区域可持续发展的物质支撑，是区域可持续发展的物质基础，区域社会可持续发展是区域可持续发展的目的和动因。"③

二、现代服务业与区域可持续发展的互动效应

现代服务业本身具有信息化程度高、资源消耗低、环境污染少的优势。因此，党的十六届五中全会通过的《中共中央关于制定国民经济和社会发展第十一个五年规划纲要的建议》提出，大城市要把发展现代服务业放在优先位置，有条件的要逐步形成服务经济为主的产业结构。2007 年 2 月国务院在常务会议上通过《关于加快发展现代服务业的若干意见》。大力发展现代服务业符合我国走新型工业化道路的发展战略，也是实施生态文明建设的主流方向。现代服务业对促进经济社会可持续发展具有重要意义，本书所述如下：

（一）现代服务业能降低产业发展对资源和环境的冲击与负荷

现代服务业本身具有资源消耗低、环境污染少的特点，在很大程度上可以缓解产业发展对资源和环境的冲击与负荷。以资源消耗为例，据 2007 年《中国统计年鉴》，2006 年，工业能源消耗总量为 175136.64 万吨，现代服务业能源消耗总量为 59023.18 万吨，其中交通运输、仓储和邮政业能源消耗量为 18582.72 万吨，批发、零售业和住宿、餐饮业能源消耗量 5522.44 万吨，其他行业能源消耗

① 杜肯堂，戴士根．区域经济学［M］．北京：高等教育出版社，2004．
② 陈传康．区域持续发展与行业开发［M］．北京：中国环境科学出版社，1997．
③ 刘雨林．西藏经济可持续发展研究［D］．四川大学博士学位论文，2008．

量 9530.15 万吨；生活能源消耗量 25387.87 万吨。与工业相比，现代服务业消耗 1 吨能源的产出为 1.4 万元，工业消耗 1 吨能源的产出为 0.59 万元，从能源的消耗来看，现代服务业能源消耗远远低于工业。现代服务业是产业经济中高效、清洁、低耗、低废的产业类型，现代服务业降低产业发展对资源和环境的冲击与负荷，因此，党的十六大也明确提出"要加快发展现代服务业"的要求。大力发展现代服务业符合我国走新型工业化道路的发展战略，也是循环型现代服务业发展的主流方向。作为绿色产业的现代服务业，具有节省资源、有利于环保和增加产值的作用。

（二）现代服务业能满足转变经济发展方式和调整产业结构的需要

发展现代服务业满足转变区域经济增长方式的需要。十七大明确提出了加快转变经济发展方式：促进经济增长由主要依靠增加物质资源消耗向主要依靠科技进步、劳动者素质提高、管理创新转变。"经济增长方式"通常指决定经济增长的各种要素的组合方式以及各种要素组合起来推动经济增长的方式。按照马克思的观点，经济增长方式即内涵扩大再生产和外延扩大再生产。外延扩大再生产主要是通过增加生产要素的投入来实现生产规模的扩大和经济总量的增长。而内涵扩大再生产，主要通过技术进步和科学管理来提高生产要素的质量和使用效益来实现生产规模的扩大和生产水平的提高。现代服务业运用现代科学技术和设备，在现代管理技术组织下为生产、商务活动和政府管理提供服务。网络化、信息化、知识化和专业化的产业特征决定了现代服务业经济增长以内涵增长为主。明确提出要发展并提升高新技术产业，提高信息、生物、新材料、航空航天、海洋等现代产业体系的比重和水平。

发展现代服务业满足区域产业结构调整的需要。现代服务业在世界经济和社会发展中呈后来居上的态势，从横向来看，经济越发达、居民越富裕的国家，现代服务业的比重就越高。以人均服务消费为例，2001 年，美国人均服务消费是中国的 125 倍，日本、英国和加拿大均是中国的 50 多倍，德国、法国、澳大利亚、意大利和瑞典均是中国的 40 多倍，韩国和墨西哥均是中国的 10 多倍。从纵向来看，各国现代服务业的比重都在增加。西部主要以传统产业为主，新兴产业发展严重滞后，制约了社会经济的整体发展。发展现代服务业，直接形成了各种资源向会展、金融、保险、信息、咨询、新型物业管理、电子信息等科技含量较高的新兴行业转移，弥补原有产业结构中该方面投入的不足。同时，增加科技开发的投入，发展教育培训，又为高新科技企业的发展提供必备的条件。所有这些方面的投入和发展，又为传统行业的改造，提高原有企业的机械化、电气化、电子化水平，使之具备应用新电子信息技术和世界最新科研成果的能力提供了前提条件。完成传统产业与现代化科技成果对接，从资源的再投入和传统产业改造入手，完成西部产业结构调整，是西部立于不败之地的关键。

第二节　西部现代服务业可持续发展的原则和问题

一、西部现代服务业可持续发展的原则

调整西部产业结构，其最终目的是使西部产业结构合理化，增强西部产业的竞争力和占有更大的市场份额，充分发挥西部的比较优势，在建设生态文明的战略框架下，促进西部经济持续快速健康协调发展。为此，要遵循以下几个原则：

（一）公平性原则

可持续发展的公平性原则。可持续发展是一种机会、利益均等的发展。

1. 人与自然之间的公平

人与自然之间的和平共处，人与自然作为构成复合生态系统的重要组成部分，在系统中的地位是公平的，人不能将自身凌驾于自然之上。

2. 人与人之间的公平

人与人之间的公平包括代际间的均衡发展，即既满足当代人的需要，又不损害后代的发展能力。

3. 地区间的均衡

包括区际间的均衡发展，即一个地区的发展不应以损害其他地区的发展为代价。该原则认为，人类各代都处在同一生存空间，他们对这一空间中的自然资源和社会财富拥有同等享用权，他们应该拥有同等的生存权。因此，可持续发展把消除贫困作为重要问题提了出来，要予以优先解决，要给各国、各地区的人、世世代代的人以平等的发展权。

（二）持续性原则

西部现代服务业可持续发展应有一个支持系统，即西部生态环境系统。这个生态环境系统的维持取决于其物质与能量循环的平衡。在一定限度内，人类活动可以改变流量，满足社会对自然资源、环境适度以及废物处理的需要。但一切环境系统都有一定的承载力，存在承受干扰的上限与下限，如果超过这些界限，就会造成生态环境破坏，从而限制了西部经济可持续发展，也危害了人类。西部经济可持续发展要求在发展的同时，要有一定的限制，即要求人们根据西部生态系统持续性的条件和限制因子调整自己的生活方式和对资源的需求，在生态系统可以保持相对稳定的范围内确定自己的消耗标准，要树立新的财富观念，即生态资源同样是人类的宝贵财富，而不是把生态资源视为获得财富的手段。①

（三）发挥地区比较优势的原则

西部产业结构调整必须要以自身的要素禀赋结构为依据，发挥自身优势，保持现代服务业的发展活力。地区自身优势分为绝对优势和相对优势，绝对优势是指一个地区与其他地区相比，在某些方面具有的绝对有利条件，如西部的人力资源、自然矿产资源、地理资源、土地资源、气候资源和生物资源等是其他省区无法比拟的。相对优势原则是指地区自身比较，优势中哪个更优或劣势中哪个劣势较小。一个地区或许不具备绝对优势，但肯定具有相对优势。发挥地区优势，主要是指发挥"劣中选优，优中更优"的相对优势。发挥自身优势的原则，关键在于建立能充分体现自身优势的产业结构。它包括与自然资源相适应，即与市场条件相适应，即考虑市场发育程度，考虑市场容量大小和质量高低以及市场体系建设等；与技术资本条件相适应，主要是人力资源的技术水平、高素质劳动力的流向、自有资金积累水平、融资能力和吸引外资的能力等；与经济管理水平相适应，主要是指对区内各种资源的组合、利用能力、开发程度和效率等；与外部环境相适应，主要指区际关系和国家的区域政策，包括区域投资政策、区域税收政策、财政转移支付制度、区域产业政策、区域贸易政策和区域金融政策等。因此，西部现代服务业结构应该使西部具有优势的资源和要素得到充分的利用，形成西部独特的服务经济增长的优势，同时，还要尽可能地综合利用西部的其他优势资源。

---

① 刘雨林．西藏经济可持续发展研究［D］．四川大学博士学位论文，2008：71-72.

（四）和谐性原则

可持续发展不仅强调公平性，同时也要求具有和谐性，正如《我们共同的未来》报告中所指出的，"从广义上说，可持续发展的战略就是要促进人类之间及人类与自然之间的和谐。"如果每个人在考虑和安排自己的行动时，都能考虑到这一行动对其他人（包括后代人）及生态环境的影响，并能真诚地按"和谐性"原则行事，那么人类与自然之间就能保持一种互惠共生的关系，也只有这样，可持续发展才能实现。

（五）市场需求性原则

调整和优化西部产业结构，要充分发挥市场对资源配置的基础性作用，立足区内和国内，面向国际，研究和适应市场，根据市场需求进行调整。调整西部产业结构必须注重从西部自身优势行业、优势企业、优势产品入手，发展壮大企业集团，提高区域内外的生产集中度，促进专业化分工协作，提高规模效益经济。面对世界和国内科技日新月异的趋势，要加快科技引进和科技攻关，利用先进的适用技术改造和发展区内的主导产业和辅助产业，推动产业技术升级换代，提高产业和产品的科技含量，避免低水平盲目建设和重复建设，增加市场竞争力，促进西部现代服务业可持续发展。只有这样，才能培育出西部新的经济增长点。因此，在西部产业结构调整中，既要考虑自身的资源优势，也要考虑市场需求，采取市场需求导向与培育新的经济增长点相结合的原则。人类在追求幸福的过程中，总会寻找满足自己需要的最优途径，西部经济可持续发展的需求性原则就是西部的发展要立足于人的合理需求而发展，强调人对西部资源和环境无害，加强生态环境保护，不是一味地追求市场利益，目的是向所有的人提供实现美好生活愿望的机会，为全国乃至世界的可持续发展做出贡献。

（六）高效性原则

可持续发展的公平性原则、可持续性原则、比较优势原则、和谐性原则和需求性原则实际上已经隐含了高效性原则。事实上，前四项原则已经构成了可持续发展高效性的基础。不同于传统经济学，这里的高效性不仅是根据其经济生产率来衡量，更重要的是根据人们的基本需求得到满足的程度来衡量，是人类整体发展的综合和总体的高效。西部经济可持续发展的高效性不仅是根据西部自身经济生产率来衡量的，更重要的是根据全国乃至全人类的基本需求所得到的满足程度来衡量。由于西部生态环境对全球的重大作用，西部的发展必须使人类整体发展的综合和整体利益达到高效。对于物质生产来讲，高效性是指在西部生态系统可容许的界限内，达到在时空上对资源的最大利用效率和以尽可能低的投入获得尽可能多的产出；对于非物质生产来讲，高效性包括能充分吸收利用人类一切先进文明成果，实现高效率的社会文化价值和经济运行机制。

二、西部现代服务业可持续发展存在的问题

（一）绿色消费的理念尚未真正形成

绿色消费观，就是倡导消费者在与自然协调发展的基础上，消费低污染和低能耗商品、提倡健康适度的消费观念。绿色消费包括三层含义：倡导消费低污染、低能耗、有助于公众健康的绿色产品；在消费过程中注重减少垃圾的产生；引导消费者转变消费观念、崇尚自然、追求健康，在追求生活舒适的同时，注重环保、节约资源和能源，实现可持续消费。目前，大多数消费者对个人消费需要对环境负责任的观念没有建立起来。目前，大多数消费者没有绿色消费的意识，比如，在就餐时依然使用一次性筷子和一次性餐盒；扔垃圾的时候没有进行可回收与不可回收的区分；倾向购买过度包装的商品等。

（二）绿色服务经济制度缺位

绿色服务经济制度是指围绕社会经济可持续发展所做出的各种制度安排，人们通过发展获得的社会财富在满足当代人需要的同时，还需要有剩余投入环境与资源的保护，实现经济社会可持续发展。绿色服务经济制度包括绿色产权制度、绿色税收制度、绿色价格制度和绿色经济行政管理制度①。目前，西部地区绿色服务经济制度缺位，缺乏对西部现代服务业的规范，缺乏可持续服务经济活动与非持续性服务业经济活动界定的标准。西部有待进一步构建并完善相应的绿色服务经济制度。在服务经济活动中需要道德，但是更需要的是制度的约束力，唯有建立在制度上的绿色服务经济才能从根本上保证其有效性。

（三）生态补偿力度不够

西部地区是我国重要的生态屏障，同时又是国家资源的战略基地。长期以来，西部地区向发达地区输出资源，同时还承担生态破坏的成本。而资源输入地

---

① 谭宗宪. 论自然资源管理制度创新［J］. 生态经济通讯，2004（9）：36.

对西部生态补偿力度不够，导致西部地区长期承受着经济落后和生态恶化的双重压力。一般来说，对生态保护和重建的直接投入按其成本进行计算比较容易，可等同为将受到破坏的生态环境恢复到正常状况所需要支付的费用。但是由于生态资源的公共物品特性，它的破坏对经济社会造成的影响容易感受，但是很难评价到底损失多少，很难计算出间接成本，因而无法科学地确定补偿强度。另外，生态补偿需要有充足的资金来源，目前西部生态环境建设方面还存在资金约束的问题：在资金结构上，财政性资金成为西部生态环境建设领域的主要资金来源，数量有限；外资利用形式单一，规模较小；民间资本市场发展不够，也没有得到充分的利用。在这样的情况下，西部生态补偿力度不够，成为西部现代服务业可持续发展的约束因素之一。

第三节　西部现代服务业可持续发展的对策

一、西部现代服务业可持续发展的保障

（一）创新政府对服务业的管理

同其他产业一样，作为现代新型服务产业需要经过孕育、成长、成熟、衰退四个阶段。西部服务产业正处于成长期，政府要运用好监管和服务等手段，实现其宏观调控目的。每个服务城市设置权威现代服务业管理机构，对现代服务业实行依法管理，强化服务理念，改变多头管理、多头审批的状况，推行服务的"一站式"服务，由审批制转向登记备案制。就西部当前的实际情况来看，创新政府对服务经济的管理要从制定现代服务业发展规划、制定服务法律法规等方面着手，包括如下方面①：其一，现代服务业规划管理。制订现代服务业发展规划，明确区域现代服务业的发展方向，使政府对服务经济的管理从直接管理转向间接的规划管理。其二，制定服务业的法律法规。政府要根据国家法律、行政法规的

---

①　曾武佳．现代会展与区域经济发展［M］．成都：四川大学出版社，2008：279－281.

基本原则，并结合城市现代服务业发展的实际，尽快组织制定、实施行业的法律、法规，并指导行业协会建立行业公约，完善自律机制，对服务市场进行有效的规范和监控，使现代服务业走向法制化的道路。其三，制定引导和扶持服务产业健康发展的优惠政策。在资金筹措、土地征用、税务、工商管理、招商引资、交通运输、出入境管理等方面对现代服务业给予政策倾斜，重点扶持，强化其城市的服务功能，引导与推动现代服务业持续、快速、健康发展。其四，建立和完善服务业统计制度。服务正在成为一个独立的行业，从长远来看应正式纳入国民经济行业分类体系。当前，可从调研入手，由统计部门设计调查方案、确定调查内容、建立调查制度、规范统计信息的发布和使用，并在此基础上，建立现代服务业的统计调查体系，统一现代服务业的统计口径。进行现代服务业统计指标体系和报表设计，使之全面、系统、完整、有效地反映服务行业的发展规模、经营水平、经济效益、行业特点等情况，使之更有效地服务于服务市场和服务企业。

（二）充分发挥现代服务业行业协会的作用

要积极推动行政部门改革，打破条块分割部门分割状况，建立适应现代服务业发展的管理，并逐步向符合市场经济要求的运行机制和管理体制转化。要加快政府职能的转变，由指令型、审批型向指导型、服务型转变，促进生产要素的合理流动，使企业和生产要素在市场竞争中优胜劣汰，优化组合，形成现代服务业的适度集中与规模经营。政府要转变职能的重要内容就是一些原来由政府承担的服务，如企业管理、服务等职能，逐步转移给行业协会和中介组织，政府要领导服务企业在自愿基础上建立行业协会，在市场准入、信息咨询、规范经营行为、实施国家和行业标准、价格协调、调节利益纠纷等方面发挥作用，维护行业内企业的合法权益。强化政府、中介组织、行业协会及其服务企业之间的联系沟通及其协调配合。①

二、西部现代服务业可持续发展的途径选择

（一）树立生态文明的观念，发展生态现代服务业

树立科学的生态现代服务业观念，首先要树立生态文明的观念。按照四川大

---

① 中国服务体制改革与创新课题组．体制改革与创新：促进中国服务业快速有序发展的重要动力［R］．中国服务业发展报告，2007：5．

学邓玲教授的界定，"生态文明是指人和自然和谐发展、协调发展而取得的积极成果与进步过程。"国家林业局新闻发言人曾说过："生态安全是人类文明的底线，是可持续发展的底线。没有安全，就不可能谈及文明和发展。"环境污染、土地沙化、水土流失、干旱缺水、洪涝灾害、物种灭绝、温室效应是我国典型的自然生态安全问题，是生态文明的底线，要引起高度重视。在西部牢固树立生态文明的观念，就是要正确认识环境保护与经济发展的关系，从重经济发展轻环境保护转变为保护环境与发展经济并重，从环境保护滞后于经济发展转变为环境保护与经济发展同步，从行政方法保护环境转变为综合运用法律、经济、技术和必要的行政手段来解决环境问题；树立生态文明理念就是要提倡勤俭节约，选择健康、适度的消费行为，提倡绿色生活，以利于人类自身发展与自然资源的永续利用；要建立生态文明的制度保障，以制度建设规范和约束人们的行为。

（二）对服务主体实施生态化管理

现代服务业的服务主体主要是服务企业，我国颁布了《中华人民共和国环境保护法》、《清洁生产促进法》，发布了《环境保护违法违纪行为处分暂行规定》、《绿色市场认证实施规则》、《绿色饭店评估细则》等相关行业标准，要求现代服务业主体实施清洁生产。就目前来看，与现代服务业各行业相关的法律法规还不完善，现代服务业本身行业门类较多，法律法规和相应的行业标准有待进一步细化。另外，对现代服务业中各行业的管理还有待进一步加强，现代服务业中的商贸业、旅游业、物流业、餐饮业等应该开展诸如工业企业中开展的生态审计、ISO14000 环境管理体系认证、环境标志认证、生态文化创建等企业生态管理措施，从企业层面上贯彻生态文明理念，抑制污染发生，实现生态文明。

（三）在服务客体中倡导绿色消费

生产决定消费，消费反作用于生产。消费者的消费方式对服务企业研发提供服务产品具有很大的引导作用。绿色消费，也称可持续消费，是指在消费过程中，适度节制消费，避免或减少对环境的破坏，保护生态等为特征的新型消费行为和过程。符合"3E"和"3R"原则：经济实惠（Economic），生态效益（Ecological），符合平等、人道（Equitable）；减少非必要的消费（Reduce）、重复使用（Reuse）和再生利用（Recycle）。在服务客体中倡导绿色消费，一是要引导消费者转变消费观念，崇尚自然、追求健康，在追求生活舒适的同时，注重环保、节约资源和能源，实现可持续消费。考虑社会消费不光满足这一代人的需要，还要满足子孙后代的需要。二是倡导消费者在消费时选择未被污染或有助于公众健康的绿色产品。三是在消费过程中注重对废弃物的处置，不造成环境污染。因此，引导消费者改变传统消费模式，推行绿色消费是服务企业生态化建设的重要途径之一。

（四）提供绿色服务和绿色产品

服务企业是产品和服务的供给者，要在建设环境友好型社会中发挥积极作用，踏实做好绿色服务和绿色产品。绿色服务的英文译为 Environment Friendly Service，即对环境友善的服务，也就是说一切服务过程均围绕生态、环保这一主题展开。绿色服务是在服务提供和消费的过程中，遵循环境资源可持续发展原则而展开的服务提供和服务消费活动。绿色产品是指无污染、安全、营养（绿色食品）的产品。绿色产品是经国家相关部门根据国家相应标准和法规经评定认可并冠以标准的产品。比如我国绿色食品是经中国绿色食品发展中心认定并冠以绿标后，在市场上流通的食品。为确保绿色服务和绿色产品，应充分发挥企业和市场两个主体的作用，即政府引导和市场推动。通过制定相应的法律法规和政策，使企业认识到绿色经营的重要性，保证服务企业落到实处。同时，也是绿色企业展示服务质量的重要方面，企业要积极塑造绿色企业的形象，建立绿色产品服务和品牌，并自觉加大绿色企业运营的投入。

（五）同其他产业实现生态耦合

Shelp 曾指出，"农业、采掘业和制造业是经济发展的砖块，而现代服务业则是把它们黏合起来的灰泥"。[①] 服务企业在生产和经营的同时必然要与其他产业进行资源、产品、人才的交错流动，因此，进行现代服务业与其他各生产企业间的生态化耦合也是行业生态化必不可少的因素之一。从实物产品的四环节看，产品包括了生产、交换、分配和消费四个环节，产品四环节都在产业链条中来完成，农业为实物产品提供最初的原材料，工业对原材料进行加工完成生产环节，形成产品，现代服务业完成产品交换、分配和消费环节，产业部门间紧密相连。因此，要发展生态现代服务业，必须加强不同产业间、企业间的合作，实现产业部门之间以及与生态系统之间的生态耦合、资源共享、物质循环和能量梯级利用，构建工业、农业和现代服务业部门之间的经济链，逐步形成三大产业循环

---

① 李朝鲜. 理论与量化——现代服务产业发展研究［M］. 北京：中国经济出版社，2006：10.

圈，在宏观层次上实现循环经济的同时也促进服务企业自身生态化建设。

（六）构建西部绿色服务经济制度

要发展西部绿色经济就要构建绿色经济制度，从制度层面上构建绿色经济的增长模式和运行机制。建立一系列的绿色制度如绿色资源制度、绿色市场制度，等等，将构建绿色制度的意识深入到各个层面；建立绿色规范制度是离不开生产的，而生产同样需要管理制度的约束才可能更好地发展，好的制度决定了好的发展，各种绿色制度决定了绿色的发展模式如绿色生产、管理、消费、贸易等制度，使发展成为整个社会的共同意识；建立绿色激励制度，在金融、财政、税收上运营激励方式促进发展，使绿色发展模式更深更广。

（七）构建现代服务业生态补偿机制

发展循环经济和建立资源节约型社会，逐渐形成对节约资源和保护环境的产业结构和消费方式，根据高新科技技术的发展对资源的循环利用，促进经济社会的发展和加强生态保护。西部现代服务业的现状是资源高消耗、生态高污染和环境高破坏的发展方式，现在要逐步向生态可持续发展的发展方式过渡，生态补偿机制尤其重要，可以以多种方式进行生态补偿，如发展西部高新技术产业，采用激励式的政策、资金、技术补偿来推动服务生态化进程。

参考文献

［1］［德］马克思，恩格斯．马克思恩格斯全集［M］．北京：人民出版社，1972.

［2］［德］杜能．孤立国同农业和国民经济的关系［M］．北京：商务印书馆，1986.

［3］［德］阿尔弗里德·韦伯．工业区位论［M］．北京：商务印书馆，1997.

［4］［德］沃尔特，克里斯塔勒．德国南部中心地原理［M］．北京：商务印书馆，1998.

［5］［英］亚当·斯密．国民财富的性质和原因研究（下卷）［M］．北京：商务印书馆，1997.

［6］［美］熊彼特．经济发展理论［M］．北京：商务印书馆，1990.

［7］［美］罗斯托．从起飞进入持续增长的经济学［M］．成都：四川人民出版社，1988.

［8］［美］迈克尔·波特．国家竞争优势［M］．北京：华夏出版社，2002.

［9］［英］杰拉尔德·M.迈耶．发展经济学的先驱理论［M］．昆明：云南人民出版社，1995.

［10］［英］斯科特·拉什．自反性现代化［M］．北京：商务印书馆，2001.

［11］［美］N.格里高利·曼昆．经济学原理［M］．北京：机械工业出版社，2003.

［12］［美］戴维·罗默．高级宏观经济学（中译本）［M］．北京：商务印书馆，1999.

［13］［美］阿瑟·奥沙利文．城市经济学［M］．北京：中信出版社，2004.

［14］［荷兰］曼纳·彼得·范戴克．新兴经济中的城市管理［M］．北京：中国人民大学出版社，2006.

［15］［奥］曼弗雷德·费希尔，［德］贾维尔·迪亚兹，［瑞典］福克·斯奈卡斯．大都市创新体系——来自欧洲三个都市地区的理论和案例［M］．上海：上海人民出版社，2006.

［16］［美］约翰·伊特韦尔．新帕尔格雷夫经济学大辞典［M］．北京：经济科学出版社，1996.

［17］［法］泰勒尔．产业组织理论［M］．张维迎总译校．北京：中国人民大学出版社，1997.

［18］［美］B.约瑟夫·派恩，詹姆斯·H.吉尔摩．体验经济［M］．北京：机械工业出版社，2002.

［19］［美］米切尔·J.沃尔夫．娱乐经济［M］．北京：光明日报出版社，科文（香港）出版有限公司，2001.

［20］［英］克里斯多佛·派克．暗战——无形垄断再造企业优势［M］．北京：中国铁道出版社，万卷出版公司，2006.

［21］［美］萨缪尔森，诺德豪斯．经济学（第17版）［M］．萧深等译．北京：人民邮电出版社，2004.

［22］［美］迈克尔·波特．竞争优势［M］．北京：华夏出版社，1997.

［23］［美］亚历山大·I.波尔托拉克，保罗·J.勒纳．知识产权精要［M］．北京：中国人民大学出版社，2004.

［24］［美］约翰·奈比斯特．当代世界10大趋势［M］．北京：中国经济出版社，1991.

［25］［美］邹至庄．中国经济转型［M］．北京：中国人民大学出版社，2005.

［26］［美］彼得·卡尔·克拉索．全球城市竞争力报告（2005~2006）［M］．北京：社会科学出版社，2006.

［27］刘诗白．现代财富论［M］．上海：上海三联书店，2005.

［28］程必定．区域经济学［M］．合肥：安徽人民出版社，1989.

［29］陈栋生．区域经济学［M］．郑州：河南人民出版社，1993.

［30］陈秀山，张可云．区域经济理论［M］．北京：商务印书馆，2003．

［31］孙久文．区域经济规划［M］．北京：商务印书馆，2004．

［32］张可云．区域经济政策［M］．北京：商务印书馆，2005．

［33］杜肯堂，戴士根．区域经济管理学［M］．北京：高等教育出版社，2004．

［34］邓玲，张红伟．中国七大经济区产业结构研究［M］．成都：四川大学出版社，2002．

［35］周振华．产业构造优化论［M］．上海：上海人民出版社，1991．

［36］郝寿义，安虎森．区域经济学［M］．北京：经济科学出版社，2004．

［37］李江帆．中国第三产业发展研究［M］．北京：人民出版社，2005．

［38］袁文平．西部大开发中地方政府职能研究［M］．成都：西南财经大学出版社，2004．

［39］卢纹岱．SPSS for Windows 统计分析［M］．北京：电子工业出版社，2007．

［40］杜受祜．社会主义市场经济体制的建设［M］．成都：四川人民出版社，2001．

［41］蒋三庚．现代服务业研究［M］．北京：中国经济出版社，2007．

［42］魏后凯．现代区域经济学［M］．北京：经济管理出版社，2006．

［43］陈进，黄薇．水资源与长江的生态环境［M］．北京：水利水电出版社，2008．

［44］李天德．国际经济学［M］．成都：四川大学出版社，2002．

［45］李天德．国际金融学［M］．成都：四川大学出版社，2008．

［46］邓玲．国土开发与城镇建设［M］．成都：四川大学出版社，2007．

［47］国家统计局．中国城市统计年鉴 2006［M］．北京：中国统计出版社，2007．

［48］牛文元．中国可持续发展总论［M］．北京：科学出版社，2007．

［49］陈耀．西部开发大战略与新思路［M］．北京：中央党校出版社，2000．

［50］吉松涛．铸币税、货币化与中国经济增长［M］．成都：西南财经大学出版社，2008．

［51］国家统计局．中国统计年鉴［M］．北京：中国统计出版社，2007．

［52］周振华．现代服务业发展研究［M］．上海：上海社会科学院出版社，2005．

［53］朱方明．社会主义经济理论［M］．成都：四川大学出版社，2004．

［54］王子先．中国生产性服务业发展报告（2007）［M］．北京：经济管理出版社，2008．

［55］程大中．中国服务业的增长、技术进步与国际竞争力［M］．北京：经济管理出版社，2006．

［56］杨春泥．全球服务业直接投资：理论与实证［M］．北京：中国经济出版社，2007．

［57］李冠霖．如何开展服务业工作［M］．广州：暨南大学出版社，2007．

［58］俞华，朱立文．会展学原理［M］．北京：机械工业出版社，2005．

［59］何德旭．中国服务业发展报告 No. 6［M］．北京：社会科学文献出版社，2008．

［60］王春雷，张灏．第四次浪潮中国会展业的选择与明天［M］．北京：中国旅游出版社，2008．

［61］徐浩然，雷琛烨．文化产业管理［M］．北京：社会科学文献出版社，2006．

［62］芮明杰．产业经济学［M］．上海：上海财经大学出版社，2005．

［63］王一鸣．知识经济与中国经济发展［M］．北京：中国计划出版社，2000．

［64］赵伟．城市经济理论与中国城市发展［M］．武汉：武汉大学出版社，2005．

［65］袁志刚，林竞君．网络、社会资本与集群生命周期研究——一个新经济社会学的视角［M］．上海：上海人民出版社，2005．

［66］刘曙光．区域创新系统——理论探讨与实证研究［M］．青岛：中国海洋大学出版社，2004．

［67］杜黎明．主体功能区区划与建设——区域协调发展的新视野［M］．重庆：重庆大学出版社，2007．

［68］林善炜，周松峰．环境友好型产业［M］．北京：中国环境科学出版

社，2006.

[69] 林峰. 可持续发展与产业结构调整 ［M］. 北京：社会科学文献出版社，2006.

[70] 邹东涛. 社会主义市场经济学 ［M］. 北京：人民出版社，2004.

[71] 曾武佳. 现代会展与区域经济发展 ［M］. 成都：四川大学出版社，2008.

[72] 郑常德，钟海燕. 现代西方城市经济理论 ［M］. 北京：经济日报出版社，2007.

[73] 钟若愚. 走向现代服务业 ［M］. 上海：上海三联书店，2006.

[74] 张国云. 服务崛起：中国服务业发展前沿问题 ［M］. 北京：中国经济出版社，2007.

[75] 程大中. 生产者服务论——兼论中国服务业发展与开放 ［M］. 上海：文汇出版社，2006.

[76] 姜奇平. 体验经济——来自变革前沿的报告 ［M］. 北京：社会科学文献出版社，2002.

[77] 李思屈. 数字娱乐业 ［M］. 成都：四川大学出版社，2006.

[78] 王倩. 基于主体功能区的区域协调发展研究 ［M］. 北京：光明日报出版社，2008.

[79] 陈宝森. 剖析美国"新经济" ［M］. 北京：社会科学文献出版社，2007.

[80] 刘思华. 可持续发展经济学 ［M］. 武汉：湖北人民出版社，1997.

[81] 赵弘. 总部经济 ［M］. 北京：中国经济出版社，2004.

[82] 李红梅. 香港经济的主导产业——服务业 ［M］. 北京：首都师范大学出版社，2001.

[83] 江小涓. 服务全球化与服务外包：现状、趋势及理论分析——服务外包与中国服务业展丛书 ［M］. 北京：人民出版社，2008.

[84] 李朝鲜，李宝仁. 现代服务业评价指标体系与方法研究 ［M］. 北京：中国经济出版社，2007.

[85] 国家统计局国民经济核算司. 中国 2002 年投入产出表 ［M］. 北京：中国统计出版社，2006.

［86］上海市统计局，广州市统计局，杭州市统计局，武汉市统计局，成都市统计局．2003～2006年上海、广州、杭州、武汉、成都统计年鉴［M］．北京：中国统计出版社，2004～2007．

［87］尹宏．现代城市创意经济发展研究［D］．四川大学博士学位论文，2008．

［88］程大中，黄雯．中国服务业的区位分布与地区专业化［J］．财贸经济，2005（7）．

［89］陈耀．西部经济增长模式及其转变难点［J］．西部论丛，2006（8）．

［90］陈耀．成果举世瞩目　前景振奋人心——西部大开发战略实施七年情况综述［J］．今日中国论坛，2007（1）．

［91］［美］保罗·罗默．为什么首先发生在美国？现代经济增长的理论、历史和起源［J］．经济译文，1997（5）．

［92］周其仁．市场里的企业：一个人力资本与非人力资本的特别合约［J］．经济研究，1996（6）．

［93］赵惠芳，王冲，闫安，徐晟．中部省份现代服务业发展水平评价［J］．统计与决策，2007（21）．

［94］邹亚军，顾江，王明成．南京服务业竞争力评价与对策研究［J］．地方经济社会发展研究，2005（11）．

［95］汪丁丁．"卢卡斯批判"以及批判的批判［J］．经济研究，1996（3）．

［96］王缉慈．地方产业群战略［J］．中国工业经济，2002（3）．

［97］林本初，冯莹．有关竞争力问题的理论综述［J］．经济学动态，2002（12）．

［98］阎小培，翁计传．现代化与城市现代化理论问题探讨［J］．现代城市研究，2002（1）．

［99］程大中．中国服务业增长的特点、原因及影响——鲍默尔—富克斯假说及其经验研究［J］．中国社会科学，2004（2）．

［100］周振华．论城市能级水平与现代服务业［J］．社会科学，2005（9）．

［101］江小涓．产业结优化调整：新阶段和新任务［J］．财贸经济，2005（4）．

［102］李涛．人力资本投资与城市竞争力作用机制的分析［J］．中国人力资源开发，2003（9）．

［103］张小明．约瑟夫奈的"软权力"思想分析［J］．美国研究，2005（1）．

［104］郑萼．加强文化建设，提高我国文化软实力［J］．高校理论战线，2007（11）．

［105］樊新生，李小建．中东部地区区域经济竞争力定量比较研究［J］．河南大学学报（社会科学版），2004（3）．

［106］苏刚．文化软实力：长三角城市的核心竞争力［J］．江南论坛，2005.

［107］陈启明．促进农村服务业发展的对策探析［J］．中国集体经济，2008（4）．

［108］质杰，陈珂．大力发展农村服务业和工业促进农民持续增收［J］．沈阳干部学刊，2008（6）．

［109］沈艳兵．新农村建设中的农村服务业发展探究［J］．产业经济，2007（4）．

［110］刘建国．上海市消费服务业的变动趋势与政策选择［J］．上海经济研究，2007（10）．

［111］周应萍．发展现代信息业促进西部经济发展［J］．情报杂志，2006（10）．

［112］汪同三．构建城市指标体系要充分体现可持续发展的原则［J］．市长参阅，2001（6）．

［113］隋春花．现代城市可持续发展浅析［J］．生态经济，1999（4）．

［114］周延鹏．中国知识产权战略试探［C］．第五届海峡两岸知识产权学术研讨会论文集，2004.

［115］王占霞．试析我国开发西部的优势［J］．哈尔滨商业大学学报（社会科学版），2006（6）．

［116］武文军．西部的优势、劣势及强势［J］．兰州商学院学报，2000（8）．

［117］邓承月．提高居民收入分配比重的路径选择［J］．商场现代化，2008

（5）.

[118] 许光建. 激活消费的关键是提高居民收入 [J]. 人民论坛, 2006 （2）.

[119] 上海市经济委员会, 上海科学技术情报研究所. 2005～2006 世界服务业重点行业发展动态 [M]. 上海: 上海科学文献出版社, 2005.

[120] 成都文化产业发展报告编委会. 2005 年成都文化产业发展报告 [M]. 成都: 成都时代出版社, 2005.

[121] 辜胜阻. 经济转型期需重视文化重塑与软实力提升 [N]. 中国经济时报, 2006 - 01 - 19.

[122] 孙国梁. 信息化与产业结构的调整优化 [N]. 中国计算机报, 2005 - 12 - 12.

[123] 贾光宇. 浅析金融危机背景下中国房地产业存在的问题 [J]. 法制与社会, 2009 （1）.

[124] 魏小安, 曾博伟. 汶川地震后中国旅游形势分析与判断 [J]. 旅游学刊, 2008 （8）.

[125] 徐竟成, 范海青. 论传统服务业的生态化建设 [J]. 四川环境, 2006 （4）.

[126] 李双成, 赵志强. 汶川大地震灾后成都市文化旅游设施恢复重建规划战略思考 [J]. 城市发展研究, 2008 （4）.

[127] 李秀荣, 杨芳, 焦玉志. 基于主成分分析的山东省现代服务业发展水平综合评价 [J]. 山东财政学院学报, 2012 （3）.

[128] 梁新元. 物流的划分研究 [J]. 西南民族学院学报 (自然科学版), 2002 （3）.

[129] 周振华. 现代服务业发展: 基础条件及其构建 [J]. 上海经济研究, 2005 （9）.

[130] 姚如青. 杭州市服务业发展的问题和对策 [J]. 中共杭州市委党校学报, 2007 （2）.

[131] 章义, 赵惠芳, 王冲. 基于主成分分析的安徽省现代服务业发展评价 [J]. 合肥工业大学学报 (社会科学版), 2008 （4）.

[132] 高玫. 我国现代服务业发展的机遇与对策 [J]. 科技广场, 2007

（8）.

[133] 邬爱其，张海峰. 西方发达国家金融服务业的变革及其对我国的启示 [J]. 技术经济，2001（6）.

[134] 刘东华. 加快山东省服务业投资之我见 [J]. 金融发展研究，2008（2）.

[135] 任碧云，李涛. 从历次通货膨胀看我国当前宏观调控政策选择 [J]. 经济理论与经济管理，2008（8）.

[136] 石广生. 大力发展对外经济贸易 促进西部大开发 [J]. 对外经贸研究，2000（4）.

[137] 房都林. 促进西部金融业发展的政策建议 [J]. 陕西经贸学院学报，2000（4）.

[138] 郭西虎. 浅议美国金融危机对我国经济的影响与对策 [J]. 商场现代化，2008（35）.

[139] 刘慧娟. 金融危机下苏南发展国际服务外包的政策探析 [J]. 北方经贸，2009（12）.

[140] 董江涛. 服务业发展中政府行为的制度分析 [J]. 行政与法，2007（8）.

[141] 韩春鲜，马耀峰. 旅游业、旅游业产品及旅游产品的概念阐释 [J]. 旅游论坛，2008（4）.

[142] 吴明峰. 我国经济的可持续发展与环境保护 [J]. 发展研究，2004（9）.

[143] 谭顺. 网络经济基本特征探析 [J]. 淄博学院学报（社会科学版），2001（1）.

[144] 王进帅，郑高强. 谈价格机制在促进经济增长方式的转变中的应用 [J]. 现代商业，2007（17）.

[145] 王述英. 西方第三产业理论演变述评 [J]. 湖南社会科学，2003（5）.

[146] Amiti, Mary. Regional Specialization and Technological Leapfrogging [R]. Trobe University Discussion Paper, 1998.

[147] Audretsch, D. B. Agglomeration and the Location of Economic Activity

[R]. CEPR Discussion Paper Series (Industrial Organization), 1974.

[148] Fujita M. and J. F. Thisse. Economics of Agglomeration [M]. Cambridge, Cambridge University Press, 2002.

[149] Barbier, E. B. Economic, Natural Resource Scarcity and Environment [M]. London: Earthcan, 1985.

[150] Pearce, D. et al. Sustainable Development, Economics and Environment in the Third World [M]. Eduard Elgar Publishin Ltd. , 1990.

[151] Romer Paul. Increasing Returns and Long – Run Growth [J]. Urnal of Political Economy, October 1986, vol. 94 (5) .

[152] Lucas R. E. Jr. On the Mechanics of Economic Development [J]. Journal of Monetary Economics, 22 (7) 1988.

[153] Tickel A. , Peck J. A. Accumulation, Region and the Geography of Post Fordism [J]. Region in Human Geography, 1992 (16) .

后 记

　　盛年不重来，一日难再晨；及时当勤勉，岁月不待人。终于完成了我的学术专著，我感慨万千，又尤感欣慰。感叹时间太快，当下太珍贵！欣慰的是能够克服诸多困难完成文稿，能够在恩师的指导下学有所获，修改完成此书，真正地体验到了"苦尽甘来"的各种滋味。

　　首先感谢我的导师邓玲教授。圆梦川大，师从邓玲教授，归属于邓老师的学术团队，是我一生的荣誉，我感到无比的骄傲和自豪！在学习道路上，得到老师的悉心指导。老师严谨的治学态度、敏捷的才思、渊博的学识、从容的气度，使我受益终生。本书从选题论证、结构设计到观点提炼和文字表述，无不凝聚了导师的心血和操劳。无数次的点拨、启发和耐心指导，带我一步步走向神圣的学术殿堂。导师不光指导我的学业，还教我做人，教我做一个正直无私的人，一个勤奋上进的人，一个从容淡定的人，这些我将永远铭记在心，师恩浩荡，唯有后报。

　　我还要深切感谢杜肯堂教授带给我的学术启迪和帮助，先生的睿智、豁达、谦和、儒雅和绅士风范深深地感染和影响着我，并对我深有裨益，也将是我人生前进和学习的楷模。

　　衷心感谢四川大学经济学院的各位领导和老师，是你们为我提供了良好的学术氛围和学习条件。感谢刘诗白教授、周春教授、李天德教授、唐国昭教授、杜受祜研究员对我专著的悉心指导。感谢张衔教授、朱方明教授给予我良好的经济学理论基础的培养。感谢魏萌老师、袁芸老师、龚勤林教授、黄勤教授、杜黎明教授、曹子建教授、李巍教授、吉松涛博士、曾武佳博士、邓龙安博士、贺刚博士、尹宏博士、王倩博士、柴剑峰博士、周杰博士、王彬彬博士、邓丽博士、王大明博士、李文东博士、单晓娅博士、卿文静博士、钱霞博士、裴伟博士、严荔博士、李晓燕博士、邱高会博士、于进川博士、姚旻博士、陈旖博士、赵兵博士、李俊博士等带给我的亲切关怀和真切帮助。

有缘与我的师兄师姐们、师弟师妹们相识相知并共同学习，这是上帝赐予我人生最珍贵的礼物。深深感谢大家对我的鼓励、关心、帮助和支持。这些美好的时光，这份难忘的同窗情谊，我将永远铭记。

真诚感谢经济管理出版社的各位编辑，他们严谨、一丝不苟的治学态度和辛勤的工作让我钦佩。

深深感谢我的家人。感谢我的爸爸妈妈，你们无私的爱和辛勤培育赐予我莫大勇气与神奇力量，是我努力前进的原动力；感谢我的先生晏平华，你的支持、帮助，让我一切顺利；感谢我可爱的女儿晏子渝妞妞，你乖巧懂事常伴我左右让我完成书稿。感谢我的姐姐对我的关爱和包容。家人的爱是我人生幸福的源泉，也是我继续前行的动力。

在本书写作过程中，参阅了国内外许多学者的学术著作与论文，是他们的成果为我的研究奠定了坚实的基础，在此一并表示诚挚的感谢。参考文献在文末已尽可能列出，但难免会有遗漏，若有不周，敬请谅解。

匡后权

2016 年 8 月于成都